中国金融四十人论坛
CHINA FINANCE 40 FORUM

致力于夯实中国金融学术基础，探究金融领域前沿课题，引领金融理念突破与创新，推动中国金融改革与发展。

中国金融开放

感知政策的温度

徐奇渊 等著

中国社会科学出版社

图书在版编目（CIP）数据

中国金融开放：感知政策的温度／徐奇渊等著．—北京：中国社会科学出版社，2021.8

（中国金融四十人论坛书系）

ISBN 978-7-5203-8692-0

Ⅰ.①中… Ⅱ.①徐… Ⅲ.①金融开放—研究—中国 Ⅳ.①F832.0

中国版本图书馆 CIP 数据核字（2021）第 137986 号

出 版 人	赵剑英
策划编辑	白天舒
责任编辑	王 斌　白天舒
责任校对	师敏革
责任印制	王 超

出　　版	中国社会科学出版社
社　　址	北京鼓楼西大街甲 158 号
邮　　编	100720
网　　址	http://www.csspw.cn
发 行 部	010-84083685
门 市 部	010-84029450
经　　销	新华书店及其他书店

印　　刷	北京君升印刷有限公司
装　　订	廊坊市广阳区广增装订厂
版　　次	2021 年 8 月第 1 版
印　　次	2021 年 8 月第 1 次印刷

开　　本	710×1000　1/16
印　　张	16.25
字　　数	268 千字
定　　价	89.00 元

凡购买中国社会科学出版社图书，如有质量问题请与本社营销中心联系调换
电话：010-84083683
版权所有　侵权必究

"中国金融四十人论坛书系"专注于宏观经济和金融领域，着力金融政策研究，力图引领金融理念突破与创新，打造高端、权威、兼具学术品质与政策价值的智库书系品牌。

中国金融四十人论坛是中国最具影响力的非官方、非营利性金融专业智库平台，专注于经济金融领域的政策研究与交流。论坛正式成员由40位40岁上下的金融精锐组成。论坛致力于以前瞻视野和探索精神，夯实中国金融学术基础，研究金融领域前沿课题，推动中国金融业改革与发展。

自2009年以来，"中国金融四十人论坛书系"及旗下"新金融书系""浦山书系"已出版150余本专著。凭借深入、严谨、前沿的研究成果，该书系已经在金融业内积累了良好口碑，并形成了广泛的影响力。

序　言

不论是金融改革还是金融开放，其初心都是为了更好地服务于我国实体经济，从而推动形成国内、国际双循环相互促进的新发展格局。尤其是在当前，全球疫情仍然存在不确定性，中美关系紧张。在此背景下，金融开放是加深中国与全球经济互动、塑造新形势下的各国经济相互依存关系的重要渠道。当然，中国的金融市场、金融监管体系发展不成熟，如果金融市场开放走得过快，特别是资本金融账户开放过快，可能给国内金融稳定带来较大挑战。推动国内金融改革、完善国内金融市场和监管体系，这是保障金融开放行稳致远的前提条件。

从外资金融机构角度来看，近年来这些机构感受到了中国金融开放的机遇。但是同时，外资机构也认为中国业务仍然面临着较大挑战。2020年10月24日的外滩金融峰会上，中国人民银行行长易纲也指出，"尽管我国金融业开放的步伐很快，但外资……仍需申请诸多许可，面临不少操作性问题，对金融业开放的诉求依然较多"。这表明，中国金融开放的政策努力与外资机构的获得感之间仍有一定的温差。

不过我们研究团队也深知，国内外关于中国金融开放的研究已然汗牛充栋，而且已经有了不少标志性的研究。因此，我们从一开始就另辟视角，通过问卷调查、访谈对话、文本分析，对外资金融机构的诉求进行整理和交叉分析，同时也对国内金融机构、金融监管部门进行了扎实的调研，从不同视角观察、理解中国金融开放面临的问题和挑战。

2020年2月，中国金融四十人论坛立项《中国金融开放观察：政府与市场的感知差异》课题研究。我们的问卷调查，也得到了中国欧盟商会、美中贸易全国委员会、日本贸易振兴机构的大力支持。通过上述三家机构，课题组对其会员单位进行了匿名方式的问卷调查。其中，日本、美国、欧盟商会反馈问卷分别为7份、9份、14份，共计30份。其次，我们还对外资机构诉求进行文本研究。2018年至2020年期间，中国欧盟商会、中国美国商会、日本贸易振兴机构均发布了年度报告。我们就其关于中国金融开放方面的诉求进行了文本分析。我们团队还组织了13场次的访谈和对话，覆盖了欧、美、日在华最有代表性的头部金融机构，国内相关的监管部门以及部分内资金融机构。每次访谈对话都很有收获，这使得我们对问卷、商会年报中的观点有了更深层次的理解。

金融开放最终服务于国内经济发展，但其最直接地还是服务于外资金融机构。因此，外资机构的视角不容忽视。我们的这项研究特别关注外资机构的获得感，努力倾听外资商会、外资金融机构的诉求，同时也通过中资机构、监管部门对外资机构的主张和观点进行求证，然后对照我国金融开放的进程进行实事求是的分析，提出有建设性的政策建议。

正是因为这样的研究范式，我们的研究过程在客观上也促进了外资机构和监管部门、中资机构的沟通。一方面我们把外资机构的诉求更加全面、定量地呈现了出来，同时我们也将监管部门的逻辑、中国金融开放政策的思路反馈给了外资机构。还记得我们课题的中期评审会在一个工作日的晚上7点开始，参加讨论的各方济济一堂，原定9点结束的会议持续到10点20分左右，结束的时候还是意犹未尽。可见这方面的选题具有重要价值、各方对此高度关注，需要我们大家来共同关注、深入研究、充分交流。2020年10月，这项课题成果在上海的第二届外滩金融峰会正式发布。之后，研究成果在国内、国际上产生了积极、广泛的社会影响。根据各个渠道的反馈以及预评审、中期评审的建议，我们最终形成了这本书的定稿。

本书主要内容包括七章：第一章介绍了中国推动金融开放的政策努力。第二章介绍了外资银行在华发展的新机遇、老问题。第三章，介绍了证券基金行业中，外资机构的经营表现。第四章从资本市场开放的角度，介绍了外资机构在证券市场二级市场业务的发展明显强于一级市场。第五章基于美欧日三大商会年度报告的文本分析，对外资诉求进行了梳理。第六章，基于访谈和调查，对欧美日三大商会金融机构的诉求进行了分析。第七章，从实现初心的视角，对我国的金融开放、金融改革提出了具体的建议。

最后要感谢我们的研究团队，大家的共同努力使得这项研究成果终于问世。在此过程中，中国金融四十人论坛研究部的所有助理都深入参与了这项研究，我想他们都有比较大的收获。该项研究的分工如下：导论由徐奇渊完成。第一章由熊爱宗带领张佳佳、杨悦珉完成，韩冰也参与了部分工作。第二章由杨盼盼指导钟益、刘禹完成。第三、四章由郑联盛指导朱鹤、祝修业、邓扬眉完成。第五、六章由徐奇渊指导杨悦珉、张佳佳完成。第七章由徐奇渊完成。此外，作为项目研究的负责人，徐奇渊主持了研究框架的设计、报告的成书、统稿、校对工作。同时也要感谢论坛会议部的同事积极组织会议，以及国际交流合作部的同事主动帮忙联系在华外资金融机构。

这项研究涉及问卷调查、访谈对话和文本分析，尤其是和外资商会、外资机构的协调牵涉头绪较多，研究推进的进程一度不及预期，作为项目的负责人我也曾经焦虑过。所幸经过努力，最后呈现出来的成果还是比较让人满意。在可见的未来，中国的金融开放还在继续推进当中，这方面的研究也不会停止。希望本书能为中国金融开放的研究提供一个有价值的文献基础，为后续的理论研究者和政策制定者提供一些启发和借鉴。

徐奇渊
2021 年 6 月 20 日

目 录

导 论 / 1

第一章 中国推动金融开放的政策努力 / 23
第一节 准入前国民待遇加负面清单管理：金融开放的重要背景 / 23
第二节 负面清单管理模式稳步推进背景下的中国金融开放 / 35
第三节 资本金融账户开放视角下的中国金融开放及其审视 / 47
第四节 国际机构对中国金融开放进程的评价 / 65
附录1-1 《中华人民共和国外商投资法》涉及金融监管相关条款 / 78

第二章 外资银行在华发展的新机遇、老问题 / 80
第一节 金融开放加快，外资银行迎来新发展 / 80
第二节 负债业务：存款来源约束下的多元化 / 85
第三节 资产业务：个人业务受限背景下的多元化 / 93
第四节 外资银行的中间业务收入贡献较大 / 103
第五节 为什么外资银行"越小越不行"？ / 114

第三章 外资基金发展好于外资证券公司 / 119
第一节 证券基金业对外开放进展显著，但仍有很大空间 / 120
第二节 外资基金发展快于券商，不过整体业务仍有待发展 / 122
第三节 证券和基金业对外资开放仍然面临的问题 / 128

第四章　外资机构在证券市场的二级市场成为重要参与者　/130
　　第一节　证券市场对外开放步伐较快、取得显著成效　/130
　　第二节　外资在股票市场持股占比显著增加　/136
　　第三节　外资已经是中国债券市场的重要参与者　/142
　　第四节　债券市场可成为下一步证券市场开放的重要方向　/146

第五章　外资诉求：开放措施不公平还是外资水土不服？　/155
　　第一节　外资机构共同诉求集中于业务准入和日常经营　/155
　　第二节　欧美日外资金融机构诉求的各自特点　/161
　　第三节　三家商会诉求的共同点和差异性总结　/192
　　附录5-1　三大商会关于"国际最佳实践/国际惯例"类
　　　　　　 诉求的总结　/197
　　附录5-2　三大商会关于"落实"类诉求的总结　/203

第六章　对欧美日三大商会金融机构的调查与访谈　/208
　　第一节　外资机构认为金融开放有改善，但仍面临较多挑战　/209
　　第二节　中美博弈背景下外资机构对中国市场的观察　/216
　　第三节　外资机构对中国六项金融开放政策的效果评估　/218
　　第四节　外资机构眼中的东亚金融中心格局：未来
　　　　　　 十年的展望　/229
　　附录6-1　调查问卷：中英文版　/236

第七章　金融开放如何实现初心？　/242
　　第一节　金融开放的初心和金融风险　/242
　　第二节　外资机构对中国金融开放的总体评估　/244
　　第三节　外资机构的中国业务将迎来更多发展机遇　/246
　　第四节　中国金融开放怎么做？　/247

导　　论

近年来，中国金融开放衔枚疾进。2018年4月，习近平主席在博鳌亚洲论坛上宣布"中国将大幅放宽市场准入"。随后，中国人民银行行长易纲聚焦于外资准入和业务限制的放开，具体阐述了金融开放的措施。两年多以来，中国金融业开放迈出里程碑式的步伐，集中宣布了50余条开放措施，在实施准入前国民待遇、负面清单管制模式方面，以及具体的外资股比限制取消、开设分支机构限制放松、债券通和沪伦通发展、取消合格境外机构投资者（Qualified Foreign Institutional Investors，QFII）限额等方面都取得了重要进展。同期，即使经历了中美关系紧张，外资持有中国金融市场的资产规模、占比也在明显上升。在多个领域面临"脱钩"挑战的背景下，中美两国在金融领域的关系却得到了强化。

由此，外资金融机构感受到了中国金融开放的机遇。但是同时，外资机构也认为中国业务仍然面临着较大挑战。在2020年10月24日的外滩金融峰会上，中国人民银行行长易纲也指出，"尽管中国金融业开放的步伐很快，外资……仍需申请诸多许可，面临不少的操作性问题，对金融业开放的诉求依然较多"。这表明，中国金融开放的政策努力与外资机构的获得感之间仍有一定的温差。

中国为什么要推动金融开放？

中国的金融开放是为了更好地服务于实体经济，推动形成国内、国际双循环相互促进的新发展格局。和商品市场对外开放一样，金融开放将通过全球范围内的资源优化配置来提高中国经济的效率。具体来说，金融开放将通过以下机制推动中国的金融发展和改革。

从竞争角度来看，金融开放能够促进竞争，提升中国金融体系的国际竞争力。金融开放可以引入更多的竞争，通过优胜劣汰提升中国金融机构的竞争力。外资金融机构在产品设计、中间业务、国际化管理等方面都有一定优势，国内机构的成长必然要经历相应的挑战和学习阶段。金融开放也将有助于推动中国的国际金融中心建设。

从互补关系来看，金融开放能够改善中国金融服务实体经济的能力。外资和外资机构的引入，与中国现有的金融市场有一定的互补效应。目前，中国金融市场结构仍以商业银行为主导、间接融资方式为主。而在经济发展过程中，中国服务业比重不断提升，技术创新和大量新的商业模式不断涌现。但是，与传统工业部门有很大不同，这些新兴的经济活动都严重缺乏抵押品，而且风险较高。这就更加需要直接融资，特别是股权融资的方式来满足其融资需求。这也对中国金融供给侧改革提出了更高要求。在此背景下，将外资和外资机构引入中国金融市场，将有助于金融服务补短板。

从政策的视角来看，金融开放可以倒逼国内金融改革。目前，国内金融监管体系与最佳实践之间存在差距，国内金融市场基础设施还不完善。外资机构在这些领域的诉求比较突出。这方面的很多问题实际上也是国内金融机构的诉求，符合中国金融市场的发展方向。这时候，金融开放不但将倒逼国内改革，还将与国内金融改革的呼声形成合力。没有金融改革的配套，金融开放的改善空间也非常有限。只有金融改革、金融开放齐头并进，才能促进形成更高质量的金融开放局面。

当前，全球疫情蔓延、保护主义抬头、中美关系陷入僵持。在此背景下，金融开放是加深中国与世界经济互动的重要方式。这将有力推动、塑造新形势下各国经济的相互依存关系，推动形成国内、国际双循环相互促进的新发展格局。

当然，金融开放与商品市场的开放又有所不同。一方面，金融市场开放本身并不必然导致金融不稳定问题。但是另一方面，中国的金融市场、金融监管体系发展不成熟，如果金融市场开放走得过快，特别是资本金融账户开放过快，可能会给国内金融稳定带来更大挑战。

从防范风险角度来看，推动国内金融改革、完善国内金融市场和监管体系是保障金融开放行稳致远的前提条件。金融开放不是一个孤立的概念，也不是某一个政府部门的工作任务，而是摆在中国政府面前的一个系统性课题。

关注外资感受，如何了解外资机构诉求？

效率和风险，这两个视角贯穿中国金融开放的争论过程。我们的研究则另辟视角，聚焦外资金融机构的诉求，以此为出发点来观察中国金融开放。金融开放最终服务于国内经济发展，但其最直接地还是服务于外资金融机构。因此，外资机构的视角不容忽视。本研究通过以下三种方式来了解外资机构诉求，如未注明，本书所有数据均来源于下述渠道：

第一，线上问卷调查。课题组得到了中国欧盟商会（European Union Chamber of Commerce in China）、美中贸易全国委员会（U.S.-China Business Council）、日本贸易振兴机构（Japan External Trade Organization）的支持。课题组对上述三家机构的会员单位进行了匿名问卷调查。其中，日本、美国、欧盟商会反馈问卷分别为7份、9份、14份，共计30份（详细内容参见本书第六章）。

需要特别说明的是，本书对欧、美、日三大商会的业务诉求进行总结和梳理，是为了更好地了解外资金融机构对于中国金融开放的诉求，从而进一步推动中国金融的积极、稳妥开放。但是，对三大商会诉求进行的整理和归纳，均是对三大商会观点的提炼，并不一定代表我们认可这些抱怨和诉求。

第二，访谈和会议。2020年6月1日起至当年9月22日期间，课题组组织了13场次会议和访谈，主要是对外资金融机构，同时也包括中资机构、监管部门。尤其是对外资金融机构的深入访谈，为我们理解问卷数据背后外资机构的深层次想法，提供了非常重要的参考（详细内容参见本书第六章）。

第三，对外资机构诉求进行整理。2020年8月至9月期间，中国美国商会（American Chamber of Commerce in China）发布了《2020年度美国企业在中国白皮书》，中国欧盟商会发布了《欧盟企业在中国建议书2020/2021》，日本贸易振兴机构发布了《中国经济与日本企业2020年白皮书》。课题组就其关于中国金融开放方面的诉求进行了专门的整理和分析（详细内容参见本书第五章)。

中国金融开放的现状？中美关系的影响？

在金融业 FDI 领域，近年来中国开放水平显著提高。OECD 数据显示，2019 年中国金融业 FDI 限制指数为 0.24，较 2014 年下降了 0.34。在过去五年中，中国在这项指标上的改善幅度超过其他所有经济体。值得注意的是，这种改善主要发生在 2018 年以来，而且在 2020 年又有加速（但没有反映到 2019 年公布的 OECD 数据中）。

中国在金融业 FDI 领域的开放程度，达到发展中国家较高水平，但仍低于 OECD 国家平均水平。2019 年，中国金融业 FDI 监管限制指数为 0.24，在 OECD 的统计中，仅低于新加坡、巴西、越南三个非 OECD 国家。不过，中国的限制指数仍明显高于 OECD 国家平均水平（0.04）。

我们的问卷调查显示：对于过去一年，外资机构总体上认为中国金融开放程度有所改善。67% 的外资机构认为中国金融开放程度有提升，27% 的外资机构则认为没有明显改善，仅有 6% 的外资机构认为开放程度有所下降。参照采购经理人指数（PMI）计算方法，对上述数据进行赋值加权，得到外资机构对中国金融开放的改善感受指数为 80.5，大幅高于 50 的荣枯线。这表明外资机构对金融开放的进展感受非常明显。具体来看，美国机构对金融开放感受最显著，欧盟机构感受次之，日本机构感受最弱。三者认为中国金融开放程度有提升的比例分别为 89%、71%、29%，其感受不一，可能是由于三者金融市场结构差异较大，而中国过去一年来的金融开放政策以非银行领域的开放为主，具体可以参见本书第六章。

在总体肯定中国金融开放政策进展的背景下，外资机构对不同开放政策的评价也不一。按照外资机构的打分，我们对近三年来的六项金融开放政策进行排序（满分为 10 分）：股比限制取消 6.5、债券通 6.4、取消 QFII 限额 6.3、"沪伦通" 5.0、高管任职限制放松 4.4、设立分支机构 4.2。总体上，这反映了中国在放开机构准入方面的积极进展。同时，外资机构对通道类开放和资本项目自由化内容持相对更加积极的评价。

导 论

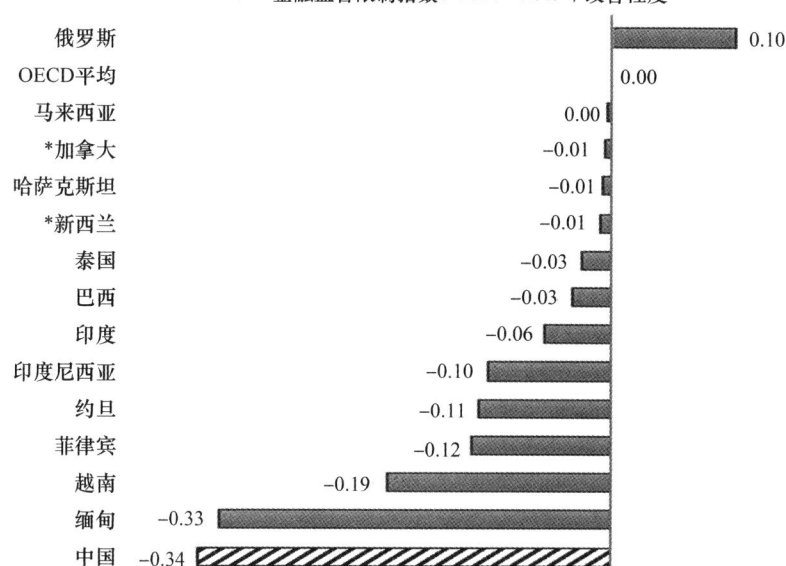

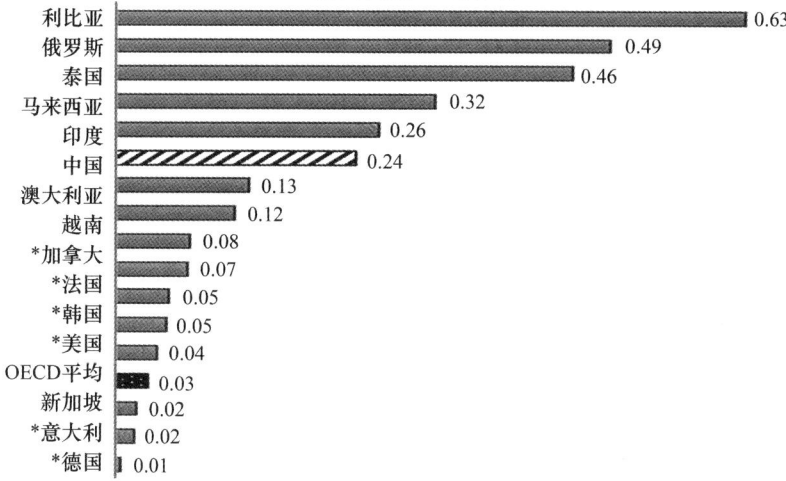

图 1 中国金融业的 FDI 限制指数：改善并达到发展中国家较低水平

注：标注 * 的国家为 OECD 国家；该指数衡量了包括金融业在内的各经济部门对 FDI 的法定限制信息，数值均在 0—1 之间，完全开放得 0 分，完全封闭得 1 分，图中数据保留小数点后两位。

资料来源：OECD, FDI Regulatory Restrictiveness Index, 2020.

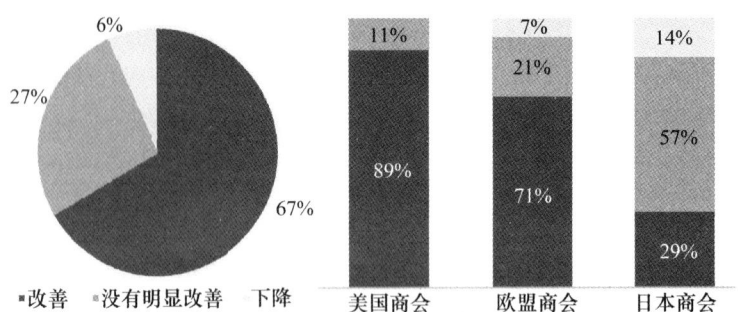

图2　过去一年，中国金融开放程度如何？

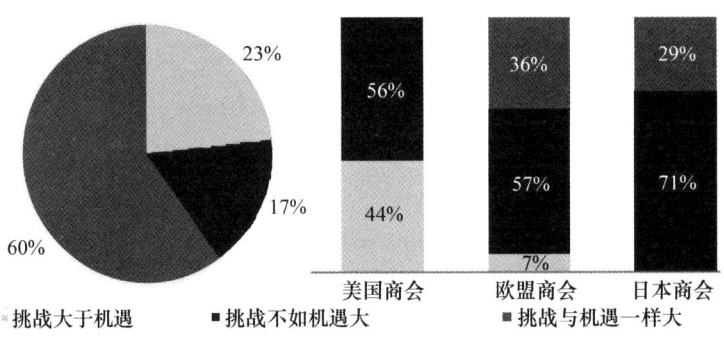

图3　贵公司在中国面临的情况

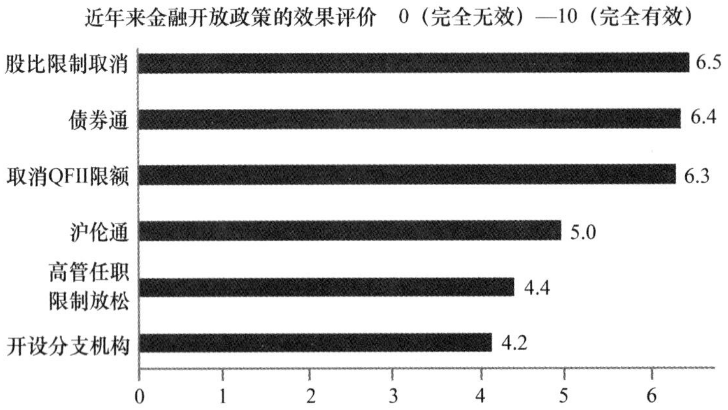

近年来金融开放政策的效果评价　0（完全无效）—10（完全有效）

股比限制取消	6.5
债券通	6.4
取消QFII限额	6.3
沪伦通	5.0
高管任职限制放松	4.4
开设分支机构	4.2

图4　近三年来中国六大金融开放政策的效果：外资机构评价不一

资料来源：课题组问卷调查数据。后面的图表，如果未说明数据来源，均来自于课题组问卷调查数据。

不过，外资机构也认为在中国的业务面临较大挑战。问卷数据显示，仅有17%的外资机构认为机遇大于挑战，有60%认为挑战与机遇一样大，甚至有23%认为挑战大于机遇。参照PMI的测算方法，对问卷数据进行加总，得到外资金融机构对中国业务感受到的机遇指数为47，低于50的荣枯线。这表明外资机构感受到更多的是挑战。根据问卷数据，各项挑战按重要性排序分别为：国民待遇和市场准入（43.3%）、中美关系日益紧张（23.3%）、合规风险（16.7%）、中国其他金融机构的竞争（13.3%）、其他（3.3%）。

同时，对中国美国商会、中国欧盟商会、日本贸易振兴机构2018年至2020年的年度报告进行文本分析，我们可以发现，三个年度外资商会在金融领域的诉求数量分别为118条、119条、122条。外资商会对于中国金融改革、开放政策的诉求不但没有减少，甚至稳中有升。

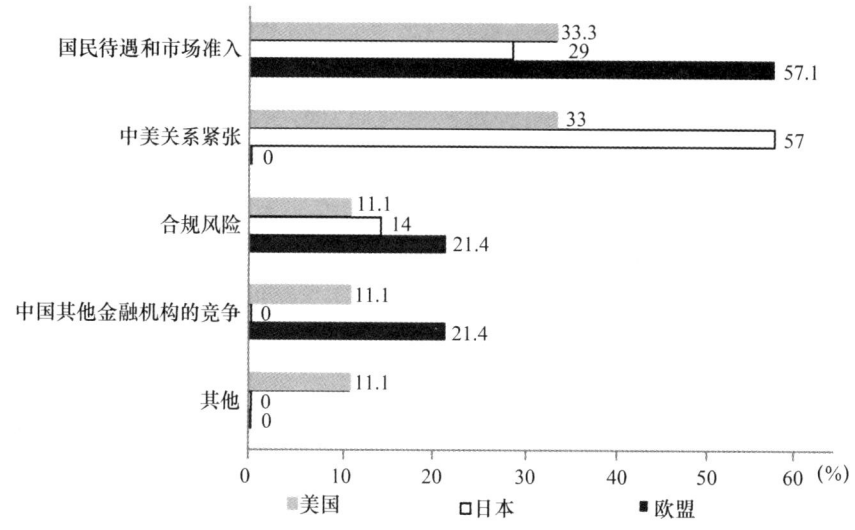

图5 外资机构在华面临的主要挑战：美日欧三大商会机构

中美关系带来的挑战尤其突出，但没有影响到美国金融机构的在华经营。日本、美国机构对中美关系带来的挑战感受更为强烈，两国商会分别有57%、33%的比例选择了中美关系是最大的挑战（或至少与市场准入是同样最重要的挑战）。同时，欧盟机构在这方面的压力感受甚弱。不过，对照前文数据可以发现，目前美国机构对中国金融市场的实际感受甚至更加乐观。美国机构并没有受到中美关系紧张带来的负面影响。这也显示了中国金融开放具有普惠性。

虽然中美关系经历严峻考验，外资机构仍然普遍看好上海国际金融中心。中国香港、新加坡、上海是东亚地区的三大国际金融中心。课题组邀请外资金融机构，就三座城市的国际金融中心地位进行排序。问卷结果显示，2020年，三大国际金融中心的排位依次是：中国香港、新加坡、上海。展望2030年，问卷结果预期金融中心的排位将变为：新加坡、上海、中国香港。

具体而言，对排名的问卷结果取平均值，结果显示：2020年，中国香港、新加坡、上海的排名平均值分别为1.6、1.8、2.6。在访谈中我们了解到，外资机构代表性的观点认为：上海金融市场的很多规模性指标确实巨大，但是国际金融中心更强调国际化程度，而不仅仅是市场体量。另外，上海国际金融中心在法律体系、金融市场环境等软件方面与国际市场的对接程度还需要提升，资本金融账户的不完全自由可兑换也限制了上海金融中心目前的国际地位。上述评价中肯而富有建设性。不过我们也认为，资本金融账户的开放还需要放到更加全局性的框架中进行深入讨论。

问卷结果还显示，预计到2030年，新加坡、上海、中国香港的排名平均值分别为：1.7、1.9、2.3。与2020年排名相比，上海、新加坡排名均上升一位，中国香港排名则相应下降。其中，上海排名的平均值上升幅度最大，从2.6上升到1.9。这表明，外资金融机构对上海国际金融中心的长期地位比较乐观。

同时，外资机构的预期还显示出了一定的分歧和共识。其中，对于新加坡国际金融中心的排名有较大分歧。认为新加坡在2030年将排位第1的比例为53%，较2020年的相应比例上升了13个百分点。但同时，认为新加坡在2030年将排位第3的比例也达到了27%，较2020年相应比例上升了10个百分点。对于中国香港和上海的排名变化则具有较强共识。其中，认为上海在2030年将排名第1、第2的比例分别为30%、47%，较2020年的相应比例（14%、13%）均有大幅上升。这表明外资金融机构对上海的预期比较乐观。特别是上海在2030年排名第1的比例大幅上升，这说明上海国际金融中心的强势预期并不完全以中国香港的排名下降为代价。

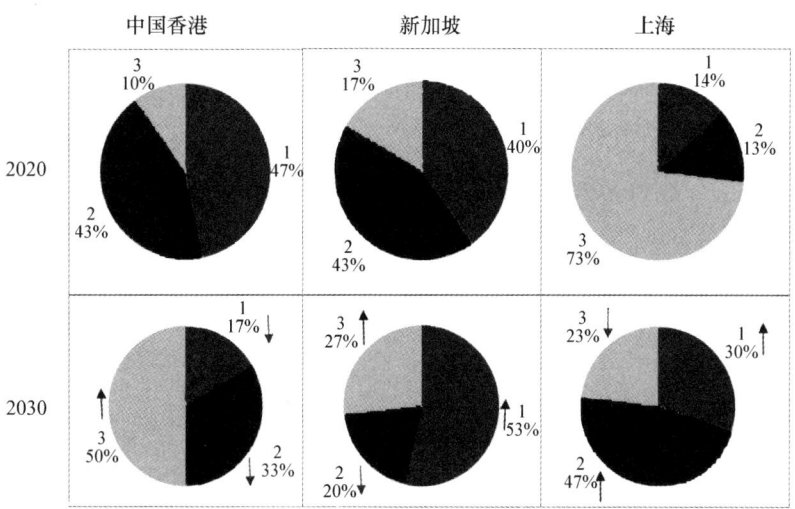

图 6　对中国香港、新加坡、上海三大国际金融中心的排名投票

注：圆形中的三种颜色面积，分别是相应排名投票数量占比。

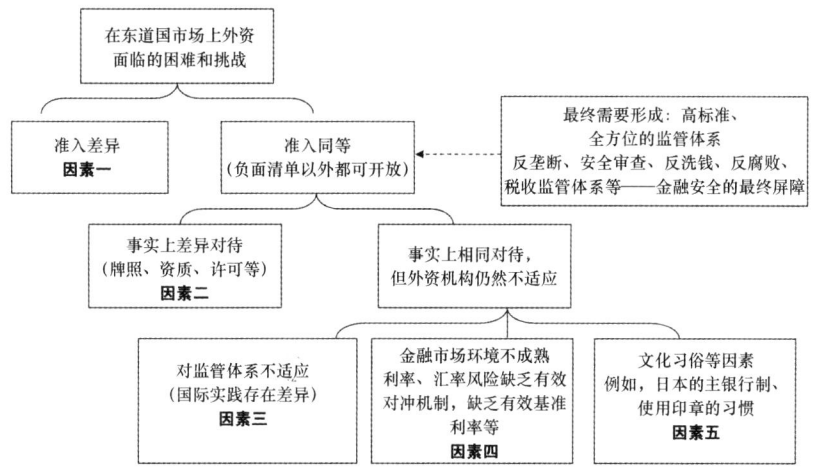

图 7　金融开放的分析框架：影响外资金融机构进入东道国的五个因素

资料来源：该图由作者绘制。

外资机构的抱怨：不公平，还是水土不服？

在所有问卷结果中，有23%的受访者认为公平待遇不是主要问题，水土不服更重要，持有这种看法的人占到了一个可观的少数。有33%的人认为两者同样重要，同时有44%的人认为公平待遇才是主要问题。

除了问卷之外，我们还对美、日、欧盟及港资金融机构进行了10场会谈。对这些访谈进行总结，我们尝试从外资金融机构的角度，将其进入东道国金融市场（不仅是中国市场）面临的一般性困难总结为五类问题，并结合中国市场的具体情况进行分析。对这五类问题的梳理，有助于理解外资金融机构在中国面临的困难，也有助于理解中国金融进一步开放的取向，以及金融开放、金融改革之间的关系。具体地将这五类困难列举如下。

第一，法规层面的准入不公平，即名义上和事实上的差异对待。这是准入前国民待遇、负面清单开放要解决的问题。从OECD金融业FDI的限制指数来看，中国在这方面的金融开放在发展中国家中已经走在比较前列。

在《中华人民共和国外商投资法》基础上，中国自2020年7月23日起实施的《外商投资准入特别管理措施（负面清单）（2020年版）》《自由贸易试验区外商投资准入特别管理措施（负面清单）（2020年版）》，两者分别适用于全国范围、自贸试验区范围。两者都进一步放宽了包括金融业在内的市场准入条件，实行了更高水平的对外开放（参见本书第一章）。

在法规层面，中国对内资、外资金融机构已经基本上采取了相同的对待（参见本书第一章）。访谈中，一些外资金融机构对中国金融开放在这一层面取得的成就表示了肯定。甚至有外资机构表示，"中国在金融行业通过负面清单管理方式推动金融开放，已经走在了诸多行业的前端"。

从欧美日三大外资商会2018年以来关于金融业的诉求来看，对第一类因素的诉求数量已经较少，而且呈现逐年递减趋势。2020年，三大商会关于第一类因素的诉求为12项，在全部122项诉求中占比10%。在这12条诉求中，有5条内容与相关政策的"落实"有关，占比达到42%。

第二，事实上仍然面临差别对待。在一些东道国，外资金融机构虽然名义上在法律、政策上得到了同等对待，不过在获得机构准入之后，其在获得牌照、许可等资质上仍然面临事实上的困难。需要说明的是，负面清单和牌照制度并不矛盾。负面清单意味着外资可以进入未禁止的领域，牌照则是进入必须得到监管机构的批准，两者并不冲突。这类似于开车必须要有驾照。

不过在第二类问题上，在华外资金融机构仍有较多诉求。外资机构认为：目前在一些资质标准的制定过程中，外资机构的参与度较低。由此导致资质标准更有利于国内机构。基于此，外资金融机构认为，在事实上其发展空间仍然面临诸多约束（参见本书第二、三、四章相关内容）。2018年以来，第二类困难的诉求数量一直较多，2020年三大商会的相关诉求达到38条，在全部数量中占比31%，仅次于第三类问题。具体的，银行间市场债券主承销商资格、债券回购市场准入条件、在岸市场的"债券通"做市商资格等，都是外资金融机构的重点诉求。

第三，对监管体系不适应。即使在法律、政策上都给予公平对待，但是由于东道国现有监管体系与发达国家有差异，仍然可能导致外资机构不适应。在中国，这方面的问题有：资本金融项目没有完全开放，外汇衍生品交易的实需原则，会计制度、审计制度与国际准则不对接，监管政策的窗口指导，合规成本高，网络安全和数据管理规则，等等。

这些问题中资机构同样存在，但是由于外资机构的一些特点，这些问题对外资机构的影响更大（参见本书第二、三、四章）。2018年以来，三大外资商会的年度报告显示，其明确基于"国际最佳实践"（best practice）或"国际经验"视角对中国政策提出的诉求当中，几乎全部集中于第三类因素。

第四，东道国金融市场环境的不成熟。即使法律政策在名义和事实上都给予同等对待，但是外资机构也难以适应东道国不成熟的金融市场环境。例如，中国国内投资者的价值投资逻辑尚未建立，资产价格波动幅度较大。同时安全资产规模相对较小。再如，中国衍生品市场发育程度不够，股票、债券、外汇市场的风险对冲工具不足，难以对风险敞口进行有效的管理（参见本书第四、五章）。这也在一定程度上限制了外资金融机构在中国扩大经营业务规模。

第五，对东道国的文化传统、商业习惯的不适应。即使前述问题都得到解决，外资机构也可能仍然面临不适应的问题。例如日本的金融市场在法律、政策层面上已经完全开放,而且金融监管也符合国际最佳实践、金融市场发展也比较成熟。但是由于日本在传统上的主办银行模式,以及文化习惯等原因,外资银行在日本金融市场的占比也很低。这方面的不适应是外资机构跨国经营普遍面临的问题。这类问题很大程度上需要外资机构通过本土化的做法来应对(参见本书第二、四、五章)。

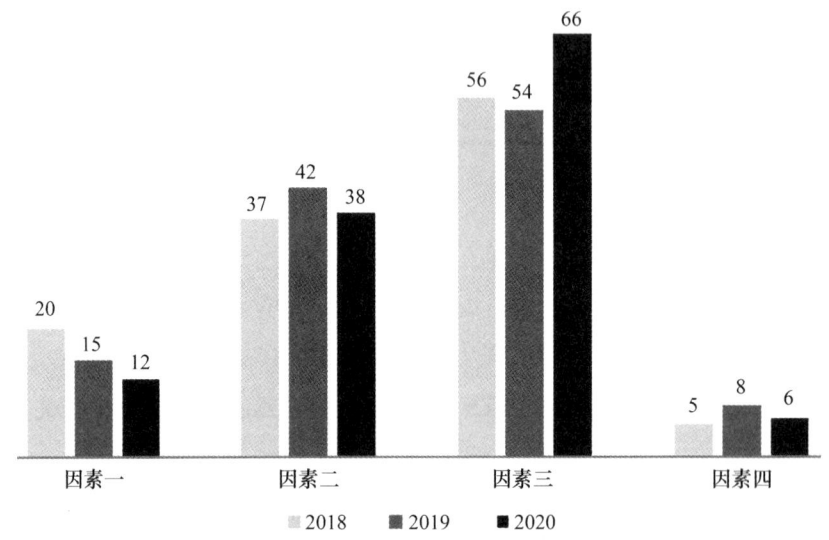

图8　三大商会诉求的分类变化

资料来源:美、日、欧三大商会2018、2019、2020三年的年度报告,由课题组整理绘制。

从五种因素视角来观察,过去三年外资商会在金融领域的诉求有以下特点:(1)第一类因素的诉求占比较低、仅为13%,而且近三年呈现显著下降趋势。这表明中国金融开放在准入前国民待遇、负面清单领域确实取得了重要进展。(2)总体上,诉求主要集中在第二、三类因素,过去近三年中两者占比分别为33%、49%,合计82%。这表明,随着中国金融开放走向深入,外资机构也提出了更高的要求。特别是因素三的数量还有明显上升,这意味着外资机构越来越关注中国金融监管体系改革的问题。国内金融改革本身,也已经成为金融对外开放的重要内容。

金融开放离不开金融改革,两者需要齐头并进。在五类因素的分析框架中,金融开放要解决的是第一、二类因素,金融改革则对应于第三、四类因素。实现法律、政策在名义和事实上的同等对待，这是金融开放政策本身的努力方向。另外，在结合中国国情的同时，对标国际经验、完善监管体系，以及推动金融市场走向成熟，这些国内金融改革措施也关系到中国金融开放的最终效果。因此，对外金融开放离不开国内金融改革，金融改革不但是国内市场改革、打通国内循环的要求，也是金融开放、连接国际循环的需要。

但是，金融开放也不是简单地消除进入障碍。在金融开放实践中，很多发展中国家凭借前四类因素对外资机构进行限制。不过这些措施也降低了国际资源配置的效率，阻碍了本国金融系统的进一步发展。欧美日国家的金融市场似乎是完全开放，但这些国家如何维持在金融开放中的主动权、保证金融系统的安全？

一般来说，发达国家的金融系统发展成熟、更具有韧性，而且更具有广度和深度。同时，从国际最佳实践的视角来看，主要发达国家在金融领域建立起了一套广义上高标准的金融监管体系，即除了狭义金融监管体系本身之外，还包括完善的税收监管体系、反垄断、反洗钱、反腐败、安全审查等内容。因此，尽管发达经济体的金融体系开放程度相当高，但是具有深度、广度的金融市场能够吸收、缓解开放带来的冲击，同时，全覆盖的、广义的监管体系又进一步对其他风险进行了比较有效的管理。

中国金融开放也正是这样的一个过程：在前四类困难尚未完全清除之前，建立全方位、高标准的金融监管体系的紧迫性不太显著。但是，在中国通过金融开放、金融改革不断清除前述四类困难的同时，完善广义上的高标准的监管体系——这方面的紧迫性在日益上升。不过，考虑到中美关系紧张的特殊背景，中国在推动建立高标准监管体系的过程中，要注意政策出台的时机、政策的透明度和一致性，以及与市场的及时沟通，尽量避免由此额外带来的不确定性。

外资银行为什么"越小越不行"？

随着对外资银行限制政策的逐步放松，2007年之后外资银行法人化成为趋势，并成为在华的主要经营形式。据不完全统计，31家外资银行由分行改制为本地注册的法人银行。近年来，具备法人地位的外资独资银行的数量稳中有增。

截至2020年第一季度,外资银行在华共设立41家法人银行、115家银行分行和149家代表处,营业性机构共975家(含总行、分行、支行)。外资银行在华机构已经具有全球代表性,在BIS公布的全球系统性重要银行(2019)中,有14家已在中国设立外资法人银行,其余均设立分行或代表处。2019年年末,外资银行在华经营资产规模达到4.5万亿元,是2011年年末的近2倍。外资银行机构数量、资产绝对规模都有明显上升。

但是从相对规模来看,外资银行在中国的发展并没有那么成功。根据《中国人民银行统计季报》,2007年年末外资银行的资产占比2.4%,2019年年末则降至了1.6%。不仅如此,外资银行的盈利能力也相对较低,根据银保监会官网的数据,2019年第四季度外资银行的资产利润率(ROA)为0.63%,低于城商行,而且还明显低于农商行、股份制行、民营银行、大型商业银行等各类银行。

可见,外资银行在华业务规模相对较小,但这并不是小而美(small and beautiful),而是越小越不行(small and incapable)。具体而言,我们可以从外资银行的资产、负债、表外业务三方面进行分析。

负债端,外资银行的存款来源面临约束,而同业拆借市场成本较高。

外资银行难以像中资银行那样获得低成本的居民储蓄。根据2019年第四季度《中国人民银行统计季报》,外资银行的总负债中,个人存款占比仅为3%,远远低于农信社(57.5%)、中资大型银行(33.4%)等各类银行的占比。

长期以来,外资银行分行吸收中国居民定期存款的金额一直有100万元的下限限制。2019年10月15日发布的《外资银行管理条例》将这一下限降至了50万元,不过这对于外资分行(不含外资法人银行)而言仍然是一个显性约束。

但是,外资银行的发展受限在一定程度上也和水土不服有关。一方面,外资银行的分支网点相对较少,投资成本高、回收期长,而且较少的分支机构难以形成网络效应。另一方面,除了几家外资行能够凭借母行的国际影响力,进入市场时较容易吸引本地客户,其他大部分外资银行在中国主要服务于母国客户。上述因素都使得外资银行的个人存款业务发展较为缓慢。

此外,外资银行的母行所在的发达经济体,其金融市场发达、资金定价市场化程度高,因此其资金来源主要依靠同业拆借,较少依赖零售业务,物理网点布局较少。而中国的银行间同业拆借市场发展不成熟,基准利率及其利率走廊处于发展建设阶段,无论是 SHIBOR(上海银行间同业拆放利率)还是 DR007(存款类机构间利率债质押的 7 天回购利率),它们在拆借规模和频率上都难以作为中国的基准利率。这也导致外资银行面临资金成本较高,资金来源受限,业务规模难以扩大的局面。

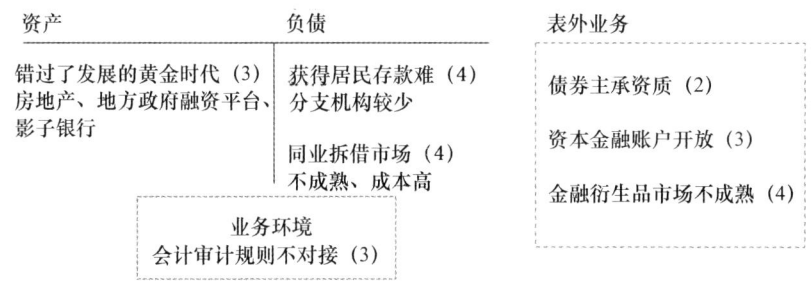

图9 外资银行为什么"越小越不行"?

注:括号中的数字表示障碍因素的分类,具体含义参见图7。该图由课题组绘制。

资产端,外资银行错过了中国金融市场的快速扩张期。

在商业银行体系中,外资银行资产占比一度从无到有,上升至 2007 年的 2.4%。此后,中国的房地产市场、地方政府融资平台、影子银行一度快速膨胀。国内银行趁势而上、规模扩张,甚至也形成了一定的金融风险。而外资银行因为严格的合规和内部约束,较少参与这些业务,错过了一段发展的窗口期。在去杠杆前夕的 2016 年,外资银行的资产占比一度从高点降至 1.4%。事实上,2016 年与 2007 年相比,外资银行的资产规模增长了 156%,仍然获得了较大发展。不过,同期中资银行资产扩张更快,增速达到了 334%,因此外资银行的资产占比还是下降了。

2017 年之后,中国开始重塑和强化金融监管。在一些国内金融机构面临防风险、去杠杆压力的同时,外资银行严格的风控、合规管理逐渐由劣势逐渐转变为优势。外资银行面临的监管环境也变得更加中性了。2017 年之后,外资银行的资产占比有了一定的回升。同时也得益于更严格的合规,外资银行的不良率也维持在低位。根据银保监会 2019 年年末的数据,外资银行的不良率仅为0.67%，低于商业银行总体不良率（1.86%），也低于其他各类银行机构的比率。2020年新冠肺炎疫情暴发之后，截至2021年第一季，外资银行的不良率甚至还微降至0.61%。

中间业务，市场准入因素使得外资银行的竞争优势没有得到充分发挥。

中间业务是外资银行的竞争优势，但是其中间业务发展也面临着约束。事实上，外资银行在商业银行的资产占比（2019年为1.6%），甚至明显高于同期利润占比（1.1%）。这说明，外资银行的中间业务优势没有得到充分发挥。整体来看，外资银行中间业务主要受到了以下几个方面的限制。

首先，中国国债、外汇衍生品市场尚不成熟，制约了相关中间业务发展。债券投资缺乏定价基准、缺乏价格发现工具，难以利用衍生品进行风险对冲。此外，部分衍生品市场的试点、准入对外资也有一定限制。目前国债期货交易试点就不包括外资。同时，外汇衍生品的"实需"监管缺乏灵活度。从企业和银行角度来看，在对全年汇率风险进行管理时，可能采用这类策略：1/3现结，1/3通过外汇远期锁定风险，剩余1/3任其浮动，因而无法报出准确的"实需"数据。而外汇管理要求按"实需"逐笔核销，这也妨碍了一揽子保值计划的实施。

其次，业务准入方面，外资银行获得债券主承销商的资格较难。调研中，一些外资机构表示其海外债券业务经验丰富，债券发行、交易规模十分可观。但这些机构仍未获得A类主承销商资格（因素二）。如果仅从境内外资法人银行自身条件来看，其确实难以在资产规模、客户网络等指标上胜出。不过近年来，相关资质标准已经有所调整，外资母行的优势也部分被纳入了考虑。2019年9月，德意志银行（中国）和法国巴黎银行（中国）首批获得了银行间债券市场的A类主承资格。不过目前，欧美日三大商会仍然在这方面有着较强的诉求。

此外，外资银行的国际化程度较高，在海外市场具有资源优势，拥有更丰富的国际业务经验、更广阔的国际客户网络。但是资本金融账户的不完全自由可兑换（因素三），也限制了外资银行通过该渠道开展中间业务。

综上所述，外资银行面临的窘境，既有水土不服的原因，在一定程度上也有待遇差异的背景。具体来看，待遇方面，2020年以来中国已经对外资企业实施准入前国民待遇和负面清单管理。总体而言，特别是在机构准入方面，外资银行已基本获得了同中资银行相同的待遇。不过外资机构普遍认为，在一些资质标准的制定过程中，其参与度较低，由此导致资质标准向中资机构倾斜。这方面外资银行的重点诉求包括：银行间债券主承销商资格、债券回购市场准入条件、在岸市场的"债券通"做市商资格、国债期货等衍生品的试点和准入资质等。近年来，金融监管部门也越来越重视外资机构的诉求，并对市场准入的标准进行了渐进式的完善，上述部分领域的状况已经有所改变。

同时，外资银行也面临水土不服的问题，需要其努力适应。作为新进入者，新建网点的成本较高，外资银行难以获得大量低成本的居民储蓄，这就对外资银行的资金来源、业务规模扩大形成了制约。不过这一问题有其市场逻辑，需要外资银行通过自身的努力来适应。在这方面，已经有一些外资银行在中国设立科技研发部门，积极参与金融科技领域的创新。随着金融科技的发展，银行物理网点作用下降，外资银行在网点布局上的劣势可能转变为历史包袱较轻的优势。

还有些水土不服的问题，与过去金融监管体系不完善有关。在过去，外资银行错过了中国金融市场的快速扩张期，这既有外资银行合规较严格、不适应中国市场特殊性的原因，也在一定程度上与金融监管体系不完善有关（因素三）。2018年以来，中国高度重视防范系统性金融风险，强化了金融监管体系的建设。在此背景下，外资银行所处的金融监管体系已经更具有中性特征。随着中国金融监管体系的进一步完善，外资银行严格的合规和内部管理将在一定程度上由劣势转化为优势。

还有部分水土不服症状，与当前金融监管不完善、金融市场不成熟有关（因素四），这对中国金融改革提出了更高要求。例如，银行间同业拆借市场发展不成熟，限制了外资银行的资金来源、提高了资金成本。衍生品市场的不成熟以及外汇衍生品的实需原则，限制了外资银行的中间业务发展，以及跨境投资的风险对冲操作。资本金融账户的不完全自由可兑换也使得外资银行的国际业务优势难以发挥出来。此外，国内会计、审计规则与国际体系的不接轨，也显著提高了外资金融机构的业务对接成本。事实上，中资银行和金融机构也同样面临上述诸多问题。这些问题也正是中国金融市场进一步深化改革的努力方向。

反思中国金融开放的初衷，作为高储蓄经济体，中国本身并不在数量上缺乏资本。因此，引入外资银行的目的就是要对外资银行的比较优势善加利用。从这一点出发，我们应充分发挥外资银行的比较优势，推动中国金融市场结构进一步完善，使其更好地服务于实体经济，并且通过外资银行业务的良性发展来使得上述进程具有可持续性。在此过程中，金融改革与金融开放必须协同推进。

高质量的金融开放离不开金融改革

在五类因素的分析框架中，金融开放要解决的是第一、二类因素，金融改革则对应于第三、四类因素。可见，国内金融改革需要结合中国国情，并对标国际最佳实践，以实现高水平的金融开放。金融开放、金融改革需要齐头并进（参见本书第一章）。

金融开放过程中，有必要对金融服务业开放、资本金融账户开放进行区分。前者对应于长期直接投资，对于引入竞争、金融服务补短板都有直接作用，各方共识也较多。而后者则存在争论。2012年国际货币基金组织（IMF）发布了《资本流动自由化与管理：机构观点》(*The Liberalization and Management of Capital Flows: an Institutional View*)，标志着IMF在这方面态度有明显转变。该报告认为，只有在条件成熟情况下进行有序开放，发展中国家才能顺利实现跨境资本自由流动。

对中国而言，明确产权保护、推进市场化改革，尤其是推动利率市场化、汇率形成机制改革，这都是资本金融账户开放的前提条件。当然在政策实践中，资本金融账户开放不是0、1的二元选择，而是统筹协调推进的过程。

此外，在中美大国战略竞争的背景下，提升人民币国际使用程度的紧迫性在上升。美元进入了一个为期较长的弱周期，也为中国的金融改革和资本金融账户开放提供了相对较好的时间窗口。但是我们仍然需要从长远出发，对开放资本金融账户的风险有充分关注，稳步推进这一过程。中国的金融开放将是一个长期的过程。

债券市场应成为下一步中国金融开放的重点

从外资机构持有债券占比看,中国债券市场的开放程度仍然远低于主要发达市场和很多新兴市场经济体。根据中国人民银行的数据,截至2020年6月,境外投资者总体上持有中国债券的占比仅为2.4%。而在欧美市场,国际投资者持有的债券占比为30%—40%(详见本书第四章)。中国债券市场的开放存在巨大空间。

截至2020年9月末,富时罗素、彭博巴克莱、摩根大通,这三大主流债券指数都已经宣布纳入中国债券市场,这有利于外资机构以更大的热情参与到中国债券市场中来。不过,中国债券市场还面临诸多问题,需要采取如下措施来推动。

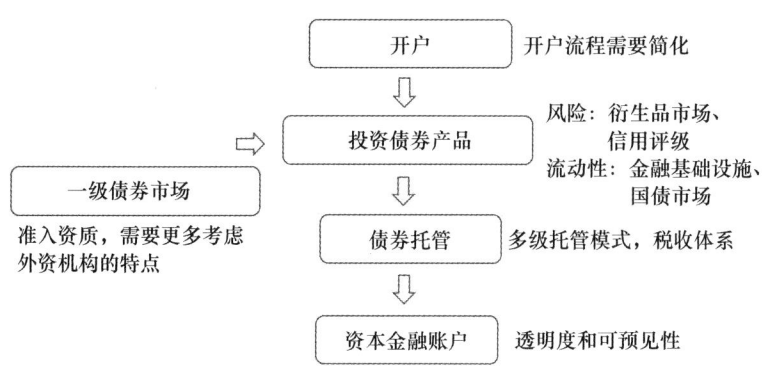

图10 债券市场的改革方向

资料来源:该图由课题组绘制。

(1)从债券交易的风险视角来看:首先,加快发展债券和外汇的衍生品市场。同时逐步扩大境外投资者参与衍生品的交易。另外,境外投资者还不能参与国债期货市场;其次,逐步打破信用评级的下限,重塑国内信用评级的公信力。目前国内、国际信用评级存在较大错位。部分情况下国内信用评级未能真实地体现风险,对债券定价的指导作用有限。

(2)从流动性视角来看,特别要加强国债市场的流动性建设。要从金融基础设施的高度来认识国债发行,真正发挥国债收益率曲线作为债券市场无风险收益率曲线的基准作用。目前,中国国债买卖价差仍高于成熟市场。流动性不足也使得部分券种难以在市场上找到对手方，导致交易无法实现。

（3）在交易开始阶段，应显著提升开户流程的便利性。目前，境外主体投资银行间债券市场只需要备案，但完成备案及开户耗时长、流程烦琐。完成全部交易前流程通常需耗时数月。

（4）交易过程中的托管业务方面，中国银行间债券市场应从一级托管模式，逐渐向多级托管模式转变。同时，应增强境内托管机构的联通、全面实现电子化操作，提高交易效率。在税收环节，应明确税收政策，以便计算税后收益并合理安排缴税资金。当前，税收安排不明确，仅有部分券种的特定税收安排散见于一些文件之中。这给境外投资机构的成本核算、预留资金等方面带来了不确定性。

（5）增强跨境资本流动政策的透明度、可预见性，避免政策本身波动对市场预期造成冲击。目前，国际投资者对这方面政策仍有担忧，这对境外投资者参与中国债券市场的意愿产生了较大影响。跨境资本流动政策不宜出现大幅度反复。因此，资本账户开放应在权衡各种条件的情况下渐进推进，并保持不断走向开放的趋势和时间上一致的政策框架。

（6）在债券一级市场的资质标准方面，将外资机构的特点更多纳入考虑。中国债券市场国际化程度的提高，需要借鉴外资机构的竞争力和国际网络优势。在债券主承销商资格、发行人民币债券资格等方面，可以让外资机构发挥更多作用。

从长远来看，中国金融开放更是一个事关全局的系统性工程

（1）中国的金融开放确实需要向"最佳实践"（best practice）学习，外资机构的建议也应该更多从最佳实践的角度出发。过去三年三大商会的年度报告中，明确基于"最佳实践"提出的诉求在全部诉求中的占比仅为11%—13%（当然，这一比例可能存在一定低估）。其中部分诉求甚至超出了"最佳实践"的要求。例如："允许金融机构灵活调整地方分支机构（关闭、退出）。"实际上金融机构关闭、退出有较强溢出效应，涉及当地消费者金融服务、企业资产负债表等。因此，国际实践一般对机构撤出设置了很多条件，机构退出的成本都极高。中资银行"走出去"也遇到了相同问题。外资机构应更多对照"最佳实践"来提出建议（参见本书第五章）。

（2）需要加快推进利率市场化、汇率形成机制改革。唯有利率、汇率实现充分的市场化，债券等资产才可能实现合理定价。在此基础上，才能减少制度套利空间，并使得金融开放能够在资源配置方面发挥更大作用。这方面的部分措施包括：第一，比较成熟的基准利率、特别是成熟的国债收益率曲线。要更加重视国债市场的金融属性、金融功能；第二，进一步完善汇率形成机制，完善外汇市场的衍生品种类，减少"真实性需求"等交易限制；第三，增加市场的金融避险工具，推进建设较为成熟的国债期货指数、外汇期货等产品，逐步增加外资机构参与度（参见第四章）。

（3）更加清晰、可理解的金融监管框架。调研过程中我们看到，在国内市场上，中资金融机构对于与外资机构展开竞争充满信心，银行业更是如此。进一步推动金融开放有其现实基础。不过金融监管框架还需要完善，这方面的建议包括：加强政策协调，保证各部门政策的一致性。第一，加强横向协调。外资机构通常会遇到多个部门之间解读不一致、协调效率低的问题。有必要通过部门调整、权责重新划定来进行改善。同时，调查过程中受访者也较多反映监管人员的业务水平有待提高。应增加从市场机构甚至外资机构中招收监管人员的比例。第二，加强纵向条线的政策协调机制。在新政策出台时，需要尽量描述具体，减少解读存在的歧义。关键概念应尽量有清晰界定（例如相关法律和政策中关于"重要数据"的界定）。如果面临解读存在模糊的问题，需要尽快打上政策补丁。

监管抓手，宜从对机构的监管转向对业务的监管。在分业经营的情况下，机构与业务完全重合。而目前的趋势是综合经营，机构与业务并不完全匹配，需要将金融监管的对象转向业务为抓手，以此为出发点来对外资金融机构的许可、资质、日常经营活动进行监管。同样，对国内金融监管的思路也需要进行调整。

金融开放政策是一项长期政策，要避免将长期政策短期化。过去这方面的一些做法，对外资机构的预期产生了影响，提高了其经营风险、合规成本。金融开放政策需要从长远考虑，避免从权宜之计的角度来推进金融开放。

（4）沪港金融中心形成良性互动，共同提升中国金融市场的全球竞争力。可以预见，随着中国金融基础设施的完善，以及金融开放带来的国际化程度提高，上海将建成境外人民币回流的业务中心和全球人民币清算中心。上海债券市场、股票市场、大宗商品期货市场都将获得快速发展。目前，境外机构对于上海在未来10年内金融中心地位上升具有强烈共识（参见第六章）。

不过，中国的资本金融账户开放仍然需要时间。在此背景下，中国香港建成全球人民币离岸中心仍然面临机遇。同时，中国内地的金融改革、金融开放，以及中国产业与金融资本的国际化程度提高，也都将使得中国香港金融中心受益，并且对中国香港金融中心提出了更高的要求。

从长期来看，来自上海国际金融中心的竞争压力，将推动中国香港进一步提升其国际金融中心的竞争力。中国香港应当从现在国际金融产品的分销、批发中心，更多转向金融产品的创新、研发中心，尤其是离岸人民币产品的开发和创新中心。唯有如此，中国香港才能不断提升其在国际金融产业链中的地位，获得新的发展空间。

对于世界而言香港是中国的，对于中国而言香港是世界的。在粤港澳大湾区迈向区域一体化的过程中，中国香港国际金融中心应重新评估自身定位，更好地服务于粤港澳大湾区以及更为广阔的内地市场的实体经济。在此基础上，沪港两大国际金融中心的良性互动，将共同提升中国金融的全球竞争力。

第一章　中国推动金融开放的政策努力

金融开放主要包括金融市场开放、资本账户开放两方面。二者尽管存在一定的交叉性，但是二者关注的重点与政策含义并不相同。金融市场开放主要是本国金融服务部门在市场准入、国民待遇等方面的对外开放，也包括本国相应主体对于国外金融活动的参与。资本账户开放主要侧重于对跨境资本流动限制措施的削减。中国人民银行行长易纲曾多次表示，中国将遵循以下三条原则推进金融业对外开放[①]：一是准入前国民待遇（Pre-establishment National Treatment）和负面清单原则；二是金融业对外开放将与汇率形成机制改革和资本项目可兑换进程相互配合，共同推进；三是在开放的同时，要重视防范金融风险，要使金融监管能力与金融开放度相匹配。这为我们的分析提供了一个基本的分析框架，对应这三条原则，在梳理中国金融开放时可关注的内容包括：（1）金融业（银行、证券、保险）开放，在本章我们尤其关注市场准入问题；（2）资本账户的可兑换；（3）金融市场监管，本章将主要涉及国民待遇问题。

第一节　准入前国民待遇加负面清单管理：金融开放的重要背景

一　国际投资协定中的准入前国民待遇

在国际投资领域，国民待遇是以东道国投资者享受的待遇为参照对象

[①] 《易纲行长在博鳌亚洲论坛宣布进一步扩大金融业对外开放的具体措施和时间表》，2018年4月11日，http://www.pbc.gov.cn/goutongjiaoliu/113456/113469/3517821/index.html；《易纲行长在2018年金融街论坛年会上的讲话》，2019年5月29日，http://www.pbc.gov.cn/goutongjiaoliu/113456/113469/3548100/index.html；中国人民银行：《2019年第一季度中国货币政策执行报告》，2019年5月17日。

的一种相对待遇标准,即东道国政府在相似情况下给予外国投资者的待遇不低于其给予国内投资者的待遇。其主要针对东道国政府的法律、法规和其他措施。

在国际投资协定中,东道国一般会承诺给予准入后的外国投资国民待遇,即外资运营阶段的国民待遇。但也有一些国际投资协定将国民待遇义务延伸至外资的设立、并购和扩大阶段,这被称为准入前国民待遇。具体而言,准入前国民待遇系指国际投资协定中缔约方承诺给予外国投资者与合格投资在其领土内设立、并购、扩大、管理、经营、运营、出售或其他投资处置方面的待遇,不得低于在相同情势下给予本国投资者的待遇。它是美式双边投资条约的核心规则之一。

表1-1 中美两国国民待遇条款比较

BIT范本名称	条款内容	主要区别
美国2012年BIT范本第3条	1. 缔约一方对缔约另一方投资者在其境内设立、并购、扩大、管理、运营、出售或其他投资处置方面所给予的待遇,不得低于在相似情形下给予该一方投资者的待遇 2. 缔约一方对缔约另一方合格投资在其境内设立、并购、扩大、管理、运营、出售或其他投资处置方面所给予的待遇,不得低于在相似情形下给予该一方合格投资的待遇 3. 依照前两款规定给予的待遇包括缔约一方的地方政府在相似情况下给予其居民和企业及其投资的权利	1. 中国BIT范本中,国民待遇的享有需符合"不损害东道国法律法规"的前置条件; 2. 中国BIT范本中对于投资的"设立""并购""扩大"未给予国民待遇
中国2010年BIT范本(草案)第3条	在不损害缔约一方可适用的法律法规的前提下,对在其境内投资的运营、管理、维持、使用、享有、出售或处分,缔约一方确保给予缔约另一方的投资者及其投资的待遇应不低于其在相同情势下给予本国投资者及其投资的待遇	

中国现已缔结的双边投资保护协定中,均未接受准入阶段的国民待遇义务。在中国已签订的双边投资保护协定中,国民待遇条款的具体表述措辞不一、适用范围参差不齐。中国20世纪80年代初期缔结的《中日投资保护协定》中,多未承诺给予国民待遇。1988年中国与日本签订的《中

日投资保护协定》中首次明确规定了运营阶段的国民待遇原则,但在协定的附件中进行了实质性的限制。1992年中国与韩国签订的双边投资保护协定中规定的运营阶段的国民待遇则未做任何限制规定。此后,中国签订的双边投资保护协定中多又重新对运营阶段的国民待遇做了限制。2012年中国与加拿大历时18年签订的《中加投资保护协定》中,虽然加方在谈判中也提出给予其投资者的国民待遇覆盖准入与准入后阶段的要求,但最终双方达成的双边投资保护协定仍未在这方面有实质性突破。中国与加拿大双边投资保护协定第6条中规定国民待遇适用于投资的"扩大",但此条第三款又对"扩大"限制为无须审批的部门的扩大投资。

综上可知,在国际投资协定中,中国对于运营阶段的国民待遇实行差别政策,对于准入阶段的国民待遇义务则一直未接受。值得指出的是,准入前国民待遇并不表明一国会在投资领域全面实施国民待遇,一般会通过"负面清单"来对"准入前国民待遇"这一高标准的承诺提供缓冲机制。因此,在准入前国民待遇开放的基础上,"负面清单"管理模式给开放提出了更高的要求,使得对外资的开放更具透明度,并对推动国内相关改革起到更多倒逼的压力。

二 国际投资协定中的负面清单

在国际经贸条约谈判中,负面清单是对条约中义务提出保留的一种方式。在谈判中,一般对协定中的义务提出保留主要有两种模式,即正面清单模式与负面清单模式。正面清单模式是指缔约方在附件中正面列出承担协定义务的部门、子部门和活动。根据这一模式,凡未列入清单的部门、子部门和活动,缔约方不需承担条约义务。一般认为,世界贸易组织的《服务贸易总协定》是具有代表性的正面清单模式,它从正面列明已做出自由化承诺的部门,并给出了"不符措施"的负面清单。负面清单模式则是"缔约国对协定中的一般性条款达成共识,然后列出所有不适用于这些条款或不符合其义务的个别措施"。作为协定的一部分,还应以特定的格式列出这些特殊措施。《北美自由贸易协定》是首个采用负面清单模式的国际经贸协定。

在双边投资保护协定谈判中,负面清单模式是指缔约方同意协定所设定的义务适用于所有的外国投资者及其投资,但与此同时缔约双方经谈判在协定的附件中列出不承担协定义务的特定措施、行业或活动。按照美国2012年双边投资保护协定范本第14条规定,缔约双方经谈判可以将关于双边投资保护协定中国民待遇、最惠国待遇、业绩要求以及高管和董事会四项义务的"不符措施"列明在协定的附件中,即"负面清单"中。

(一) 负面清单模式具有高水平开放的特征

负面清单模式下对缔约方承担的义务水平要求更高。在负面清单模式下,除非缔约国在条约中列明例外情形,否则条约义务将无条件适用于所有部门,其是一次性协议的方式,而且协议一旦达成就会产生一种"自动自由化"的效果。正面清单则是一种循序渐进与选择性自由化的方式,允许缔约国做出宽泛的保留,从而可以为缔约国预留更多的时间和空间来应对投资自由化带来的各种风险。

负面清单模式下,例外安排设置的难度与复杂性也较高。正面清单只需要确定本国的优势产业并将其列入清单,而负面清单则要求缔约国确定本国的敏感行业以及在这些行业中需要保留的不符措施。一项不符措施条目列入负面清单需要说明例外安排针对哪一部门、所涉义务、政府层级、引用的措施、描述以及任何相关过渡安排。对缔约国而言,在BIT谈判中选择负面清单模式,其最主要的关注点应是首先确定国内哪些产业、活动和政策措施与协定中的承诺不符,予以例外安排;其次,根据东道国特定的监管与发展环境和国内产业竞争实力对这些承诺附加条件。

负面清单还意味着"只进不退"的开放路径。从现有的国际投资协定实践来看,负面清单一般包括对现行不符措施以及现行不符措施的延续、更新或修订的保留以及对未来可能出台的不符措施的保留。需要指出的是,对现行不符措施保留列入负面清单后,今后如果进行修订要受制于"棘轮"机制的规定。例如,一国政府选择放开一项措施,其不得在后来再次收紧;开放某行业后,其开放程度不允许降低、不允许倒退。当东道国出台或修订的外商投资管理政策或法规违反BIT中的规定时,而这些变化又影响到外国投资者在该国的投资利益,外国投资者就可依据BIT中的投资者与东道国争端解决机制条款将东道国起诉到国际投资仲裁庭。联合国贸易和发展会议发布的报告中指出,负面清单模式意味着潜在的更高水平的自由化束缚——一定程度上会"锁定"监管现状,各种国际协定的实质都是要限制有关国家自己的政策选择，发展中国家应注意为追求本国发展或其他政策目标保留足够的政策空间。

（二）负面清单的适用

虽然采用负面清单模式，缔约方需承担更多的义务，但许多国际投资协定还是采用了这种模式。其中的主要原因是，一方面，大多数倾向于保留更多政策空间的国家并未接受准入前国民待遇；另一方面，负面清单模式能针对保留的"不符措施"提供更全面的监管透明度。

不过，自从《北美自由贸易协定》采用准入前国民待遇与负面清单模式后，一些协定亦采取了类似模式。这一模式在西半球国家的应用尤为广泛，最近也扩展到了东南亚。[①]

在实践中，负面清单模式下有两种清单保留方法。一种是详尽列举法，采取这种方法的清单需要详细说明缔约方有意保留或在将来适用的"不符措施"的性质和范围；另一种清单保留方法是一些国际投资协定仅要求列明希望在哪些领域保留"不符措施"，而无须详细阐述。例如根据美国 2012 年 BIT 范本第十四条"不符措施"规定，在缔约方达成协议的前提下，可针对协定中国民待遇、最惠国待遇、业绩要求和高级管理人员和董事会四项义务进行"不符措施"谈判，达成负面清单。按照美国 2012 年 BIT 范本，缔约双方谈判确定的负面清单包括三部分：一是详细列出现行不符措施所属行业、与何种履约义务不符、国内不符政策措施的所属政府层级、不符措施的国内法律来源以及对不符措施的描述等；二是列举保留将来采取某些不符措施权利的"行业列表"；三是金融业例外条款。由于金融业的敏感性，一般会单独列出金融服务部门的不符措施。

三 中国外资"准入前国民待遇加负面清单管理制"监管框架与主要规定

2020 年 1 月 1 日开始实施的《中华人民共和国外商投资法》（以下简称《外商投资法》）明确规定中国对外商投资实行准入前国民待遇加负面清单管理制度，这是中国外资管理制度的根本性变革。根据《外商投资法》的规定，准入前国民待遇是指在投资准入阶段给予外国投资者及其投

[①] 参见 UNCTAD, Preserving Flexibility in IIAs: The Use of Reservations (New York and Geneva: United Nations), United Nations Publication, 2006, Sales No. E. 06. II. D. 14, p. 24.

资不低于本国投资者及其投资的待遇；负面清单，是指国家规定在特定领域对外商投资实施的准入特别管理措施。准入特别管理措施包括禁止性措施（特定领域禁止外商投资）和限制性措施（对外商投资特定领域提出股权要求、高级管理人员要求等）。国家对负面清单之外的外商投资，给予国民待遇。《外商投资法》第二十八条进一步规定，外商投资准入负面清单规定禁止投资的领域，外国投资者不得投资。外商投资准入负面清单规定限制投资的领域，外国投资者进行投资应当符合负面清单规定的条件。外商投资准入负面清单以外的领域，按照内外资一致的原则实施管理。这有助于进一步提升中国外商投资监管框架的透明度与可预见性，优化中国的营商环境。

目前，中国在外商投资领域存在两个负面清单：一个是《外商投资准入特别管理措施（负面清单）（2020年版）》，适用于全国范围，共计33项。另一个是《自由贸易试验区外商投资准入特别管理措施（负面清单）（2020年版）》，适用于所有自由贸易试验区，共计30项。自贸区外资准入负面清单在全国外资准入负面清单的基础上，进一步放宽市场准入条件，实行更高水平的对外开放。这两个负面清单均由国家发展改革委、商务部于2020年6月23日公布，自2020年7月23日起施行。

（一）外资准入负面清单规定的领域

1. 外资准入负面清单规定禁止投资的领域，外国投资者不得投资

对于禁止投资的领域，外资准入负面清单逐一列明，确定红线，给外国投资者以合理预期，体现的是营商环境的可预见性。

2. 外资负面清单规定限制投资的领域，外国投资者进行投资应当符合负面清单规定的条件

对于外资准入负面清单规定限制投资的领域，负面清单将限制条件明确列明，有关主管部门按照清单相关要求进行管理，不再对外国投资者在相关领域投资设立企业进行事前审批。例如，外资股比限制，即外商投资持股不得超过一定比例。外国投资者在上述领域进行投资，应当符合负面清单规定的条件。

（二）外资准入负面清单以外的领域

在外商投资准入负面清单以外的领域，按照内外资一致的原则实施管

理。即对外国投资者不设门槛，不实行特殊管理，外国投资者可以同境内投资者一样进行投资，依照同样的法律设立企业、从事生产经营活动、平等接受监管。外商投资适用与国内投资相同的准入标准、条件和程序：国内投资者禁止投资的领域，外国投资者也不得投资；国内投资者需要满足特定条件才能投资的，外国投资者也要满足相同的条件；国内投资需要履行审批、核准、备案手续的，外商投资也需要履行相同的审批、核准、备案手续；国内投资自由进入的，外商投资也可以自由进入。

2019年10月，国家发展改革委、商务部发布了《市场准入负面清单（2019年版）》，对外商投资准入负面清单以外的领域的市场准入做出明确规定，按照内外资一致的原则平等适用于各类市场主体，包括外国投资者、外商投资企业。《市场准入负面清单（2019年版）》包括禁止和许可两类事项。其中明确规定：（1）对禁止准入事项，各类市场主体不得进入，行政机关不予审批、核准，不得办理有关手续。（2）对许可准入事项，包括有关资格的要求和程序、技术标准和许可要求等，由市场主体提出申请，行政机关依法依规做出是否予以准入的决定。（3）对市场准入负面清单以外的行业、领域、业务等，各类市场主体皆可依法平等进入。

综上，当前中国外资实施准入前国民待遇加负面清单管理制后，中国单独针对外资的管理制度主要是负面清单+项目核备+信息报告+安全审查，其他的如行业许可、企业设立、生产经营等，均是内外资已经统一。外资负面清单管理的主要依据是《外商投资准入特别管理措施（负面清单）（2020年版）》和《自由贸易试验区外商投资准入特别管理措施（负面清单）（2020年版）》。如果外国投资者拟投资上述两个负面清单以外的领域，其当前的市场准入依据则是《市场准入负面清单（2019年版）》。

（三）中国"准入前国民待遇加负面清单"关于金融领域的例外规定

第一，《外商投资法》中关于金融领域的例外规定。《外商投资法》第二条规定，外商投资，是指外国的自然人、企业或者其他组织直接或者间接在中国境内进行的投资活动，从这一界定上看，外商投资是涵盖各个领域和行业的。但是，金融领域的外资管理比较特殊。因此，《外商投资法》对外国投资者在金融行业、金融市场投资做出例外规定。第四十一条规定，对外国投资者在中国境内投资银行业、证券业、保险业等金融行业，或者在证券市场、外汇市场等金融市场进行投资的管理，国家另有规定的，依照其规定。此外，外资法第四条第四款规定，中国缔结或者参加的国际条约、协定对外国投资者准入待遇有更优惠规定的，可以按照相关规定执行。

第二，外资准入负面清单中的例外规定。《外商投资准入特别管理措施（负面清单）（2020年版）》和《自由贸易试验区外商投资准入特别管理措施（负面清单）（2020年版）》中均规定该负面清单中未列出的文化、金融等领域与行政审批、资质条件、国家安全等相关措施，按照现行规定执行。中国缔结或者参加的国际条约、协定对境外投资者准入待遇有更优惠规定的，可以按照相关规定执行。

四 "负面清单"：国内版与国际版的区别

外资准入负面清单（以下简称国内版）与中国对外缔结的国际经贸协定中负面清单（以下简称国际版）具有明显的区别，主要表现在以下六个方面。

一是法律效力不同。国内版仅具有国内法效力，而国际版一旦达成，其将具有国际法效力，对协定缔约各方均有约束力。

二是适用范围不同。国内版适用各国来华投资兴业的投资者，而国际版在对最惠国待遇条款做出保留的情况下仅适用于协定缔约方。

三是修订要求不同。按照《中华人民共和国外商投资法实施条例》第4条规定，国内版"根据进一步扩大对外开放和经济社会发展需要，适时调整负面清单"，而国际版按照国际经贸协定有效期，一般10年或15年，再度修订时需要缔约方进行正式谈判。比如，若中美达成BIT协定，其首个有效期是10年，再度修订时需要缔约国进行正式谈判。并且，自终止之日起的10年，除去涉及合格投资的设立或取得的适用条款，所有其他条款将继续适用于在终止之日前设立或取得的合格投资。

四是内容不同。国内版仅列明了不符合国民待遇等原则的外商投资准入特别管理措施。而国际版一般包括对国民待遇、最惠国待遇、业绩要求、高级管理人员和董事会等条款义务的保留。根据联合国贸发会的研究，双、多边投资协定中对国民待遇条款的限制是最普遍的保留措施。

五是透明度不同。国内版仅列出了保留的领域与特别管理措施内容。

而国际版中不符措施条目,需要说明例外安排针对哪一部门、所涉义务、政府层级、引用的措施、描述以及任何相关过渡安排。后者在透明度方面要求更高。

六是争端解决机制不同。投资者因国内版发生争议时,需依照国内司法程序寻求救济。若中美达成BIT这一国际版协定,则按照美国2012年BIT范本规定,投资者因东道国违反中美BIT中的义务、投资授权或投资协定而遭受损害时,可按照协定中"投资者与国家间投资争端解决机制"(Invester-State Dispute Settlement,ISDS)向国际仲裁机构提起仲裁。

总体上,国内版负面清单的开放范围更大,而法律效力方面东道国更具有主动性。同时,国际版负面清单的开放范围更小,而法律效力、争端解决机制更具有国际影响力。

五 将金融服务业纳入《外资安全审查办法》,积极稳妥推进金融开放

2020年12月19日,国家发展改革委、商务部发布了《外商投资安全审查办法》(以下简称《安审办法》),并于2021年1月18日起施行。相较于现有的外资安审规定,《安审办法》的最重要特点之一,就是将金融服务等敏感领域一并纳入了审查范围。

从《安审办法》规定的具体内容来看,除外国投资者通过证券交易所或者国务院批准的其他证券交易场所购买境内企业股票,影响或者可能影响国家安全的,其适用《安审办法》的具体办法由国务院证券监督管理机构会同外商投资安全审查工作机制办公室制定外(相关工作正在推进中),投资关系国家安全的重要金融服务并取得所投资企业的实际控制权的外商投资,外国投资者或者境内相关当事人应当在实施投资前主动向工作机制办公室申报。取得所投资企业的实际控制权,包括下列情形:(1)外国投资者持有企业50%以上股权;(2)外国投资者持有企业股权不足50%,但其所享有的表决权能够对董事会、股东会或者股东大会的决议产生重大影响;(3)其他导致外国投资者能够对企业的经营决策、人事、财务、技术等产生重大影响的情形。

那么,金融业为何需要被纳入《安审办法》当中?如何理解中国正在推进的金融开放,与金融业纳入《安审办法》之间的关系?这对于外资金融机构投资中国又有何影响?

中国当前金融开放主要包括两个方面：一是金融服务业在市场准入、直接投资方面的对外开放，也包括中国金融机构在该领域的"走出去"布局。二是资本金融账户开放，这主要侧重于对跨境资本流动限制措施的削减。中国人民银行行长易纲曾多次表示，中国将遵循以下三条原则推进金融业对外开放①：一是准入前国民待遇和负面清单原则；二是金融业对外开放将与汇率形成机制改革和资本项目可兑换进程相互配合，共同推进；三是在开放的同时，要重视防范金融风险，要使金融监管能力与金融开放度相匹配。

在此背景下，中国将金融服务业纳入《安审办法》之中，有助于增强自身竞争能力、开放监管能力和风险防控能力，从而助力以国内大循环为主体、国内国际双循环相互促进的新发展格局的形成。

（一）金融业纳入《安审办法》有助于在开放中实现效率与风险的平衡

如果完全按照准入前国民待遇加负面清单管理原则，金融业开放当然有助于进一步提升中国外商投资监管框架的可预见性，优化中国的营商环境。但与此同时，也要看到这一原则适用于金融领域开放将带来一系列挑战。

例如，金融领域负面清单设置需要具有高水平的前瞻性。负面清单管理制需要通过设置具体的"负面清单"，以降低高水平投资自由化带来的监管风险。而金融领域作为创新性较强的领域，管理者很难在设置负面清单时写入还未出现的"金融创新业态"。同时，负面清单管理还要遵循"只减不增"的原则。这也意味着，管理者无法按照新的金融创新对负面清单进行扩展。

在这种潜在风险的挑战之下，为了进一步推动金融业高水平开放，中国需要改革与完善国内金融监管体系。与此同时，中国近年来也在稳步推进外商投资管理制度改革。2020年1月1日正式生效的《外商投资法》及其实施条例均明确国家建立外商投资安全审查制度，对影响或者可能影

---

① 《易纲行长在博鳌亚洲论坛宣布进一步扩大金融业对外开放的具体措施和时间表》，2018年4月11日，http://www.pbc.gov.cn/goutongjiaoliu/113456/113469/3517821/index.html；《易纲行长在2018年金融街论坛年会上的讲话》，2019年5月29日，http://www.pbc.gov.cn/goutongjiaoliu/113456/113469/3548100/index.html；中国人民银行：《2019年第一季度中国货币政策执行报告》，2019年5月17日。

国家安全的外商投资进行安全审查。外商投资企业、外国商协会等十分关注外商投资安全审查制度如何落地实施，期待出台具体规定。将金融业纳入《安审办法》当中，有助于外资金融机构依法、依规开展投资决策，同时降低了进一步开放带来的监管风险，还为中国政府保留根据国内经济发展形势变化适时调整监管政策的灵活性。

（二）将金融安全审查纳入统一的外资安审制度完全符合国际经验

从国际经验来看，外资安全审查制度是金融业高水平开放国家的重要监管机制。特别是2000年年初以来，这一问题开始受到各国决策者的广泛关注。过去十几年中，为了解决外国投资引起的国家安全问题，许多国家开始对投资安全审查政策进行了大幅修订，或者引入相关的法律框架。

美国是最早建立安全审查机制的国家，从其实践经验来看，金融、信息与服务业是接受国家安全审查的重要领域。例如在2017年，金融、信息与服务业交易审查申报108件，占申报总量的46%。2018、2019年度该行业的交易审查申报数量虽有所下降，但也都超过了申报总量的1/3，分别占比38%和39%。

从G20成员范围来看，2016年以来，德国、日本、俄罗斯、意大利、澳大利亚、美国、英国、法国、南非、韩国和欧盟都针对外国投资可能对其国家安全利益构成的潜在风险，修订了其政策以管理这些风险。其中，2017年意大利修订的国家安全审查立法中，在表明安全和公共秩序风险的领域列表中引入"高科技"领域，特别是关键基础设施，包括数据的存储和处理以及金融基础设施。

随着中国金融业开放全面深化，中国也需要顺势而为，高度重视国家金融安全，保障系统性金融安全。但是，在此前的立法中，中国一直将金融安全审查区别于一般的安全审查。2011年3月实施的《国务院办公厅关于建立外国投资者并购境内企业安全审查制度的通知》规定，外国投资者并购境内金融机构的安全审查另行规定。2015年4月发布的《自由贸易试验区外商投资国家安全审查试行办法》也规定"外商投资金融领域的安全审查另行规定"。因此，一些学者建议将外商投资金融领域的安全审查纳入现有的国务院金融稳定发展委员会的职责范围。但是，将重要金融服务安全审查纳入统一的国家外商投资安全审查制度中，由统一的国家安全审查机构按照统一安全审查程序进行更符合外资安审制度特点与国际经验和发展趋势。因此，中国相关监管机构在总结近十年来的工作实践的基础上，应对审查范围进行适当调整，将金融领域纳入审查范围。

（三）外资机构需要认识到安全审查与一般外资准入审批程序相互独立

金融安全审查程序独立于一般外资准入审批程序，且外资准入审批不受安全审查结果的影响。从国际经验来看，金融业外商投资安全审查程序与外资准入审批程序也是相互独立的。例如，在重庆财信集团牵头的中国财团收购美国芝加哥证券交易所一案中，2016年12月，美国外资投资委员会（CFIUS）通过了这一交易的安全审查。但是2018年2月，此项交易却被美国证券交易委员会（SEC）否决，认为其不符合监管法规的要求，无法解决关于拟议的新所有权结构是否符合所有权和投票权限制的担忧，从而避免对交易所的运营进行任何不当控制。特别是收购完成后股东结构发生改变，而SEC不能确保对交易所进行充分监管。

同样地，中国将金融服务纳入《安审办法》范围之后，并不表明通过安全审查程序就一定获得"牌照"。中国《外商投资法》第四十一条也明确规定，对外国投资者在中国境内投资银行业、证券业、保险业等金融行业，或者在证券市场、外汇市场等金融市场进行投资的管理，国家另有规定的，依照其规定。

（四）从金融开放的初衷出发，中国不会过度使用《安审办法》

当今全球化遭遇逆流，有部分国家滥用安审权限，有针对性地限制外商投资，这种做法已经超出了保护国家安全利益的必要范围。而中国将金融服务纳入《安审办法》的初衷，是为金融业的高水平开放护航，以免陷入因维护国家安全的担忧而不必要地实施限制性政策。

在具体落实《安审办法》的过程中，一方面，中国应参照目前国际社会就这一政策领域普遍认可的一些原则，例如《G20全球投资指导原则》、OECD的《投资接受国与国家安全相关的投资政策指南（2009）》，[1] 以及

---

[1] "Guidelines for Recipient Country Investment Policies Related to National Security", Recommendation Adopted by the OECD Council on 25 May, 2019, http://www.oecd.org/daf/inv/investment-policy/43384486.pdf.

联合国贸发会议的《可持续发展的投资政策框架》（IPFSD）。另一方面，中国应加强对发达经济体相关配套制度的研究，使其有益经验为我所用。此外，中国应积极参与国际社会就这一领域政策实践开展的旨在提高透明度的政策对话。

综上所述，考虑到金融业的特殊性，中国过去的外资监管规定为政府根据国内经济发展形势变化适时调整金融监管政策预留了足够的空间，一般都规定外国投资者在金融行业、金融市场投资可以"另有规定的，依照其规定"。而近年来，随着中国以准入前国民待遇加负面清单管理原则大力推进金融领域的对外开放，中国需要扩大开放与风险防控协同共进，不断完善金融监管体系建设。"重要金融服务"纳入《安审办法》即是迈出了完善金融监管体系的重要一步，而金融监管体系的不断完善也将意味着中国对外开放的大门还会越开越大。

第二节　负面清单管理模式稳步推进背景下的中国金融开放

市场准入是金融业监督管理机构对新设金融机构进行的限制性管理。金融机构市场准入包括：（1）机构准入，指金融机构法人或分支机构的设立与变更；（2）业务准入，指批准金融机构的业务范围以及允许推出新的产品和服务；（3）高级管理人员准入，指对董事及高级管理人员等任职资格进行审查核准。我们在此主要关注前两个方面。

中国一直在积极推进金融业市场准入。2013 年，中国人民银行前行长周小川在中法金融论坛上发表讲话时指出，中国金融业"要放宽市场准入，要使金融业在竞争性市场上为国内的经济活动和跨境的经济活动提供更好的金融服务"，"从市场准入的角度来讲，中国会继续扩大对外开放，将管理从正面清单转到负面清单，研究实施准入前国民待遇"。2017 年 8 月，国务院印发《关于扩大对外开放积极利用外资若干措施的通知》（国发〔2017〕5 号）和《国务院关于促进外资增长若干措施的通知》（国发〔2017〕39 号），明确重点放开银行类金融机构、证券公司、证券投资基金管理公司、期货公司、保险机构、保险中介机构外资准入和股比限制，以及放宽针对一些高管要求、业务领域范围的限制。

2018年4月，继习近平主席在10日博鳌亚洲论坛的开幕式上宣布"中国将大幅放宽市场准入"后，中国人民银行行长易纲在11日召开的分论坛上具体阐述了金融业对外开放措施和细节，重点聚焦外资准入和业务限制的放开，对各类所有制企业一视同仁审慎监管。2019年7月，国务院金融稳定发展委员会发布11条新举措，进一步放开了外资金融机构的准入限制。2019年11月7日，国务院印发《国务院关于进一步做好利用外资工作的意见》（国发〔2019〕23号），全面取消在华外资银行、证券公司、基金管理公司等金融机构业务范围限制；减少外国投资者投资设立银行业、保险业机构和开展相关业务的数量型准入条件；取消外国银行来华设立外资法人银行、分行的总资产要求；取消外国保险经纪公司在华经营保险经纪业务的经营年限、总资产要求。

一 中国金融业负面清单逐年"瘦身"

负面清单是相对于"正面清单"而言的一种国际通行的外商投资管理办法，遵循"法无禁止即可为"原则，明确禁止外资进入的领域，其余所有领域对外资开放。相对于正面清单而言，负面清单模式在外资准入方面更加公开透明，有利于增强外资信心，吸引外资进入。

中国于2013年首先在上海自贸区引入负面清单管理模式。2013年9月，上海市人民政府发布了《中国（上海）自由贸易试验区外商投资准入特别管理措施（负面清单）（2013年）》，[1] 列明了中国（上海）自由贸易试验区内，对外商投资项目和设立外商投资企业采取的与国民待遇不符的准入措施，开启了中国"准入前国民待遇+负面清单管理"模式的探索。2015年4月，国务院办公厅印发了《自由贸易试验区外商投资准入特别管理措施（负面清单）》[2]（国发〔2015〕23号）（以下简称《自贸区负面清单》），适用于上海、广东、天津、福建四个自由贸易试验区。负面清单之外的领域，在自贸试验区内按照内外资一致原则实施管理。在金融领域，负面清单对银行业股东机构类型、银行业资质、银行业股比、外资银行、

---

[1] 上海市人民政府网，http://www.shanghai.gov.cn/nw2/nw2314/nw32419/nw32510/nw32512/u26aw40135.html。

[2] 中华人民共和国中央人民政府网，http://www.gov.cn/zhengce/content/2015-04/20/content_9627.htm。

期货公司、证券公司、证券投资基金管理公司、证券和期货交易、保险机构设立、保险业务等方面都做出了具体的要求和限制。

2017年6月，国家发展改革委、商务部发布《外商投资产业指导目录（2017年修订）》①（国发〔2017〕4号）。本次《目录》修订提出了外商投资准入负面清单，将原《目录》中部分鼓励类有股比要求的条目以及限制类、禁止类条目进行整合，提出在全国范围内实施的外商投资准入负面清单，作为对外商投资实行准入前国民待遇加负面清单管理模式的基本依据。2018年后，国家发展改革委、商务部每年发布《外商投资准入特别管理措施（负面清单）》（以下简称《负面清单》），统一列出股权要求、高管要求等外商投资准入方面的特别管理措施。

从历年公布的《负面清单》和《自贸区负面清单》对各行业的限制条款数量也可以看出，负面清单逐年"瘦身"（详见附表1-1）。在金融领域，《自贸区负面清单》中所有行业外商投资准入限制条款从2015年的122条删减至2020年的30条，金融业限制条款从14条到2020年清零；《负面清单》中所有行业外商投资准入限制条款从2011年的117条删减至2020年的33条，金融业限制条款从5条到2020年清零。

二 2018年以来外资银行业的准入政策和实施情况

1. 银行业机构准入取得很大进展

银行业在机构准入方面取得了巨大进展，近年来大幅放宽或者取消了在银行业股东机构类型、银行业资质、银行业股比、外资银行等机构准入方面的限制。大多数开放措施已在法律层面和实践层面落地。

银保监会2020年8月22日表示②，2018年以来陆续出台了34条银行业保险业对外开放措施。目前相关法规制度修订基本完成，同时，监管流程也不断完善，审批速度大大加快。外资在华新设机构数量明显增加，尤其是一批专业化特色机构纷纷落地。2018年以来，银保监会共批准外资银行和保险公司来华设立近100家各类机构，其中包括外资独资或控股的保

---

① 《国家发展改革委、商务部发布〈外商投资产业指导目录（2017年修订）〉》，http://www.gov.cn/xinwen/2017-06/28/content_5206447.htm。

② 《银保监会：2018年来新设外资银行保险机构近百家》，央视网，2020年8月23日，https://news.cctv.com/2020/08/23/ARTIo7penatAhRR8AV8IweqQ200823.shtml。

险公司和理财公司。2020年上半年又有外资控股的贝莱德建信理财有限责任公司、中法合资、中澳合资和中英合资的3家外资保险公司的资产管理公司等陆续设立，美国安达保险集团也在2020年上半年成为华泰保险集团最大股东。

（1）2018年以来，银行业机构准入政策的开放进展

2018年4月，中国人民银行行长易纲在博鳌亚洲论坛宣布了进一步扩大金融业对外开放的具体措施和时间表。[①] 在银行业机构准入方面：（1）取消银行和金融资产管理公司的外资持股比例限制，内外资一视同仁；（2）允许外国银行在中国境内同时设立分行和子行；（3）鼓励在信托、金融租赁、汽车金融、货币经纪、消费金融等银行业金融领域引入外资；（4）对商业银行新发起设立的金融资产投资公司和理财公司的外资持股比例不设上限。

2019年5月，中国人民银行党委书记、银保监会主席郭树清在接受媒体采访时表示，银保监会计划出台12条对外开放新措施。[②] 在银行业机构准入方面，除了之前已经宣布的开放措施，还包括：（1）取消外国银行来华设立外资法人银行的100亿美元总资产要求和外国银行来华设立分行的200亿美元总资产要求；（2）放宽中外合资银行中方股东限制，取消中方唯一或主要股东必须是金融机构的要求；（3）鼓励和支持境外金融机构与民营资本控股的银行业保险业机构开展股权、业务和技术等各类合作；（4）按照内外资一致原则，同时放宽中资和外资金融机构投资设立消费金融公司方面的准入政策。

2019年7月，国务院金融稳定发展委员会办公室发布《关于进一步扩大金融业对外开放的有关举措》，推出11条金融业对外开放措施。[③] 在银行业机构准入方面，（1）鼓励境外金融机构参与设立、投资入股商业银行理财子公司；（2）允许境外资产管理机构与中资银行或保险公司的子公司

[①] 《易纲行长在博鳌亚洲论坛宣布进一步扩大金融业对外开放的具体措施和时间表》，2018年4月11日，http：//www.pbc.gov.cn/goutongjiaoliu/113456/113469/3517821/index.html。

[②] 郭树清：《近期拟推出12条银行业保险业对外开放新措施》，2019年5月1日，http：//www.gov.cn/xinwen/2019-05/01/content_5388172.htm。

[③] 中国人民银行：《关于进一步扩大金融业对外开放的有关举措》，2019年7月11日，http：//www.gov.cn/xinwen/2019-07/21/content_5412293.htm。

合资设立由外方控股的理财公司；（3）支持外资全资设立或参股货币经纪公司。

2019年10月15日，国务院对《中华人民共和国外资银行管理条例》（以下简称《条例》）进行修订，[1] 在机构准入方面的主要修改内容为：一是放松资产要求以及主要股东要求，包括取消拟设外商独资银行的唯一或者控股股东、拟设中外合资银行的外方唯一或者主要股东在提出设立申请前1年年末总资产不少于100亿美元的条件；取消拟设分行的外国银行在提出设立申请前1年年末总资产不少于200亿美元的条件；取消拟设中外合资银行的中方唯一或者主要股东应当为金融机构的条件。二是规定外国银行可以在中国境内同时设立外商独资银行和外国银行分行，或者同时设立中外合资银行和外国银行分行。

2019年12月18日，银保监会公布修订后的《中华人民共和国外资银行管理条例实施细则》（以下简称《细则》），[2] 配合《中华人民共和国外资银行管理条例》的修改实施，落实细化银行业开放措施。在机构准入方面的主要修改内容为：一是在《条例》允许外国银行可在中国境内同时设立子行与分行的基础上，规定同时设立子行和分行应当具备的条件，并增加相应监管要求。二是根据《条例》修改情况，相应取消来华设立机构的外国银行总资产要求的内容。《细则》还纳入近年发布的外资银行市场准入开放事项，提升立法等级。这些开放事项包括：明确部分业务适用报告制；明确外资银行可以依法与母行集团开展境内外业务协作；允许外国银行向中国境内分行拨付的营运资金合并计算；允许已获准开办衍生产品交易业务的外国银行管理行在满足一定条件的前提下，授权其他分行开办相关业务。

（2）2018年以来，外资机构的新进入情况

截至2020年9月16日，首家外资控股银行待设立。北京银行2019年3月21日发布公告称，2019年董事会第一次会议通过《关于与ING Bank N.V. 设立合资银行的议案》及《荷兰安智银行股份有限公司与北京银行

---

[1] http://www.gov.cn/zhengce/content/2019-10/15/content_5439956.htm。

[2] http://www.gov.cn/gongbao/content/2020/content_5492512.htm；《银保监会就〈外资银行管理条例实施细则〉修订答记者问》，《新京报》2019年12月25日，http://www.bjnews.com.cn/finance/2019/12/25/666253.html。

股份有限公司中外合资经营合同》，同意与荷兰国际集团全资子公司（ING Bank N.V.）共同出资30亿元发起设立合资银行股份有限公司，ING Bank N.V.持股51%，北京银行持股49%。

2家外资控股的银行卡清算机构成立。2018年11月，美国运通公司在中国境内发起设立的合资公司"连通（杭州）技术服务有限公司"成为获批的第一家外资控股清算公司。2020年2月11日，人民银行会同银保监会批准了万事网联公司银行卡清算机构的筹备申请，其中万事达卡公司持股51%，网联科技持股49%，成为第二家外资控股的银行卡清算机构。

外资控股理财公司获批2家。2019年12月20日，银保监会批准东方汇理资产管理公司和中银理财有限责任公司在上海合资设立理财公司，东方汇理出资55%，中银理财出资45%。2020年8月22日，银保监会官网公布中国已批准全球最大的资产管理公司贝莱德集团（Black Rock, Inc.）、新加坡主权财富基金淡马锡控股公司（Temasek Holdings）和中国建设银行组建外资控股的贝莱德建信理财有限责任公司。此外，中法合资、中澳合资和中英合资的3家外资保险公司的资产管理公司也陆续设立。

首家外资独资货币经纪公司获批。2020年9月3日，中国银保监会批准日本上田八木短资株式会社，在北京筹建独资货币经纪（中国）公司。该公司将落户北京城市副中心通州区，这将有利于副中心的国际财富管理中心建设和丰富金融机构类型。

2. 2018年以来，银行业业务准入范围大幅扩大

外资银行业业务范围大幅扩大，允许外资机构获得银行间债券市场A类主承销牌照、允许外资银行经营"代理收付款项"业务、取消外资银行开办人民币业务审批等，更好地满足外国银行拓展在华业务的实际需要。大多数开放措施已在法律层面和实践层面落地。

2018年4月，中国人民银行行长易纲在博鳌亚洲论坛宣布了进一步扩大金融业对外开放的具体措施和时间表。在银行业业务准入方面，指出要大幅度扩大外资银行业务范围。

2019年5月，人民银行党委书记、银保监会主席郭树清在接受媒体采访时表示，银保监会拟于近期出台12条对外开放新措施。在银行业业务准入方面，①取消外资银行开办人民币业务审批，允许外资银行开业时即

可经营人民币业务；②允许外资银行经营"代理收付款项"业务。

2019年7月，国务院金融稳定发展委员会办公室发布《关于进一步扩大金融业对外开放的有关举措》，推出11条金融业对外开放措施。在银行业业务准入方面，①允许外资机构获得银行间债券市场A类主承销牌照；②进一步便利境外机构投资者投资银行间债券市场。

2019年10月15日的《中华人民共和国外资银行管理条例》中进一步放宽对外资银行业务的限制，主要体现在以下三方面：一是扩大外资银行的业务范围，增加"代理发行、代理兑付、承销政府债券"和"代理收付款项"业务，进一步提升在华外资银行服务能力；二是降低外国银行分行吸收人民币存款的业务门槛，将外国银行分行可以吸收中国境内公民定期存款的金额下限由每笔不少于100万元人民币改为每笔不少于50万元人民币；三是取消外资银行开办人民币业务的审批，进一步优化在华外资银行的营商环境，使条件成熟、准备充分的外资银行一开业即拥有全面的本外币服务能力，在为实体经济更好提供服务的同时，增加盈利来源。

2019年12月25日的《中华人民共和国外资银行管理条例》落实扩大外资银行业务范围措施，一是对《细则》《条例》增加了外资银行的两项业务，即"代理发行、代理兑付、承销政府债券"以及"代理收付款项"做出进一步明确。《条例》所称"承销政府债券"包括承销外国政府在中国境内发行的债券。同时，《细则》明确托管、存管、保管业务，财务顾问等咨询服务，代客境外理财业务等适用报告制，并规定了报告的具体要求。二是根据《条例》修改情况，相应取消人民币业务审批的内容，并对《条例》中经营人民币业务应符合的审慎性要求进行明确。三是考虑到《条例》将外国银行分行吸收中国境内公民人民币定期存款由每笔不少于100万元修改为每笔不少于50万元，而外国银行分行存款通常不投保中国的存款保险，因此增加规定，外国银行分行在开办存款业务时应向客户充分披露存款保险信息，提示有关风险。

目前，德意志银行（中国）有限公司（简称"德银"）、法国巴黎银行（中国）有限公司（简称"法巴"）获首批外资A类主承销商资格，可开展非金融企业债务融资工具A类主承销业务。

3. 2018年以来，银行业监管方式有显著改进

依据《国务院关于修改〈中华人民共和国外资保险公司管理条例〉和

《中华人民共和国外资银行管理条例》的决定》《中国银保监会外资银行行政许可事项实施办法》，银行业监管方面有以下三方面改进，这为外资银行的发展提供了新的发展机遇。

第一，2019年10月15日，改进对外国银行分行的监管措施：（1）放宽外国银行分行持有一定比例生息资产的要求；（2）对资本充足率持续符合有关规定的外国银行在中国境内的分行，放宽其人民币资金份额与其人民币风险资产的比例限制。

第二，2019年10月15日，加强对外资机构的监管：（1）资本充足率，拟设中外合资银行的资本充足率须符合所在国家或者地区金融监管当局以及国务院银行业监督管理机构的规定；（2）高管人员，外国银行在中华人民共和国境内设立的外商独资银行、中外合资银行的董事长、高级管理人员和外国银行分行的高级管理人员不得相互兼职；（3）关联交易，外国银行对其在中华人民共和国境内设立的外商独资银行与外国银行分行之间的资金交易，应当提供全额担保。

第三，2020年1月3日，优化行政审批流程，增加股权管理及反恐、反洗钱融资审查要求。银保监会修订发布《中国银保监会外资银行行政许可事项实施办法》，衔接《中华人民共和国外资银行管理条例》。（1）将外资银行部分董事、高管人员任职资格核准和分行开业审批权限进一步下放或调整；例如，外资银行部分董事和高级管理人员任职资格核准由银保监会下放至银保监局受理、决定。（2）取消管理型支行行长任职资格核准审批。（3）缩短两级审批事项的审批时限。（4）简化外资银行赴境外发债的部分申请材料要求。例如外资法人银行提交开业申请时无须提交开业验收合格意见书，外资法人银行申请筹建分行或分行级专营机构时无须提交申请人营业执照复印件。（5）相应增加了股权管理及反洗钱和反恐怖融资审查的要求，进一步强化了审慎监管，并对股东变更的内涵进行修订。增加了对于外资法人银行的外方股东以及外国银行分行的母行的出资资金来源的合法性，和对于外资法人银行的股东以及外国银行分行的母行股东的穿透核查（包括其主要股东、控股股东、实际控制人、最终受益人的名单、有无故意或重大过失犯罪记录的情况、海外分支机构和关联企业名单）要求。

三 2018 年以来，证券业市场准入的政策及其实施情况

1. 证券业机构准入迈出重要步伐

证券业开放在机构准入方面也迈出了重大一步，期货公司、证券公司、证券投资基金管理公司的股比限制被逐步放开，等等。

（1）2018 年以来的证券业机构准入政策变化

2018 年 4 月 11 日，中国人民银行行长易纲在博鳌亚洲论坛宣布了进一步扩大金融业对外开放的具体措施和时间表。在证券业机构准入方面：①将证券公司、基金管理公司、期货公司、人身险公司的外资持股比例上限放宽至 51%，三年后不再设限；②不再要求合资证券公司境内股东至少有一家是证券公司。

2018 年 4 月 28 日，证监会发布了《外商投资证券公司管理办法》（以下简称《管理办法》）①。《管理办法》修订证券业机构准入主要涉及四个方面：一是允许外资控股合资证券公司。合资证券公司的境内股东条件与其他证券公司的股东条件一致；体现外资由参转控，将名称由《外资参股证券公司设立规则》改为《外商投资证券公司管理办法》。二是统一外资持有上市和非上市两类证券公司股权的比例。将全部境外投资者持有上市内资证券公司股份的比例调整为"应当符合国家关于证券业对外开放的安排（当时为 51%）"。三是完善境外股东条件。境外股东须为金融机构，且具有良好的国际声誉和经营业绩，近三年业务规模、收入、利润居于国际前列，近三年长期信用均保持在高水平。四是明确境内股东的实际控制人身份变更导致内资证券公司性质变更相关政策。

2019 年 7 月 20 日，国务院金融稳定发展委员会办公室发布《关于进一步扩大金融业对外开放的有关举措》。在证券业机构准入方面，①将原定于 2021 年取消证券公司、基金管理公司和期货公司外资股比限制的时点提前到 2020 年；②允许境外金融机构投资设立、参股养老金管理公司。

（2）2018 年以来证券业外资机构的进入情况

截至 2020 年 12 月 10 日，外资控股券商已达 10 家：除在 CEPA10

---

① 中国证券监督管理委员会，http://www.csrc.gov.cn/pub/newsite/zjhxwfb/xwdd/201804/t20180428_337507.html。

(《〈内地与香港关于建立更紧密经贸关系的安排〉补充协议十》)框架下设立的港资控股的四家券商外(2018年之前),2018年后高盛高华证券、摩根士丹利华鑫证券、瑞银证券、瑞信方正证券通过提高外资股东持股比例实现控股,摩根大通证券(中国)有限公司、野村东方国际证券、星展证券(中国)有限公司、大和证券(中国)有限责任公司则为新设立的外资控股证券公司。

外资控股期货公司1家:2020年6月18日,摩根大通期货正式获批将外方股东持股比例由49%增至100%,成为中国境内首家外资独资期货公司。

外资控股基金公司1家:贝莱德、路博迈和富达等3家海外资管机构先后向证监会提交了外商独资公募基金牌照申请。2020年8月21日,证监会核准设立贝莱德基金管理有限公司。

2. 证券业业务准入也有新进展

证券业在合资证券公司业务范围、信用评级业务和熊猫债市场都有了新的开放进展。

(1) 2018年以来证券业开放的政策进展

2018年4月11日,中国人民银行行长易纲在博鳌亚洲论坛宣布了进一步扩大金融业对外开放的具体措施和时间表。在证券业业务准入方面,不再对合资证券公司业务范围单独设限,内外资一致。

2018年4月28日,证监会发布的《外商投资证券公司管理办法》表明,要逐步放开合资证券公司业务范围。允许新设合资证券公司根据自身情况,依法有序申请证券业务,初始业务范围需与控股股东或者第一大股东的证券业务经验相匹配。

2019年7月,国务院金融稳定发展委员会办公室发布《关于进一步扩大金融业对外开放的有关举措》。在证券业业务准入方面,允许外资机构在华开展信用评级业务时,可以对银行间债券市场和交易所债券市场的所有种类债券评级。

2020年5月,金融委办公室发布11条金融改革措施。在证券业业务准入方面,①发布《外国政府类机构和国际开发机构债券业务指引》,进一步完善熊猫债信息披露要求,细化熊猫债发行规则,鼓励有真实人民币资金需求的发行人发债,稳步推动熊猫债市场发展。②推动信用评级行业进一步对内、对外开放，允许符合条件的国际评级机构和民营评级机构在中国开展债券信用评级业务，鼓励境内评级机构积极拓展国际业务。

2020年7月30日，商务部发布《关于修改〈外国投资者对上市公司战略投资管理办法〉的决定（征求意见稿）》，以引进境外资金和管理经验，规范外国的公司、企业和其他经济组织或自然人对A股上市公司的战略投资行为。相比于2005年的《管理办法》，"征求意见稿"降低了外国投资者的准入门槛，特别是资产要求；在申请程序方面，不涉及国家规定实施准入特别管理措施的战略投资可向相关机构备案即可；在外国投资者持股比例变化累计超过5%以及控股或相对控股地位发生变化时，应按规定履行备案或审批手续。

（2）2018年以来证券业外资业务进入情况

2019年1月28日，中国银行间市场交易商协会公告，接受标普信用评级（中国）有限公司进入银行间债券市场开展债券评级业务的注册。2020年5月14日，交易商协会接受惠誉博华进入银行间债券市场开展部分债券品种评级业务的注册，惠誉成为继标普之后第二家进入中国市场的国际评级公司。

四　2018年以来保险业市场准入的政策及实施情况

1. 保险业机构准入大幅放宽了限制

在这一轮中国金融业对外开放举措中，大幅取消或放宽了保险业机构准入方面的限制，包括外资人身险公司外方股比限制、外资保险公司准入条件、设立分支机构申请门槛、申请手续的简化等，满足了外资保险公司的普遍诉求。大多数开放措施已在法律层面和实践层面落地。

2018年4月，中国人民银行行长易纲在博鳌亚洲论坛宣布了进一步扩大金融业对外开放的具体措施和时间表。在保险业业务准入方面，①将人身险公司的外资持股比例上限放宽至51%，三年后不再设限；②全面取消外资保险公司设立前需开设两年代表处要求。

2019年5月，人民银行党委书记、银保监会主席郭树清在接受媒体采访时表示，银保监会拟于近期出台12条对外开放新措施。在保险业机构准入方面，①取消境外金融机构投资入股信托公司的10亿美元总资产要求；②允许境外金融机构入股在华外资保险公司；③取消外国保险经纪公司在华经营保险经纪业务需满足30年经营年限、总资产不少于2亿美元的要求；④允许外国保险集团公司投资设立保险类机构；⑤允许境内外资保险集团公司参照中资保险集团公司资质要求发起设立保险类机构。

2019年7月，国务院金融稳定发展委员会办公室发布《关于进一步扩大金融业对外开放的有关举措》。除之前已经宣布的开放措施，还包括：①人身险外资股比限制从51%提高至100%的过渡期，由原定2021年提前到2020年；②取消境内保险公司合计持有保险资产管理公司的股份不得低于75%的规定，允许境外投资者持有股份超过25%。

2019年10月15日，国务院对《中华人民共和国外资保险公司管理条例》进行修订，① 在机构准入方面的主要修改内容为：一是允许外国保险集团公司在中国境内投资设立外资保险公司。二是取消申请设立外资保险公司的外国保险公司应当"经营保险业务30年以上"和"在中国境内已经设立代表机构2年以上"的条件。三是允许境外金融机构入股外资保险公司。

2019年12月9日，银保监会发布修订后的《中华人民共和国外资保险公司管理条例实施细则》（以下简称《细则》）②。修订后的《细则》进一步落实保险业最新开放举措要求，放宽外资人身险公司外方股比限制，将外资人身险公司外方股比放宽至51%，并为2020年适时全面取消外方股比限制预留制度空间。《细则》放宽外资保险公司准入条件，不再对"经营年限30年""代表机构"等相关事项做出规定。为规范外资保险公司股权管理，修订后的《细则》要求外资保险公司至少有1家经营正常的保险公司作为主要股东，进一步明确主要股东的责任和义务，保障外资保险公司持续健康运行。

截至2020年9月16日，德国安联筹建安联（中国）保险控股有限公司、美国安达增持华泰保险集团股份、约旦阿拉伯银行和摩洛哥外贸银行

---

① http：//www.gov.cn/zhengce/content/2019-10/15/content_ 5439956.htm.
② 《〈中华人民共和国外资保险公司管理条例实施细则〉发布》，http：//www.gov.cn/xinwen/2019-12/09/content_ 5459666.htm；《外资保险公司管理条例实施细则》发布》，《经济日报》2019年12月9日，http：//www.gov.cn/xinwen/2019-12/09/content_ 5459543.htm.

设立上海分行等多项市场准入申请均已正式获批。①

2. 保险业业务准入也正在推进当中

相比机构准入，外资保险机构的业务范围开放程度较少，宣布的开放措施包括放开外资保险经纪公司经营范围、合资证券公司业务范围内外资一致等。

2018年4月，中国人民银行行长易纲在博鳌亚洲论坛宣布了进一步扩大金融业对外开放的具体措施和时间表。在保险业业务准入方面，①允许符合条件的外国投资者来华经营保险代理业务和保险公估业务；②放开外资保险经纪公司经营范围，与中资机构一致；③不再对合资证券公司业务范围单独设限，内外资一致。

2019年5月，人民银行党委书记、银保监会主席郭树清在接受媒体采访时表示，银保监会拟于近期出台12条对外开放新措施。在保险业业务准入方面，鼓励和支持境外金融机构与民营资本控股的银行业保险业机构开展股权、业务和技术等各类合作。

第三节　资本金融账户开放视角下的中国金融开放及其审视

金融开放包括两个层面，一是金融服务业直接投资的视角，本章第一、二节已经聚焦这个角度，并对中国的金融开放进行了回顾和分析。二是资本金融账户（以下简称资本账户）当中的跨境资本流动开放，具体包括资本与货币市场工具、衍生产品和其他工具，以及信贷业务三大内容。本节将关注第二个视角下的金融开放。近年来中国不断提升资本账户的可兑换程度，并通过主体资格开放和管道式开放加大对外开放力度，促进跨境资本的有序流动。

一　资本账户开放总体格局：部分可兑换及以上项目占据主体

根据2019年国际货币基金组织（IMF）发布的《汇率安排和外汇管制

---

① 《郭树清：近期拟推出12条银行业保险业对外开放新措施》，2019年5月1日，http://www.gov.cn/xinwen/2019-05/01/content_5388172.htm。

年度报告》（Annual Report on Exchange Arrangements and Exchange Restrictions，AREAER，以下简称《汇兑年报》），截至2018年，中国实现部分资本项目可兑换以上的项目由2012年的34项增加至37项，占全部交易项目的比例从85%提高至92.5%。不可兑换项目仅剩3项，分别为非居民境内发行股票、货币市场工具和衍生品等。资本账户可大致分为七大类，在此本部分重点关注资本和货币市场工具、衍生品和其他工具、信贷操作三大类（见表1-2）。

表1-2　　　国际货币基金组织对资本项目大类和子项目的划分

序号	类别	序号	项目	
1	资本交易管制综合	（1）	对资本交易管制的总括性介绍	
2	资本与货币市场工具	（2）	资本市场证券	股票及其他参股性质的证券
		（3）		债券或其他债务证券
		（4）	货币市场工具交易	
		（5）	集合投资类证券（基金）交易	
3	**衍生品和其他工具**	**（6）**	**衍生品交易**	
4	**信贷业务**	**（7）**	**商业信贷**	
		（8）	**金融信贷**	
		（9）	**担保、保证和金融支持便利**	
5	直接投资	（10）	外商直接投资	
		（11）	直接投资清算	
6	不动产交易	（12）	房地产交易	
7	个人资本交易	（13）	个人贷款	
		（14）	礼物、捐赠、继承和遗产	
		（15）	移民在国外清偿债务	
		（16）	资产转移	
		（17）	赌博和奖金收入转移	

注：标加粗部分是本节关注的重点领域。

1. 资本和货币市场工具是资本账户开放的重点领域

（1）与股票市场相关的证券投资开放在加快

境外投资者在投资B股市场方面没有太多限制，也无须审批，但在投资境内 A 股市场方面存在一定的限制。目前，境外投资者可以通过合格境外机构投资者（QFII）和人民币合格境外机构投资者（RQFII）、"沪港通/深港通"等渠道投资中国境内股票市场。

2018 年以来，境外投资者参与境内股票市场投资的监管限制不断放开甚至取消，且开放的节奏越来越快。境外投资者可以通过 QFII/RQFII、"沪港通/深港通"等渠道参与中国股票市场、债券市场等。

（2）债券市场双向开放程度得到提升

①境外投资者在债券市场的参与度不断加强。

境外机构投资者可以通过合格境外机构投资者（QFII）、人民币合格境外机构投资者（RQFII）、直接投资银行间债券市场（CIBM）、债券通等多种渠道投资中国银行间债券市场。

从境外机构投资者可投资债券业务来看，境外中国人民银行或货币当局、国际金融组织，以及主权财富基金可以开展中国人民银行允许的其他银行间市场交易，例如现货债券现券、债券回购、债券借贷、债券远期和利率互换、以及远期利率协议等其他经中国人民银行许可的交易，同时不限制金额。

从开放成效看，境外机构在中国债券市场中的参与度不断加深。截至 2020 年 6 月，境外机构持有国内银行间市场债券总额 25075 亿元，占到银行间债券托管总体量的 2.74%。目前，外资已持有中国国债规模的 9.1%。2018 年以来，传统渠道权限进一步放宽。2019 年 7 月 20 日，国务院金融稳定发展委员会办公室发布《关于进一步扩大金融业对外开放的有关举措》，按照"宜快不宜慢、宜早不宜迟"的原则，推出 11 条金融业对外开放措施。在银行间债券市场对外资开放方面，相关措施包括以下四条：一是允许外资机构在华开展信用评级业务时，可以对银行间债券市场和交易所债券市场的所有种类债券评级；二是支持外资全资设立或参股货币经纪公司；三是允许外资机构获得银行间债券市场 A 类主承销牌照；四是进一步便利境外机构投资者投资银行间债券市场。

2019 年 9 月，中国人民银行和国家外汇管理局发布公告，取消 QFII、RQFII 的限额和 RQFII 试点国家和地区限制。此外，QFII、RQFII 与 CIBM 联通性也在加强。2019 年 10 月，中国人民银行和国家外汇管理局发布《关于进一步便利境外机构投资者投资银行间债券市场有关事项的通知》

（银发〔2019〕240号），允许同一境外主体QFII/RQFII和直接入市渠道下的债券进行非交易过户，资金账户之间可以直接划转，同时同一境外主体通过上述渠道入市只需备案一次。

2020年1月，中国外汇交易中心根据国家外汇管理局《关于完善银行间债券市场境外机构投资者外汇风险管理有关问题的通知》（汇发〔2020〕2号），发布了《关于落实完善银行间债券市场境外机构投资者外汇风险管理有关安排的公告》（中汇交公告〔2020〕7号），其完善了银行间债券市场直接入市渠道（CIBM Direct）下境外机构投资者参与外汇市场的相关安排。境外银行类投资者可选择直接入市和/或通过主经纪业务入市参与银行间外汇市场，境外非银行类投资者可通过主经纪业务入市参与银行间外汇市场。各类境外投资者自行或通过结算代理行向交易中心备案后，可作为客户与境内金融机构直接交易。每家境外投资者可选择不超过3家境内金融机构办理业务。

②境外投资者境内发行债券：熊猫债发债流程日益完善。

2016年12月，中国人民银行发布《关于境外机构境内发行人民币债券跨境人民币结算业务有关事宜的通知》，对与资金使用相关的账户开立、资金汇划、信息报送等相关事宜进行了明确。2017年1月，中国人民银行发布的《关于全口径跨境融资宏观审慎管理有关事宜的通知》（银发〔2017〕9号）对境外募集资金的境内使用做了说明：自用熊猫债不纳入跨境融资风险加权余额计算，这一规定也有助于提高发行人资金使用的灵活度和积极性。

2018年以来，相关部委和行业协会积极推动境外机构发债流程的规范化，尤其着重加强与国际规则的接轨。2018年9月，中国人民银行和财政部联合发布《全国银行间债券市场境外机构债券发行管理暂行办法》（中国人民银行财政部公告〔2018〕第16号）（以下简称《办法》），旨在促进债券市场对外开放，规范境外机构债券发行。具体来看，其允许外国政府类机构、国际开放银行等境外金融机构法人在全国银行间债券市场发行相关债券，以及境外非金融企业法人在全国银行间债券市场发行非金融企业债务融资工具，但应向中国银行间市场交易商协会（NAFMII）申请注册。《办法》在总结前期试点经验并借鉴国际经验的基础上，进一步明确了境外机构在银行间债券市场发债所需具备的条件、申请注册程序，并就信息披露、发行登记、托管结算以及人民币资金账户开立、资金汇兑、投资者保护等事项进行了规范。其完善了境外机构在银行间债券市场发行债券的制度安排，有利于促进相关制度规则与国际接轨。

2019年2月，NAFMII在中国人民银行指导下组织市场机构发布《境外非金融企业债务融资工具业务指引（试行）》，旨在将国际成熟市场经验和国内实际相结合，将投资人保护与高质量开放相结合，对外非金融企业熊猫债业务进行了规范，明确了注册发行流程、披露要求、中介机构管理等内容。

（3）货币市场工具

合格境外机构投资者/人民币合格境外机构投资者可以直接参与银行间外汇市场（CIFXM）的投资交易。2020年年初，国家外汇管理局下发2号文，进一步放开银行间债券市场境外机构投资者的外汇对冲渠道。符合规定的境外机构投资者自行或通过结算代理行向中国外汇交易中心备案后，可作为客户与境内金融机构开展外汇交易。5月，外汇交易中心发布《关于在银行间外汇市场推出主经纪业务的通知》（中汇交发〔2020〕143号），境外参与者通过指引项下的主经纪业务可以参与的交易品种包括人民币外汇市场及外币对市场的产品，更广泛的市场参与主体通过更多的层次参与银行间外汇市场的直接交易活动，有利于提高国内外汇市场的市场流动性。

境外中国人民银行（货币当局）和其他官方储备管理机构、国际金融组织、主权财富基金参与银行间外汇市场交易的时间更早，也受到更少的限制。前述境外中国人民银行类机构进入中国银行间外汇市场有三种途径：一是通过人民银行代理；二是通过中国银行间外汇市场会员代理；三是直接成为中国银行间外汇市场境外会员。境外中国人民银行类机构可从上述三种途径中自主选择一种或多种途径进入中国银行间外汇市场，以询价方式或撮合方式开展包括即期、远期、掉期和期权在内的各品种外汇交易，无额度限制。针对此类交易的配额审批要求也被备案制取代。

此外，货币市场工具的发行与销售渠道也逐步开放，主要体现在同业存单领域。2015年9月，中国人民银行上海总部制定《中国（上海）自贸试验区跨境同业存单境内发行人操作指引》和《中国（上海）自贸试验区跨境同业存单境外发行人操作指引》。自贸区同业存单的发行主体分为境内发行人和境外发行人两类。其中，境内发行人包括区内存款类金融机构法人以及经法人授权、已设立自贸区分账核算单元（FTU）的上海地区存款类金融机构。境外发行人包括在中国境外以及港澳台地区注册并经所在国家（地区）金融监管当局或行业协会认可的存款类金融机构。

（4）集合投资类证券交易

关于非居民在境内投资集体投资证券方面，合格境外机构投资者和人民币合格境外机构投资者可以在各自的外汇或人民币配额内，投资国内的封闭式与开放式基金。国家外汇管理局公告2018年1号文和银发〔2018〕157号文（已废止）均取消了针对投资本金的锁定期要求以及对外汇款比例限制。在此之前，锁定期为三个月。利润汇回方面，开放式基金可根据申购或赎回的轧差净额，由托管人为其按日办理相关资金的汇入或汇出。并取消了此前规定的"每月累计汇回本国的金额不能超过该基金前一年期末国内资产总额20%以上"的限制要求。

关于集体投资证券跨境发行和销售方面，目前支持此项业务的文件仅有《香港互认基金管理暂行规定》（证监发〔2015〕12号）。一方面，香港互认基金可在内地销售。其指依照香港地区法律在中国香港设立、运作和公开销售，并经证监会批准在内地公开销售的单位信托、互惠基金或其他形式的集体投资计划。基金类型包括常规股票型、混合型、债券型及指数型（包括交易型开放式指数基金）。基金成立一年以上，资产规模不低于2亿元人民币（或等值外币），不以内地市场为主要投资方向，在内地的销售规模占基金总资产的比例不高于50%。另一方面，满足法定要求的国内公募基金产品可以在香港特别行政区销售或发行。2018年以来，尚无法规更新。

2. 衍生品和其他工具：基于外汇市场、期货市场两个层面的开放

自2018年以来，中国逐步扩大境内衍生品交易市场对境外机构投资者的开放程度。2018年5月，国家外汇管理局相关人士撰文指出"扩大和便利境外机构参与在岸市场"，并指出衍生品市场的发展方向，具体包括拓展交易范围、完善实需交易管理，逐步扩大外汇市场的投资交易功能，支持金融机构创新，推出有市场需求、风险可管理的外汇衍生工具品种等。[①]

[①] 王春英：《我国外汇市场的深化发展》，《中国外汇》2018年第9期。

目前，中国境内衍生品市场对境外投资者的开放主要体现在两个层面：

一是银行间外汇市场的开放。2017年，国家外汇管理局发布《关于银行间债券市场境外机构外汇风险管理有关问题的通知》（汇发〔2017〕5号），境外投资者可通过结算代理人办理外汇衍生业务，所涉类型包括远期、外汇掉期、货币掉期和期权，但其限于对冲以境外汇入资金投资银行间债券市场产生的外汇风险敞口，外汇衍生品敞口与作为交易基础的债券投资项下外汇风险敞口应具有合理的相关度。

2020年1月13日，国家外汇管理局发布《关于完善银行间债券市场境外机构投资者外汇风险管理有关问题的通知》（汇发〔2020〕2号）。该文件允许境外投资者使用境内人民币对外汇衍生品，按照套期保值原则管理投资银行间债券市场产生的外汇风险敞口。[①] 在2号文基础上，23日，中国外汇交易中心发布了《关于落实完善银行间债券市场境外机构投资者外汇风险管理有关安排的公告》（中汇交公告〔2020〕7号），其完善了银行间债券市场直接入市渠道（CIBM Direct）下境外机构投资者管理外汇风险的相关安排。

两份文件对境外投资者开展外汇衍生品交易的渠道进行了界定。其中，境外银行类投资者可选择直接入市和/或通过主经纪业务入市参与银行间外汇市场，开展外汇衍生品交易，境外非银行类投资者可通过主经纪业务入市参与银行间外汇市场，开展外汇衍生品交易。各类境外投资者自行或通过结算代理行向交易中心备案后，可作为客户与境内金融机构直接交易。每家境外投资者可选择不超过3家境内金融机构办理业务。但外汇衍生品敞口与外汇风险敞口需要具有合理的相关度。当债券投资发生变化而导致外汇风险敞口变化时，需要对相应持有的外汇衍生品敞口进行调整。

二是中国期货市场的对外开放。目前，非居民参与境内期货交易的正规渠道主要有两个：一是特定品种期货交易对境外投资者的开放，二是在QFII/RQFII额度内参与股指期货对冲股票头寸。

在特定品种期货交易方面，2015年，证监会发布《境外交易者和境外

[①] 国家外汇管理局：《国家外汇管理局关于完善银行间债券市场境外机构投资者外汇风险管理有关问题的通知》，2020年1月13日，http://www.safe.gov.cn/safe/2020/0113/15143.html。

经纪机构从事境内特定品种期货交易管理暂行办法》（证监发〔2015〕116号），允许境外交易者和境外经纪机构从事境内特定品种期货。2019年3月，中国原油期货正式在上海国际能源交易中心挂牌交易。5月4日，铁矿石期货在大连商品交易所挂牌交易。

在合格境外投资者方面，根据证监会规定，合格境外机构投资者可在批准额度内投资于证监会批准的人民币金融工具，包括股指期货，用以对冲股票头寸。

2020年5月7日，中国人民银行、国家外汇管理局发布《境外机构投资者境内证券期货投资资金管理规定》（中国人民银行、国家外汇管理局公告〔2020〕第2号，后简称《新规》），明确并简化境外机构投资者境内证券期货投资资金管理要求，进一步便利境外投资者参与中国金融市场。主要措施包括取消额度管理要求、改审批制为备案制并加强事中事后监管、实施本外币一体化管理、简化投资者收益汇出手续、取消托管人数量限制等[①]。目前，非居民在境内发行标准化期货产品严格受限。

3. 信贷业务的监管透明度、规范性在提高，便利性有所上升

（1）境内非金融企业从境外举债的便利性上升

根据2003年《外债管理暂行办法》，境内机构向非居民举借商业性信贷种类包括以下几类：向境外银行等金融机构、境外企业、自然人及其他机构借款；境外发行中长期债券和短期债券；买方信贷、延期付款和其他形式的贸易融资；国际融资租赁；等等。中资企业借用一年期以上的中长期外债需纳入国家利用外资计划，经国家发展改革委审批。一年期以内（含一年）的短期外债实行余额管理，经国家外汇管理局核定下达余额控制指标，并且中资企业借用外债，不得结汇，只能用于进口支付。未经国家外汇管理局批准擅自对外签订的国际商业贷款协议无效，国家外汇管理局不予办理外债登

[①] 具体内容包括：一是落实取消合格境外机构投资者和人民币合格境外机构投资者（以下简称合格投资者）境内证券投资额度管理要求，对合格投资者跨境资金汇出入和兑换实行登记管理；二是实施本外币一体化管理，允许合格投资者自主选择汇入资金币种和时机；三是大幅简化合格投资者境内证券投资收益汇出手续，取消中国注册会计师出具的投资收益专项审计报告和税务备案表等材料要求，改以完税承诺函替代；四是取消托管人数量限制，允许单家合格投资者委托多家境内托管人，并实施主报告人制度；五是完善合格投资者境内证券投资外汇风险及投资风险管理要求；六是中国人民银行、国家外汇管理局加强事中事后监管。

记，银行不得为其开立外债贷款专用账户，借款本息不准擅自汇出。

一直以来，中国法律许可外商投资企业通过登记备案制举借外债，但对境内企业举债则实施严格的审批制。在通常情况下，能够符合法定条件并能够获得政府批准举借外债的内资企业仅为少数。许多内资企业通过在海外设立分支机构、关联企业，再通过内保外贷等方式获得境外融资。

2019年，国家外汇管理局发布《关于进一步促进跨境贸易投资便利化的通知》（汇发〔2019〕28号），对企业外债登记流程进行了简化。在外债注销方面，非银行债务人无须到所在地国家外汇管理局办理登记，只需到辖内银行直接办理即可；同时取消其办理外债注销登记业务的时间限定。此外，试点还取消非金融企业外债逐笔登记。试点地区非金融企业可按净资产两倍到所在地国家外汇管理局办理外债登记，非金融企业可在登记金额内自行借入外债资金，直接在银行办理资金汇出入和结、购汇等手续，并按规定办理国际收支申报。

（2）在宏观审慎的框架下推动金融信贷渠道的开放

对于非居民向居民的金融信贷活动来说，国内机构向国外机构一年以上的国际银行贷款需经过国家发展改革委的批准同意。相关内容可参考《关于推进企业发行外债备案登记制管理改革的通知》（发改外资〔2015〕2044号）。2016年，中国人民银行发布《中国人民银行关于扩大全口径跨境融资宏观审慎管理试点的通知》（银发〔2016〕18号）（以下简称"18号文"）和《中国人民银行关于在全国范围内实施全口径跨境融资宏观审慎管理的通知》（银发〔2016〕132号）（以下简称"132号文"）。

18号文规定，自2016年1月25日起，境内27家金融机构和注册在上海、天津、广东、福建四个自贸区的企业扩大本外币一体化的全口径跨境融资宏观审慎管理试点（见表1－3）。对试点金融机构和企业，中国人民银行和国家外汇管理局不实行外债事前审批，试点金融机构和企业在与其资本或净资产挂钩的跨境融资上限内，自主开展本外币跨境融资。132号文则进一步明确了对27家银行类金融机构跨境融资的宏观审慎管理具体规则。具体地，对企业和金融机构开展跨境融资按风险加权计算余额，风险加权余额不得超过上限，计算方式为：

跨境融资风险加权余额上限＝资本或净资产×跨境融资杠杆率×
宏观审慎调节参数①

其中，人民币被动负债、贸易信贷和人民币贸易融资、集团内部资金往来、境外同业存放和联行及附属机构往来、自用熊猫债、转让与减免等业务类型不纳入跨境融资风险加权余额计算。

表1-3　　　　　　　　27家银行类金融机构名单

1	国家开发银行	10	中国光大银行	19	浙商银行
2	进出口银行	11	华夏银行	20	渤海银行
3	农业发展银行	12	中国民生银行	21	中国邮政储蓄银行
4	中国工商银行	13	招商银行	22	北京银行
5	中国农业银行	14	兴业银行	23	上海银行
6	中国银行	15	广发银行	24	江苏银行
7	中国建设银行	16	平安银行	25	汇丰银行（中国）有限公司
8	交通银行	17	浦发银行	26	花旗银行（中国）有限公司
9	中信银行	18	恒丰银行	27	渣打银行（中国）有限公司

2017年，中国人民银行发布了《中国人民银行关于全口径跨境融资宏观审慎管理有关事宜的通知》（银发〔2017〕9号）（以下简称"9号文"），国家外汇管理局则发布了《关于进一步推进外汇管理改革完善真实合规性审核的通知》（汇发〔2017〕3号），调整了企业在办理跨境融资、内保外贷、直接投资、出口贸易融资等跨境交易方面的相关政策，进一步完善及放松了宏观审慎规则下的跨境融资政策。相较之前的法规政策，主要变化体现在两个方面：一方面，增加了适用主体。境外银行、境内分行（其中包括港澳台地区银行）纳入全口径跨境融资宏观审慎管理，这也意味着相关机构可以在限额范围内自由开展人民币或外币跨境融资，且相关

---

① 跨境融资风险加权余额上限计算的参数规则：资本或净资产——企业按净资产计，银行类金融机构（包括政策性银行、商业银行、农村合作银行、城市信用合作社、农村信用合作社、外资银行）按一级资本计，非银行金融机构按资本（实收资本或股本＋资本公积）计，以最近一期经审计的财务报告为准。跨境融资杠杆率——企业和非银行金融机构为1，银行类金融机构为0.8，宏观审慎调节参数为1。

活动不需要由中国人民银行及国家外汇管理局提前评审和审批。IMF 认为，相关举措在一定程度上也反映了中国"进一步推动人民币国际化的目的"[①]。另一方面，拓宽并扩大企业跨境融资渠道和规模。9 号文将企业跨境融资杠杆率从 1 调至 2，即企业跨境融资额度上限扩大一倍。此外，金融机构向客户提供的内保外贷按 20% 纳入跨境融资风险加权余额计算。此外，企业和银行的外币贸易融资、NRA 外币存款和境内银行向境外同业拆借资金等业务都不计入跨境融资风险加权余额。

2020 年 3 月 12 日，中国人民银行和国家外汇管理局联合发布《关于调整全口径跨境融资宏观审慎调节参数的通知》（银发〔2020〕64 号），决定将 9 号文中的宏观审慎调节参数由 1 上调至 1.25。政策调整后，跨境融资风险加权余额上限相应提高，这将有助于境内机构特别是中小企业、民营企业充分利用国际国内两种资源、两个市场，多渠道筹集资金，缓解融资难、融资贵等问题，推动企业复工复产，服务实体经济发展。

（3）担保、保证和金融支持工具仍处于一定的管理措施之下

国家外汇管理局在 2014 年发布了《跨境担保外汇管理规定》（汇发〔2014〕29 号），其对内保外贷和外保内贷都做了相关规定。国家外汇管理局对内保外贷和外保内贷都实行登记管理。而此前，国内银行提供的外国金融担保以及由其他国内机构提供的所有担保需要经过国家外汇管理局的批准，外国担保需进行完整担保登记。

2017 年，中国人民银行发布的《中国人民银行关于全口径跨境融资宏观审慎管理有关事宜的通知》（银发〔2017〕9 号）将内保外贷作为表外融资（或有负债），按 20% 纳入跨境融资风险加权余额计算。

2018 年，保监会和国家外汇管理局联合发布《关于规范保险机构开展内保外贷业务有关事项的通知》（保监发〔2018〕5 号），进一步规范、细化内保外贷相关业务。在资质条件方面，其规定了保险机构上季度末综合偿付能力充足率应当不低于 150%，保险公司偿付能力风险综合评级不低于 A 类监管类别。此外，《通知》也明确了相关主体开展内保外贷业务的

[①] IMF, "Annual Report on Exchange Arrangements and Exchange Restrictions 2018", p.34. 原文表述如下："中国已采取措施，放松资本的流入和流出，一部分原因是为了进一步推动人民币的国际化使用。外资银行（含港澳台地区）境内分支机构，可在资本金或净资产限定的范围内，自由开展本外币跨境融资业务，无须经中国人民银行和国家外汇管理局事先审批。"

实施规则和限制，如保险机构开展内保外贷业务，其特殊目的公司单个投资项目取得贷款资金金额在5000万美元（或等值货币）以上的，需要事前向中国保险资产管理业协会报告，由中国保险资产管理业协会组织评估后方可进行；通过内保外贷业务，实际融入资金余额不得超过其上季度末净资产的20%；等等。

二 资本账户开放试点：以主体开放、管道式开放为特征

1. 以QFII和RQFII鼓励合格境外机构投资者参与境内金融市场

QFII制度和RQFII制度分别于2002年和2011年首次推出。2018年以来，针对QFII和RQFII的一些监管限制措施不断放开。

2018年6月12日，中国人民银行和国家外汇管理局出台《关于人民币合格境外机构投资者境内证券投资管理有关问题的通知》（银发〔2018〕157号）、《合格境外机构投资者境内证券投资外汇管理规定》（汇发〔2018〕1号），以实施新一轮外汇管理改革，规定QFII、RQFII资金汇出限制取消，取消QFII、RQFII本金锁定期要求；等等。

2019年1月14日，国家外汇管理局公示，为满足境外投资者扩大对中国资本市场的投资需求，QFII总额度由1500亿美元增加至3000亿美元。QFII和RQFII制度在开放程度、投资范围、制度便利性上更进一步，对境外机构进入中国资本市场的吸引力大为增加。2019年9月16日，经国务院批准，国家外汇管理局决定取消QFII/RQFII投资额度限制。同时，RQFII试点国家和地区限制也一并取消。

2020年5月5日，中国人民银行和国家外汇管理局发布了《境外机构投资者境内证券期货投资资金管理规定》（中国人民银行、国家外汇管理局公告〔2020〕第2号，后简称《新规》），同时发布的还有《〈境外机构投资者境内证券期货投资资金管理规定〉政策问答（一）》作为补充，为QFII和RQFII投资境内的金融市场通道带来了新一轮的变革。《新规》已于2020年6月6日生效，除了将投资额度限制取消之外，还带来另外四个方面的变化：一是允许自主选择汇入币种开展投资；二是简化资金汇出；三是可委托多家托管人；四是可以扩大可交易衍生品种类。《新规》取消投资额度、简化资金汇出要求等红利，极大程度上提高了境外金融机构和基金管理人参与中国金融市场的积极性。

此外，同一时期并行推出的 QDII 和 RQDII 试点，也起到了有序推动境内投资者走向海外金融市场的作用。

2. 多个证券通渠道连接境内外股票市场

在资本市场互联互通方面，中国现阶段着力发展"沪港通""深港通""沪伦通"等资本市场开放举措，对投资者投资理念、上市公司外部监督机制和资本市场建设和发展等各个层面均具有重要的影响和意义。[①]

从"沪港通"和"深港通"的发展来看，自 2014 年 11 月以来，来自中国大陆和香港特别行政区的投资者已经分别可以在中国香港和上海股票市场进行投资（沪港通），但需满足特定条件，并在中国证券监督管理委员会与香港证券及期货事务监察委员会（SFC）共同规定的范围内操作。自 2016 年 12 月以来，在满足特定条件的情况下，香港特别行政区的投资者可以在深圳股票市场进行投资，反之亦然（深港通）。在 2016 年 8 月，针对沪港通的总限额被取消，同时建立的深港通也没有设定总限额，但是这两种机制都设置了每日限额。自 2018 年 5 月 1 日开始，中国证券监督管理委员会与香港证券及期货事务监察委员会通过如下方式增加了沪港通和深港通的每日限额：针对上海和深圳交易，其限额从 130 亿元人民币增加到 520 亿元人民币；针对香港交易，其限额从 105 亿元人民币增加到 420 亿元人民币。

从"沪伦通"的发展来看，2019 年 6 月 17 日，在证监会和英国金融行为监管局发布的联合公告中，批准上海证交所和伦交所的互联互通存托凭证业务，"沪伦通"正式启动。"沪伦通"包括东西两个业务方向。东向业务是指符合条件的伦交所上市公司在上交所主板上市中国存托凭证（以下简称"CDR"）。西向业务是指符合条件的上交所的 A 股上市公司在伦交所主板发行上市全球存托凭证（以下简称"GDR"）。在试点初期，GDR 发行人可以在伦敦市场融资。CDR 发行人仅可以在上交所上市，而不在境内融资。存托凭证和基础股票之间可以相互转换，并因此实现了两地市场的互联互通。起步阶段，符合条件的证券经营机构可以开展中国存托凭证和全球存托凭证跨境转换业务。后续将视沪伦通运行情况和市场需求，调

[①] 孟庆斌、杨志豪、师倩：《资本市场开放下的"沪伦通"研究：理论、现象与研究机会》，《财务研究》2020 年第 3 期。

整参与跨境转换的市场主体范围。根据《中国证券监督管理委员会英国金融行为监管局联合公告》，试点初期西向业务的总规模为3000亿元人民币；东向业务的总规模为2500亿元人民币。[①]

3. 债券通连接了内地与香港债券市场

作为中国债券市场对外开放的重要举措之一，"债券通"提供了一种市场互访机制，让中国内地与境外投资者在中国香港建立基础设施连接，在对方市场交易流通债券，相关机制安排包括"北向通"[②]和"南向通"。目前仅开启了向北的交易，也就是允许中国香港和其他地区的投资者对中国银行间债券市场进行投资，向南的交易尚未激活。

"债券通"的概念在2016年1月被提出。2017年6月22日，中国人民银行发布《内地与香港债券市场互联互通合作管理暂行办法》（中国人民银行令〔2017〕第1号），确定了"北向通"的制度安排。2017年7月3日，"北向通"正式上线试运行。2018年，中国人民银行办公厅发布《"债券通"（北向通）结算操作规程》（银办发〔2018〕150号），进一步规范"债券通"的结算操作。

2019年2月22日，"债券通"一级市场信息平台上线仪式在中国香港举行。未来通过"债券通"平台，投资者除了在二级市场交易已发行的债券之外，还可以在一级市场参与债券发行；发行人将可以在"债券通"平台直接发行债券。

目前，债券通已成为入市机构数最多的渠道，三年间账户数量和月度日均交易量翻了14倍。截至2020年6月末，银行间债券市场境外商业类机构投资者（债券通）数量已达到561家。[③] 2020年上半年（1—6月），债券通交易高达26475笔，交易量达到2.331万亿元人民币，日均交易量达到199亿元人民币。[④]

---

① 证监会，http：//www.csrc.gov.cn/pub/newsite/zjhxwfb/xwdd/201906/t20190617_357423.html；上海证交所，http：//www.sse.com.cn/assortment/stock/slsc/briefintro/。

② "北向通"是指香港及其他国家/地区的境外投资者经由中国香港与中国大陆基础设施机构之间在交易、托管、结算等方面互联互通的机制安排，投资于内地银行间债券市场。

③ 中国人民银行上海总部，http：//shanghai.pbc.gov.cn/fzhshanghai/113595/4053753/index.html。

④ 债券通官网，https：//www.chinabondconnect.com/sc/Data/Market-Data.html。

第一章 中国推动金融开放的政策努力

三 配套措施：外汇支付业务、外汇账户管理的规范化和便利化

2017年1月，《国务院关于扩大对外开放积极利用外资若干措施的通知》（国发〔2017〕5号），其中涉及外资跨国机构本外币资金集中运用管理的改革，如吸引跨国公司在中国设立结算中心等功能性机构。

2019年4月3日，《跨国公司跨境资金集中运营管理规定》（汇发〔2019〕7号），则明确完善资本项目外汇收入结汇支付便利化。规定跨国公司主办企业在办理国内资金主账户内资本项目外汇收入支付使用时，无须事前向合作银行逐笔提供真实性证明材料；合作银行应按照展业原则进行真实合规性审核。

4月29日，国家外汇管理局发布《支付机构外汇业务管理办法》（汇发〔2019〕13号），进一步规范支付机构的外汇业务操作。国家外汇管理局要求支付机构在交易环节对两类数据进行间接申报：一是集中收付或轧差净额结算时，支付机构的实际涉外收付款数据；二是逐笔还原集中收付或轧差净额结算前境内实际收付款机构或个人的原始收付款数据。此外，支付机构外汇业务的单笔交易金额原则上不得超过等值5万美元。对有真实、合法超限额需求的，支付机构应事前向注册地分局提出登记变更申请。

同年10月，国家外汇管理局发布《关于进一步促进跨境贸易投资便利化的通知》（汇发〔2019〕28号，简称"28号文"）。28号文扩大资本项目收入支付便利化试点。允许试点地区符合条件的企业将资本金、外债和境外上市等资本项下收入用于境内支付时，无须事前向银行逐笔提供真实性证明材料。试点银行应遵循展业原则管控试点业务风险。所在地国家外汇管理局应加强监测分析和事中事后监管。此外，28号文还放宽了资本项目外汇资金结汇使用限制，包括取消境内资产变现账户资金结汇使用限制和放宽外国投资者保证金使用和结汇限制。

2020年4月，国家外汇管理局发布《关于优化外汇管理 支持涉外业务的通知》（汇发〔2020〕8号），旨在促进资本账户收入支付改革在全国范围的推进。在确保资金使用真实、符合现行资本账户收入使用管理规定的前提下，允许符合条件的企业将资本、外债、境外上市等资本账户收入用于境内支付，无须事先向银行逐一提供真实性证明。经办银行应遵循审慎业务拓展的原则，对按照相关要求办理的资本账户收入支付便利化业务

进行抽查。当地国家外汇管理局应加强对事中的监测分析和事后监管。8号文指出，一些资本账户业务的登记管理应当简化，内保外贷和海外合格贷款的注销应委托给银行。

此外，2019年以来，国家外汇管理局还进一步明确、简化了外汇账户相关的管理规则。国家外汇管理局7号文允许跨国公司以主办企业国内资金主账户为主办理跨境资金集中运营各项业务；确有需要的，可以选择一家境外成员企业开立NRA账户集中运营管理境外成员企业资金。国内资金主账户币种不设限制，为多币种（含人民币）账户，开户数量不予限制。

13号文要求支付机构按照外汇账户管理有关规定，在每家合作银行开立一个外汇备付金账户，用于收付市场交易主体暂收代付的外汇资金；同名账户之间可划转外汇资金，但账户不得提取或存入现钞，并必须与自有外汇资金严格区分。支付机构不得在境外开立外汇备付金账户，或将市场交易主体资金存放境外。支付机构和合作银行应建立信息核对机制，逐日核对外汇备付金的存放、使用、划转等信息。外汇备付金账户纳入外汇账户管理系统，合作银行需及时将数据报送国家外汇管理局。

28号文取消了资本项目外汇账户开户数量限制，即取消"每笔外债最多可以开立3个外债专用账户""每个开户主体原则上只能开立1个境外汇入保证金专用账户""每笔股权转让交易的股权出让方仅可开立1个境内资产变现账户"等限制，相关市场主体可根据实际业务需要开立多个资本项目外汇账户，但相关账户开户数量应符合审慎监管要求。

2019年，国家外汇管理局还发布《关于精简外汇账户的通知》（汇发〔2019〕29号），为便利银行、企业等市场主体真实合规办理外汇业务，国家外汇管理局对部分外汇账户进行清理整合，被清理的外汇账户数量多达20类，并将9类账户并入相关账户名下。国家外汇管理局还制定了《银行办理相关资本项目外汇业务操作指引》，对银行办理相关资本项目外汇账户开立、入账和使用等业务操作进行了明确。

四 审视：避免资本金融账户开放成为短期调控工具

对于宏观经济政策框架，通常有两种误解。

第一种误解是将短期政策长期化，也就是将消费、投资、出口这些总需求因素，用于分析长期经济增长、并将其作为经济增长的动力。这种误解，将短期的总需求管理长期化，忽视了供给侧结构性改革对长期经济增长的根本推动作用。对于这种误解的讨论和对其弊端的澄清已经比较多。

第二种误解是将长期政策短期化。中国的基本国策之一是对外开放政策，这是应该遵循的长期政策方向。改革开放40年来，中国的对外开放已经取得了巨大历史成就。但是在某些时期，我们的一些长期政策被迫服务于短期政策目标，对外开放政策甚至呈现出逆周期变化的特点，成为稳定短期宏观经济波动的政策工具。

基于这样的出发点，如果宏观经济出现波动，政策将动用所有可用资源、所有可用政策工具来实现稳定。这时候，在短期调控工具捉襟见肘的情况下，就难免出现长期政策短期化的现象。例如，2014年之前的大部分时间，人民币面临较大升值压力，在汇率形成机制缺乏弹性的背景下，大量热钱涌入中国。因此，资本账户采取"严进宽出"的管理方式。而在2014年之后，特别是2015年至2016年期间，汇率面临较大贬值压力，资本通过各种渠道流出境外。此时，资本账户采取了"宽进严出"的管理方式。在资本账户管理方式扭转的背景下，不仅短期资本账户的资金流动受到影响，长期直接投资项目，甚至经常账户的资金流动也受到影响。

回顾2013年，当时中国积极推动资本账户开放，而国外的经济学家和市场人士表示了担忧："如果人民币转向贬值预期，资本流向逆转，政策会怎么办？"而中国的金融开放政策，包括资本金融账户的开放思路，似乎是"渐进、试错"的做法。即如果做错了就会改变、调整原来的政策。但是，从外国投资者的角度来看，这种做法可能会损害政策的公信力。与之对应的观点是，政策从一开始就需要精心设计，从而尽量避免政策的反复和不确定性。

回顾20世纪80年代后期，当时日本曾经错误处理了国内金融市场改革和资本账户开放的关系，过早开放了资本账户。这成为导致当时日本资产价格泡沫的重要原因之一。决策者当时也认识到了这个问题，但是出于政策公信力的考虑，时任日本大藏省国际金融局局长的行天丰雄，仍然力荐维持资本账户开放，同时加速利率市场化改革、对国内金融改革进行补课。以行天丰雄为代表的观点占据了上风，日本政府放弃了重回资本项目管制的方案。

日本的这种做法有可能过于极端和理想主义，其利弊、风险有待商榷。但是，日本政府对于政策声誉的异常珍惜和重视，值得我们深思。行天丰雄曾言："政策公信力的建立，可能需要十年，但是要毁掉它，可能只需要一天。"在其眼中，政策的公信力，不是政府救市翻盘的能力，而是恪守承诺、前后一致，从而给市场带来稳定的政策预期。

反过来，如果经济政策、金融开放政策充满不确定性、缺乏公信力，投资者将不知所措、无法建立起确定性的预期。就在对外开放的前沿地带——上海自贸区，在人民币升值预期背景下，外资企业被鼓励使用自贸区账户进行跨境交易，但是在人民币面临贬值预期之后，FTZ账户的管理便被收紧，跨境交易无法再继续操作。在西部某地的一家外资企业，多年前受到地方政府鼓励，斥资更换跨境支付结算系统，用人民币系统替代原有的美元系统。而在2016年人民币面临贬值预期的背景下，这家企业无法正常使用人民币跨境支付系统，日常业务一度受到巨大冲击。

对外开放需要顶层设计、避免成为短期调控工具。在博鳌亚洲论坛2018年年会上，习近平主席的主旨演讲指出，"中国开放的大门不会关闭，只会越开越大"。这说明对外开放仍然是中国的基本国策之一，而且对外开放仍将是一项长期政策。

首先，在金融对外开放领域，要注意区分长期直接投资开放、短期资本金融账户开放。前者，例如银行、证券、保险、信用评级公司、会计师事务所等的市场准入，可以以较大的力度放开。但是，在短期国际资本流动管理方面，从国际经验尤其是日本在20世纪80年代的教训、90年代东南亚国家的教训来看，其容易对国内宏观经济、金融市场造成较大冲击，一定要慎之又慎。

其次，要避免资本金融账户开放成为短期调控工具。资本金融账户开放是金融开放中的重要一环，是金融开放政策的长远目标。但是跨境资本流动又具有一定的周期性，与国内外宏观经济、金融周期密切相关。长远目标的实现要通过金融改革、开放政策来实现，而这些从长远出发的金融开放政策不宜添加过多的短期调控色彩。因此在事前，推动资本金融账户开放的过程中，要从长远出发，经过充分论证、科学决策，尽可能避免政策出现掉头转向的状态。在事后，发生短期跨境资本流动的过程中，要充分发挥弹性汇率等市场机制的作用。同时宏观审慎的政策工具也应向单一规则转变，避免政策本身的时变性，最终形成类似于托宾税的单一规则，从而对跨境资本流动起到自动稳定器的作用。

第四节 国际机构对中国金融开放进程的评价

中国的金融开放进展总体上得到外资机构和国际组织的充分肯定。这从 OECD 公布的服务贸易限制指数（Services Trade Restrictiveness Index，STRI）和 FDI 监管限制指数（FDI Regulatory Restrictiveness Index，FDI RRI）改善情况亦可以明显看出。STRI 和 FDI RRI 分别衡量了 19 个主要服务部门的服务贸易限制信息和 22 个经济部门对外国直接投资的法定限制信息，数值均在 0 到 1 之间，对贸易和投资/外商直接投资完全开放得 0 分，完全封闭得 1 分。

一 从 OECD 的 STRI 指数来看，中国金融业营商环境有明显改善

2019 年，中国银行业服务贸易限制指数（STRI）为 0.39，保险业 STRI 指数为 0.43，分别较 2014 年降低 0.02 和 0.04。2020 年，中国在疫情防控过程中，也在积极推动金融开放措施在法律层面和实践层面的落地，国际社会也对此给予了非常积极的评价，预计 2020 金融业服务贸易限制指数将得到更进一步的改善。

从国际比较来看，过去五年，中国金融业服务贸易限制的改善程度比较突出，仅低于泰国（银行 -0.05，保险 -0.04），高于印度尼西亚（银行 -0.02，保险 0）、韩国（银行 -0.02，保险 -0.01）、澳大利亚（银行 -0.02，保险 0）等国家。与此形成对比的是，土耳其（银行 0.06，保险 0.02）、俄罗斯（银行 0.05，保险 0.02）、巴西（银行 0.03，保险 0.01）、印度（银行 0.02，保险 0）等国家的金融业服务贸易限制情况反而有所恶化。

二 中国金融业 STRI 指数仍高于 OECD 平均水平，金融服贸开放仍在路上

2019 年，中国银行和保险业的服务贸易限制指数（STRI）为 0.39 和 0.43，均高于 OECD 国家的平均水平 0.21 和 0.19，保险业的差距较银行业更为明显。分国家来看，中国 STRI 指数低于印度（银行 0.52，保险 0.57）、

中国金融开放：感知政策的温度

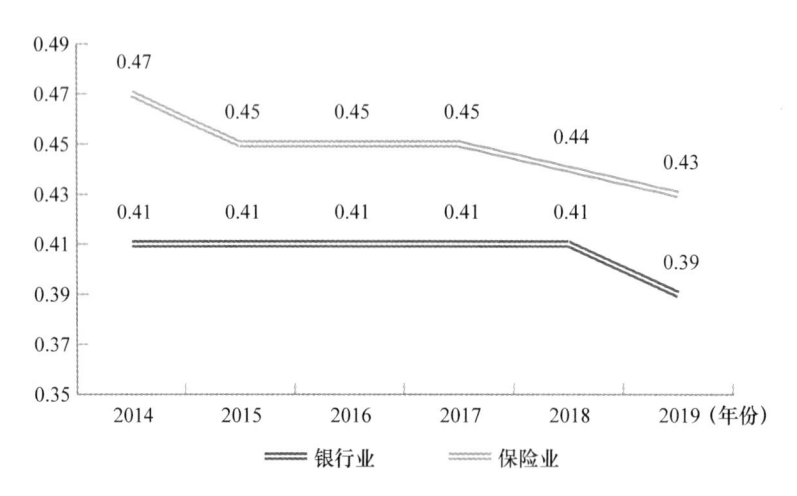

图1-1 中国的金融服务贸易限制指数（STRI）

资料来源：OECD。

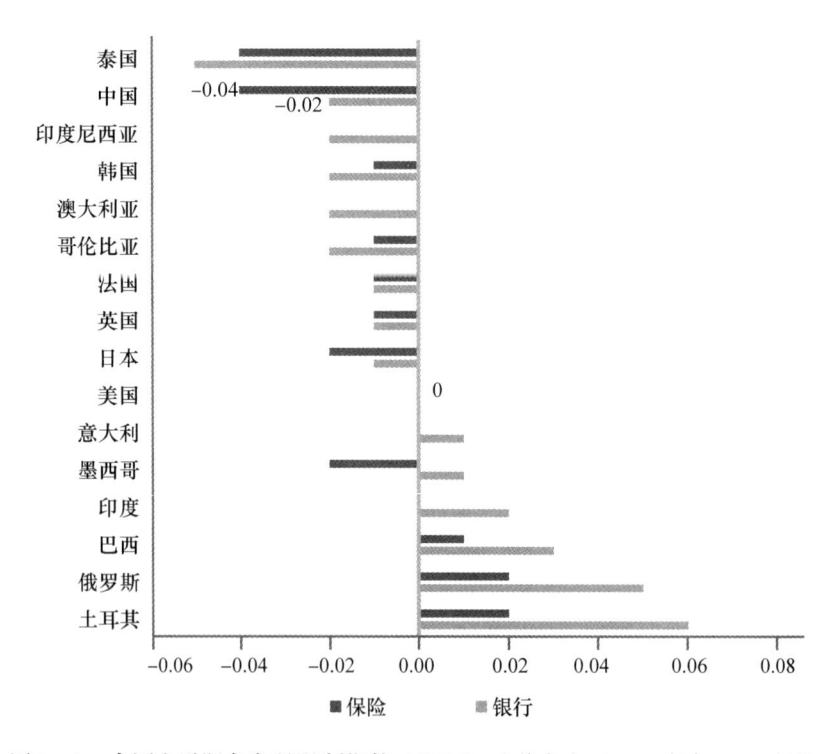

图1-2 中国金融服务贸易限制指数（STRI）改善突出（2019年与2014年比）

资料来源：OECD。

印度尼西亚（银行0.49、保险0.49）、泰国（银行0.41，保险0.53）等国家，略高于俄罗斯（银行0.36、保险0.38）、马来西亚（银行0.25、保险0.29）等新兴市场国家，较法国（银行0.15、保险0.10）、德国（银行0.17、保险0.14）等发达国家还有一定差距。

三 中国金融业外商直接投资监管环境得到显著改善

2019年，中国FDI金融服务监管限制指数（RRI）为0.24，较2017年降低0.32。过去五年，中国金融服务外商直接投资监管环境的改善程度领先缅甸（-0.33）、越南（-0.19）、菲律宾（-0.12）等国家，也高于OECD国家平均水平，而俄罗斯（0.10）的金融服务FDI监管限制情况反而有所恶化。分行业来看，银行业、保险业和其他金融业的FDI监管限制指数分别为0.05、0.42、0.25，较2017年降低0.45、0.24和0.26。这说明银行业外商直接投资环境的改善程度最大，未来保险业外商直接投资监管环境的改善还有更多工作要做。

四 中国金融业FDI监管限制仍高于OECD平均水平，保险业差距尤为明显

2019年，中国金融服务FDI监管限制指数（RRI）为0.24，高于OECD国家平均水平0.03。其中，银行FDI监管限制指数为0.05，仅略高于OECD国家平均水平0.04。保险和其他金融业FDI监管限制指数分别为0.42和0.25，高于OECD国家的平均水平0.02和0.04。

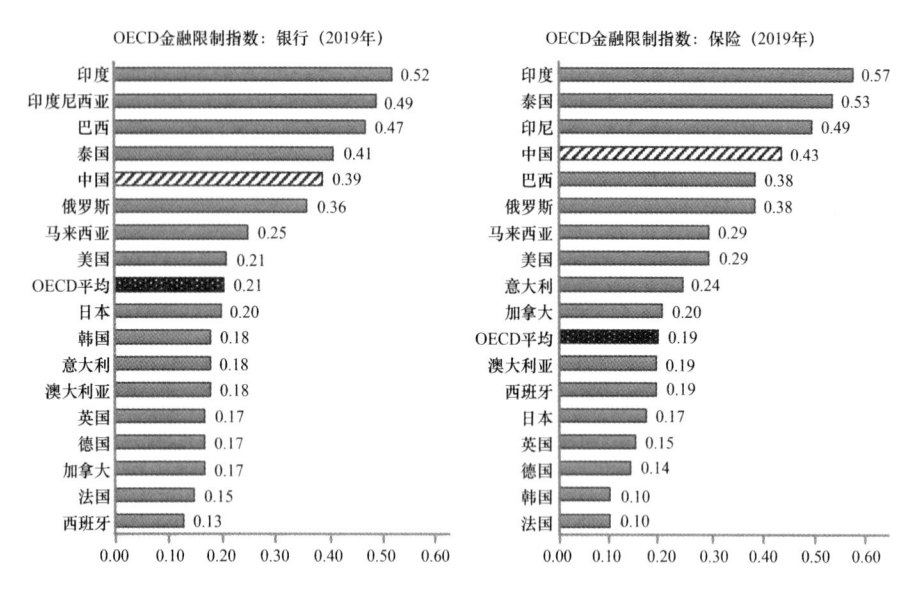

图 1-3 OECD 金融服务贸易限制指数（STRI）国际比较（2019 年）

资料来源：OECD。

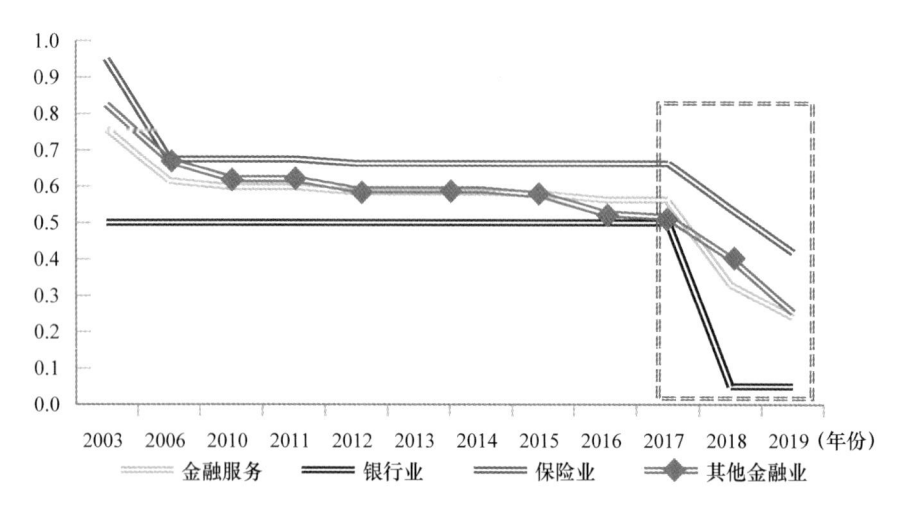

图 1-4 中国 FDI 金融监管限制指数（RRI）

资料来源：OECD。

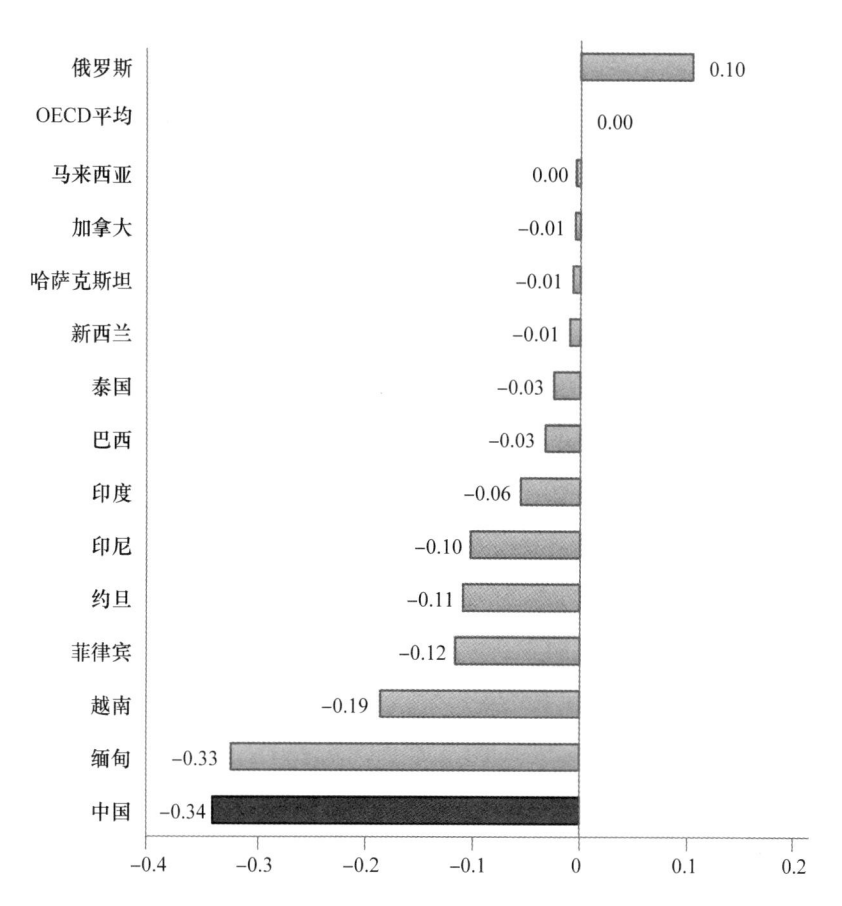

第一章 中国推动金融开放的政策努力

国家/地区	数值
俄罗斯	0.10
OECD平均	0.00
马来西亚	0.00
加拿大	-0.01
哈萨克斯坦	-0.01
新西兰	-0.01
泰国	-0.03
巴西	-0.03
印度	-0.06
印尼	-0.10
约旦	-0.11
菲律宾	-0.12
越南	-0.19
缅甸	-0.33
中国	-0.34

图1-5 FDI监管限制指数（RRI）改善程度国际比较
（2019年数值减去2014年数值）

注：图中数据保留小数点后两位。
资料来源：OECD。

中国金融开放：感知政策的温度

FDI监管限制指数：金融服务

国家/地区	值
利比亚	0.63
俄罗斯	0.49
泰国	0.46
马来西亚	0.32
印度	0.26
中国	0.24
*澳大利亚	0.13
越南	0.12
巴西	0.08
*加拿大	0.07
*法国	0.05
*韩国	0.05
*美国	0.04
OECD平均	0.03
新加坡	0.02
*意大利	0.02
*德国	0.01
*英国	0.00
*西班牙	0.00
*日本	0.00

FDI监管限制指数：银行

利比亚	0.63
泰国	0.62
俄罗斯	0.48
印度	0.41
马来西亚	0.36
越南	0.27
*澳大利亚	0.20
巴西	0.15
*加拿大	0.11
*美国	0.10
中国	0.05
*法国	0.05
新加坡	0.04
OECD平均	0.04
*德国	0.01
*韩国	0.00
*意大利	0.00
*英国	0.00
*西班牙	0.00
*日本	0.00

FDI监管限制指数：保险

俄罗斯	0.80
利比亚	0.63
泰国	0.62
中国	0.42
马来西亚	0.40
印度	0.36
*澳大利亚	0.13
*法国	0.07
巴西	0.03
OECD平均	0.02
越南	0.02
新加坡	0.01
*加拿大	0.01
*韩国	0.00
*意大利	0.00
*美国	0.00
*德国	0.00
*英国	0.00
*西班牙	0.00
*日本	0.00

FDI监管限制指数：其他金融业

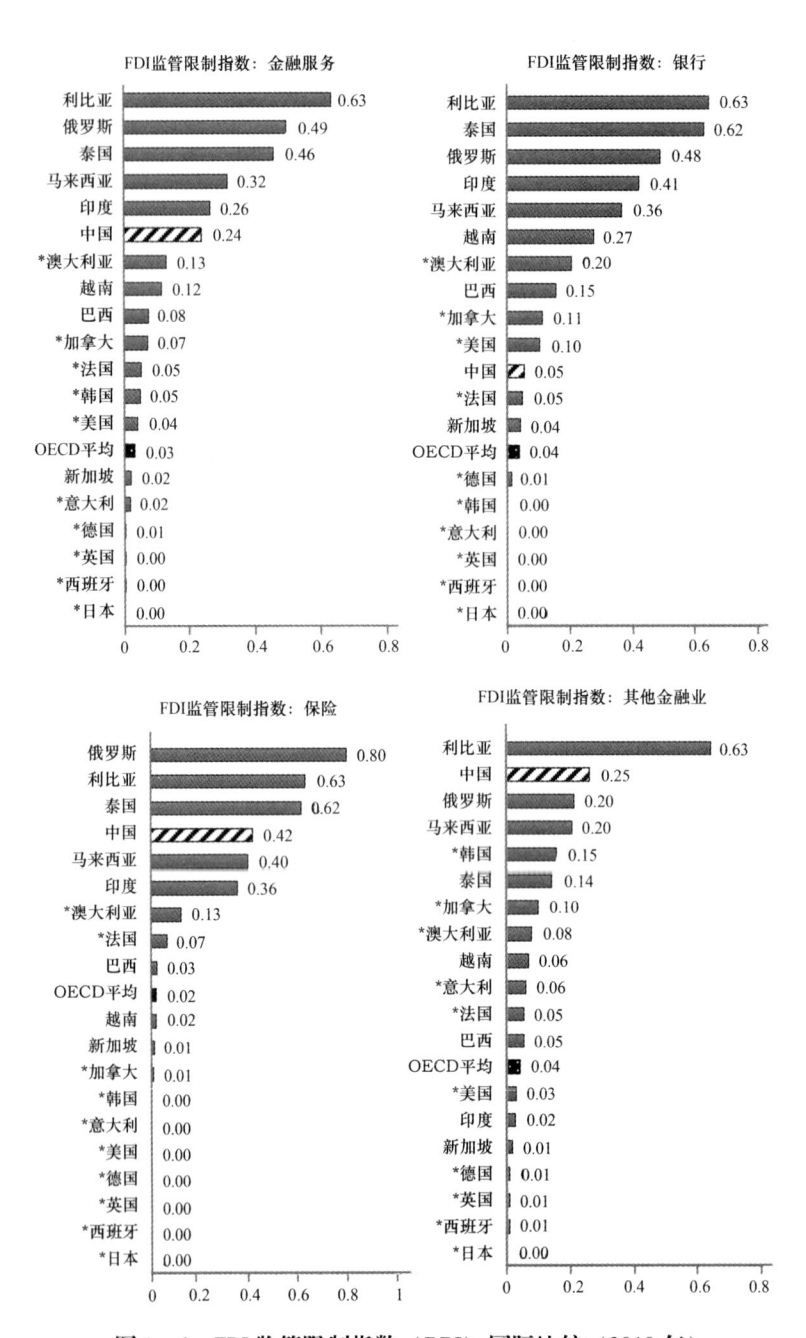

国家/地区	值
利比亚	0.63
中国	0.25
俄罗斯	0.20
马来西亚	0.20
*韩国	0.15
泰国	0.14
*加拿大	0.10
*澳大利亚	0.08
越南	0.06
*意大利	0.06
*法国	0.05
巴西	0.05
OECD平均	0.04
*美国	0.03
印度	0.02
新加坡	0.01
*德国	0.01
*英国	0.01
*西班牙	0.01
*日本	0.00

图1-6 FDI监管限制指数（RRI）国际比较（2019年）

注：图中数据保留小数点后两位。

资料来源：OECD。

第一章　中国推动金融开放的政策努力

附表 1–1　历年外商投资准入负面清单与金融业开放相关的内容（2011—2020 年）

年份	《外商投资准入特别管理措施（负面清单）》	金融领域	所有领域
2020	—	0	33
2019	1. 证券公司的外资股比不超过51%，证券投资基金管理公司的外资股比不超过51%（2021年取消外资股比限制） 2. 期货公司的外资股比不超过51%（2021年取消外资股比限制） 3. 寿险公司的外资股比不超过51%（2021年取消外资股比限制）	3	40
2018	1. 证券公司的外资股比不超过51%，证券投资基金管理公司的外资股比不超过51%（2021年取消外资股比限制） 2. 期货公司的外资股比不超过51%（2021年取消外资股比限制） 3. 寿险公司的外资股比不超过51%（2021年取消外资股比限制）	3	48
2017	1. 银行（单个境外金融机构及被其控制或共同控制的关联方作为发起人或战略投资者向单个中资商业银行投资入股比例不得超过20%，多个境外金融机构及被其控制或共同控制的关联方作为发起人或战略投资者共同投资入股比例合计不得超过25%；投资农村中小金融机构的境外金融机构必须是银行类金融机构；设立外资银行分行、外商独资银行、中外合资银行，唯一或控股股东的境外金融机构必须为商业银行，非控股股东可以为境外金融机构） 2. 保险公司（寿险公司外资比例人事人民币普通股，外资股和政府债券，公司债券的承销与保荐，外资股的经纪，证券投资基金管理公司（中方控股） 3. 证券公司（设立时限于从事人民币普通股，外资股和政府债券，公司债券的经纪和自营；中外合资的公司可申请扩大业务范围；中方控股） 4. 期货公司（中方控股）	4	63

71

续表

年份	《外商投资准入特别管理措施（负面清单）》	金融领域	所有领域
2015	1. 银行（单个境外金融机构及被其控制或共同控制的关联方作为发起人或战略投资人向同一个中资商业银行投资入股比例不得超过20%，多个境外金融机构合被其同控制或共同控制人或战略投资方作为发起人或战略投资者投资入股比例合计不得超过25%，投资农村中小金融机构的境外金融机构必须是银行类金融机构） 2. 保险公司（寿险公司外资比例不超过50%） 3. 证券公司（设立时限于从事人民币普通股、外资股和债券的经纪，政府债券、公司债券的承销与保荐，外资股的经纪，政府债券、公司债券的承销和自营；设立满2年后符合各条件的公司可申请扩大业务范围；外资比例不超过49%），证券投资基金管理公司（外资比例不超过49%） 4. 期货公司（中方控股）	4	74
2011	1. 银行、财务公司、信托公司、货币经纪公司 2. 保险公司（寿险公司外资比例不超过50%） 3. 证券公司（限于从事A股承销，B股和H股以及政府和公司债券的承销和交易，外资比例不超过1/3）、证券投资基金管理公司 4. 保险经纪公司 5. 期货公司（中方控股）	5	117

资料来源：国家发展改革委、商务部；2018—2020年参照《外商投资准入特别管理措施（负面清单）》，2011—2017年参照《外商投资产业指导目录》中限制外商投资产业和禁止外商投资产业合并目录。

第一章 中国推动金融开放的政策努力

附表1-2 历年自由贸易试验区外商投资准入负面清单与金融业开放相关的内容（2015—2020年）

年份		《自由贸易试验区外商投资准入特别管理措施（负面清单）》	金融领域	所有领域
2020		—	0	30
2019	资本市场服务	1. 证券公司的外资股比不超过51%，证券投资基金管理公司的外资股比不超过51%（2021年取消外资股比限制） 2. 期货公司的外资股比不超过51%（2021年取消外资股比限制）	3	37
	保险业	3. 寿险公司的外资股比不超过51%（2021年取消外资股比限制）		
2018	资本市场服务	1. 证券公司的外资股比不超过51%，证券投资基金管理公司的外资股比不超过51%（2021年取消外资股比限制） 2. 期货公司的外资股比不超过51%（2021年取消外资股比限制）	3	45
	保险业	3. 寿险公司的外资股比不超过51%（2021年取消外资股比限制）		
2017	银行服务	1. 境外投资者投资银行业金融机构，应为金融机构或特定类型机构。具体要求： （1）外商独资银行、中外合资银行股东，中外合资银行的应为商业银行 （2）投资中资商业银行的主要出资人应为金融机构 （3）投资农村商业银行、信托公司的应为银行、农村信用（合作）联社、村镇银行的应为境外银行 （4）投资金融租赁公司的主要出资人应为金融机构或融资租赁公司 （5）消费金融公司的主要出资人应为金融机构 （6）投资货币经纪公司的应为货币经纪公司 （7）投资金融资产管理公司的应为金融机构，且不得参与发起设立金融资产管理公司 （8）法律法规未明确的应为金融机构	13	95

续表

年份	所有领域	金融领域	《自由贸易试验区外商投资准入特别管理措施（负面清单）》
	95	13	2. 境外投资者投资银行业金融机构须符合一定数额的总资产要求，具体要求如下： （1）取得银行控股股权权益的外国投资者，以及投资中资商业银行、农村商业银行、村镇银行、贷款公司和其他银行（合作）联社、农村信用（合作）社的外国金融机构，提出申请前1年年末总资产应不少于100亿美元 （2）投资农村信用（合作）联社、农村商业银行、农村合作银行、村镇银行的外国银行，提出申请前1年年末总资产应不少于10亿美元 （3）拟设分行的外国银行，提出申请前1年年末总资产应不少于200亿美元 （4）在中国境外注册的具有独立法人资格的融资租赁公司作为融资租赁公司发起人，最近1年年末总资产应不低于100亿元人民币或等值的可自由兑换货币 （5）法律法规未明确不适用的其他银行业金融机构的境外投资者，提出申请前1年年末总资产应不少于10亿美元 3. 境外投资者投资货币经纪公司须具有独立法人资格从事货币经纪业务20年以上，并具有从事货币经纪业务所需的全球机构网络和资讯通信网络等特定条件 4. 单个境外金融机构及被其控制或共同控制的关联方对单个中资商业银行、金融资产管理公司等银行业金融机构投资人或战略投资人股比例不得超过20%，多个境外金融机构及被其控制或共同控制的关联方作为发起人或战略投资人对单个中资商业银行、农村商业银行、农村合作银行、农村信用（合作）联社、金融资产管理公司等银行业金融机构投资入股比例合计不得超过25% 5. 除符合股东机构类型要求和资质要求外，《中华人民共和国商业银行法》允许经营"代理收付款项""从事银行卡业务"，外国银行分行还受限于以下条件 （1）外国银行分行不可以吸收中国境内公民单笔不少于100万元人民币的定期存款，外资银行分行不得经营对中国境内公民的人民币业务 （2）外国银行分行应当有总行无偿拨付不少于2亿元人民币或等值的自由兑换货币，营运资金的30%应以指定的生息资产形式存在，以定期存款形式存在中国境内的生息资产应当存放在中国境内经营的中资银行 （3）外国银行分行营运资金加准备金等项之和中的人民币份额与其人民币风险资产的比例不可低于8%
2017			银行服务

续表

年份	《自由贸易试验区外商投资准入特别管理措施（负面清单）》	金融领域	所有领域
2017	**资本市场服务** 6. 期货公司外资比例不超过49% 7. 证券公司外资比例不超过49% 8. 单个境外投资者持有（包括直接持有和间接控制）上市内资证券公司股份的比例不超过20%；全部境外投资者持有（包括直接持有和间接控制）上市内资证券公司股份的比例不超过25% 9. 证券投资基金管理公司外资比例不超过49% 10. 不得成为证券交易所的普通会员和期货交易所的会员 11. 除中国政府另有规定的情况外，不得申请开立A股证券账户以及期货账户 **保险业** 12. 寿险公司外资比例不超过50%；境内资股东合计持有保险公司的股份不低于75% 13. 向保险公司外资投资入股，全部外资股东或者持股比例占公司注册资本不足25%的，全部外资股东应为商业金融机构（通过证券交易所购买保险公司股票的除外），提出申请前1年年末总资产不少于20亿美元 申请设立外国保险公司的外国保险机构，应当具备下列条件： (1) 经营保险业务30年以上 (2) 在中国境内已经设立代表机构2年以上 (3) 提出设立申请前1年年末总资产不少于50亿美元	13	95
2015	**银行业股东机构类型要求** 1. 境外投资者投资银行业金融机构，中外合资银行股东，信托公司，农村合作（合作）联社、村镇银行的应为金融机构。具体要求： (1) 外商独资银行、中外合资银行外方应为金融机构，且外方唯一或主要控股股东应为境外商业银行 (2) 投资中资商业银行的应为金融机构 (3) 投资农村商业银行的应为金融机构 (4) 投资金融租赁公司的主要出资人应为金融机构或融资租赁公司 (5) 投资消费金融公司的主要出资人应为金融机构 (6) 投资货币经纪公司的应为货币经纪公司 (7) 投资金融资产管理公司的应为金融机构，且不得参与发起设立金融资产管理公司 (8) 法律法规明确未明确规定的应为金融机构	14	122

续表

年份			金融领域	所有领域
2015	银行业 资质要求	《自由贸易试验区外商投资准入特别管理措施（负面清单）》 2. 境外投资法人银行业金融机构须符合一定数额的总资产要求，具体包括： （1）外商投资人银行方唯一或者控股/主要股东、外国银行分行的母行 （2）中资商业银行、农村商业银行、农村信用（合作）联社、农村合作银行、村镇银行、信托公司、金融租赁公司、贷款公司、金融资产管理公司①的境外投资者 （3）法律法规未明确不适用的其他银行业金融机构的境外投资者 3. 境外投资者投资货币经纪公司须满足相关业务年限、全球机构网络和资讯通信网络等特定条件	14	122
	银行业 股比要求	4. 境外投资者入股中资商业银行、农村商业银行、农村合作银行、农村信用（合作）联社、金融资产管理公司等机构变更一股东和合计持股比例限制		
	外资银行	5. 除符合股东机构类型要求和资质要求外，外资银行还受限于以下条件： （1）外国银行分行不可从事《中华人民共和国商业银行法》"从事银行卡业务"、**代理发行、代理兑付、承销政府债券**"代理收付款项"业务，外国银行分行不得经营对中国境内公民的人民币业务。允许经营的"代理发行、代理兑付、承销政府债券"业务中，每笔不少于100万元人民币的定期存款外，外国银行分行应当由总行无偿拨付营运资金，营运资金的一部分应以特定形式存在并符合相应管理要求 （2）外国银行分行须满足人民币营运资金充足性（8%）要求 （3）**外资银行获准经营人民币业务领域满足最低开业时间要求**		
	期货公司	6. 期货公司属于限制类，须由中方控股		
	证券公司	7. 证券公司属于限制类，外资比例不超过49% 8. 单个境外投资者持有（包括直接持有和间接控制）上市内资证券公司股份的比例不超过20%；全部境外投资者持有（包括直接持有和间接控制）上市内资证券公司股份的比例不超过25%		

① 黑体处是2017年相对于2015年减少条目。

第一章 中国推动金融开放的政策努力

续表

年份		《自由贸易试验区外商投资准入特别管理措施（负面清单）》	金融领域	所有领域
2015	证券投资基金管理公司	9. 证券投资基金管理公司属于限制类，外资比例不超过49%	14	122
	证券和期货交易	10. 不得成为证券交易所的普通会员，会员和期货交易所的会员 11. 不得申请开立A股证券账户以及期货账户		
	保险机构设立	12. 保险公司属于限制类（寿险公司外资比例不超过50%），境内保险公司的外国保险公司的外资比例不超过75%，以及投资人股保险公司合计持有保险资产管理公司的股份不低于75% 13. 申请设立外资保险公司，须符合中国保险公司股票除外），须符合中国保险监管部门规定的经营年限、总资产等条件		
	保险业务	14. 非经中国保险监管部门批准，外资保险公司不得与其关联企业从事再保险的分出或者分入业务		

资料来源：国家发展改革委、商务部。

附录1–1 《中华人民共和国外商投资法》涉及金融监管相关条款

第二条 在中华人民共和国境内（以下简称中国境内）的外商投资，适用本法。

本法所称外商投资，是指外国的自然人、企业或者其他组织（以下称外国投资者）直接或者间接在中国境内进行的投资活动，包括下列情形：

（一）外国投资者单独或者与其他投资者共同在中国境内设立外商投资企业；

（二）外国投资者取得中国境内企业的股份、股权、财产份额或者其他类似权益；

（三）外国投资者单独或者与其他投资者共同在中国境内投资新建项目；

（四）法律、行政法规或者国务院规定的其他方式的投资。

本法所称外商投资企业，是指全部或者部分由外国投资者投资，依照中国法律在中国境内经登记注册设立的企业。

第四条 国家对外商投资实行准入前国民待遇加负面清单管理制度。

前款所称准入前国民待遇，是指在投资准入阶段给予外国投资者及其投资不低于本国投资者及其投资的待遇；所称负面清单，是指国家规定在特定领域对外商投资实施的准入特别管理措施。国家对负面清单之外的外商投资，给予国民待遇。

负面清单由国务院发布或者批准发布。

中华人民共和国缔结或者参加的国际条约、协定对外国投资者准入待遇有更优惠规定的，可以按照相关规定执行。

第十四条 国家根据国民经济和社会发展需要，鼓励和引导外国投资者在特定行业、领域、地区投资。外国投资者、外商投资企业可以依照法律、行政法规或者国务院的规定享受优惠待遇。

第十七条 外商投资企业可以依法通过公开发行股票、公司债券等证券和其他方式进行融资。

第二十一条 外国投资者在中国境内的出资、利润、资本收益、资产处置所得、知识产权许可使用费、依法获得的补偿或者赔偿、清算所得等，可以依法以人民币或者外汇自由汇入、汇出。

第二十八条 外商投资准入负面清单规定禁止投资的领域，外国投资者不得投资。

外商投资准入负面清单规定限制投资的领域，外国投资者进行投资应当符合负面清单规定的条件。

外商投资准入负面清单以外的领域，按照内外资一致的原则实施管理。

第三十条 外国投资者在依法需要取得许可的行业、领域进行投资的，应当依法办理相关许可手续。

有关主管部门应当按照与内资一致的条件和程序，审核外国投资者的许可申请，法律、行政法规另有规定的除外。

第四十一条 对外国投资者在中国境内投资银行业、证券业、保险业等金融行业，或者在证券市场、外汇市场等金融市场进行投资的管理，国家另有规定的，依照其规定。

第二章 外资银行在华发展的新机遇、老问题

银行业开放是金融服务业开放的重要内容。通过开放将外资银行业引入中国,一方面可以增强竞争效应,为中资银行和其他金融机构引入外部竞争压力,在微观上促进国内金融机构的优胜劣汰,同时也可以带来国际监管最佳实践经验,并通过外资机构的各种诉求推动改革,在宏观政策上促进国内金融改革开放,进而使金融更好地服务于中国的实体经济发展。另一方面,从国际化的考虑来看,外资银行及各类外资机构拥有世界上最活跃的投资人和融资人网络,引入外资银行可以更加深入地参与到中国金融市场中,有助于帮助中国金融业更加有效地利用国内、国外两个市场的资源,也有助于推动中国与世界经济的深度互动。

本章将对主要外资银行在华经营状况进行梳理。首先,总结中国对外资银行业开放的进程,并对近期开放政策进行分析,然后概括式介绍外资银行在华总体情况,包括在华外资银行特征、分布和主要经营状况等。其次,按照银行负债类、资产类和中间三类业务的发展情况,本章将分三节对外资银行开展业务的情况进行梳理。最后,基于外资银行特征,并结合调研情况,我们分析了外资银行为何面临"越不行越小、越小越不行"的窘境,并对外资银行的未来发展做出了展望。

第一节 金融开放加快,外资银行迎来新发展

一 外资银行在中国实现了较大发展

(一)在华的外资银行机构具有全球代表性

截至2020年第一季度末,外资银行在华共设立41家法人银行、115

家银行分行和149家代表处，营业性机构共975家（含总行、分行、支行）。外资银行在华机构已具有全球代表性，在BIS公布的全球系统性重要银行（2019）中，有14家已在中国设立外资法人银行，其余均设立分行或代表处。随着对外资银行限定条件的放宽，自2007年开始，外资银行法人化成为趋势，并成为在华的主要经营形式。据不完全统计，31家外资银行由分行改制为本地注册的法人银行。近年来，具备法人地位的外资独资银行的数量稳中有增，2015—2017年，在华外资独资银行稳定在39家，2018年外资独资银行新增两家。外资银行在华营业性机构的总数也表现稳定，2018年年底为989家，2019年年底为993家。

（二）外资银行股东分布广泛

外资法人银行的股东分布在14个不同的国家和地区（图2-1）。其中63%的外资股东来自亚洲，其余分布于北美和欧洲，来自中国香港的数量最多（7家），韩国、中国台湾和美国以5家并列第2。从资产规模来看，来自中国香港的外资银行占比最大，来自日本、新加坡和英国的外资银行资产规模优势显著，分别位列第2至第4位，四地机构资产占比接近外资银行总资产的3/4（图2-2）。

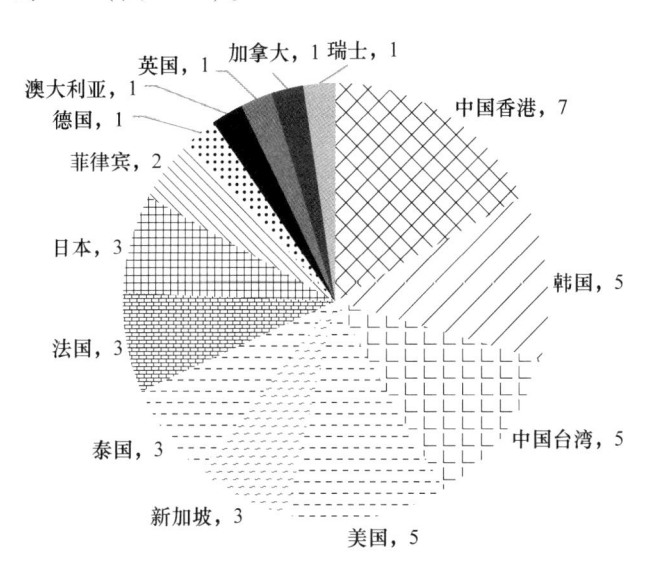

图2-1 外商独资银行股东国别和地区分布

资料来源：笔者根据网上公开信息、企查查等整理而成。

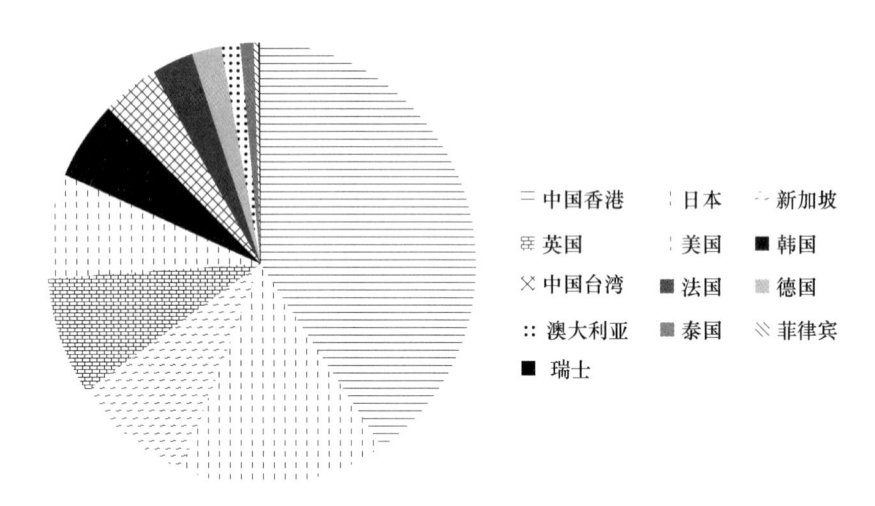

图 2-2 按来源地统计的外资银行资产占比：2019 年

注：有部分外资法人银行的总资产数据不可得，因此未做统计。具体包括：新联商业银行、摩根大通银行（中国）、蒙特利尔银行（中国）、国泰世华银行（中国）、彰银商业银行。

资料来源：各银行 2019 年年报。

（三）外资银行风控合规更为严格

从监管要求来看，对于外资法人银行在资本充足率、流动性监管、单一授信集中度和 MPA 考核等领域都与中资商业银行保持一致。不过从主要指标看，和国内其他主要类型的银行相比，外资银行自身的风控合规更加严格。这表明在开放的进程中，外资银行对于金融稳定的贡献是积极的。基于 2020 年第一季度数据进行比较，外资银行的不良贷款率是所有类型银行中最低的，为 0.7%，比大型商业银行和股份制商业银行分别低 0.7 个百分点和 0.9 个百分点，比农村商业银行更是低了 3.4 个百分点。其中，外资银行的次级类/可疑类/损失类贷款余额占贷款总量的比例均低于大型商业银行、股份制商业银行、城市商业银行、民营银行、农村商业银行的相应占比。类似地，拨备覆盖率比大型商业银行和股份制商业银行分别高出约 68 个百分点和 99 个百分点，比城市商业银行和农村商业银行更是高出了约 149 个百分点和 178 个百分点。此外，外资银行的资本充足率和流动性比例也高于其他类型的银行业金融机构（表 2-1）。

表 2-1　　　　外资银行和各类银行的风险控制指标对比　　　（单位:%）

	次级类贷款余额/贷款总量	可疑类贷款余额/贷款总量	损失类贷款余额/贷款总量	不良贷款率	拨备覆盖率	资本充足率*	流动性比例
大型商业银行	0.6	0.6	0.2	1.4	231.7	16.1	55.4
股份制商业银行	0.7	0.6	0.4	1.6	199.9	13.4	59.4
城市商业银行	1.3	0.7	0.5	2.5	149.9	12.7	65.3
民营银行	0.5	0.4	0.3	1.1	348.5	14.4	67.7
农村商业银行	1.7	2.1	0.3	4.1	121.8	12.8	64.7
外资银行	0.3	0.3	0.2	0.7	299.3	18.4	74.8

注:(1) 外资银行资本充足率不含外国银行分行;(2) 2014 年第二季度起,中国工商银行、中国农业银行、中国银行、中国建设银行、交通银行和招商银行六家银行经核准开始实施资本管理高级方法,其余银行仍沿用原方法;(3) 自 2019 年起,中国邮政储蓄银行纳入"大型商业银行"汇总口径。

资料来源:中国银行保险监督管理委员会官网,http://www.cbirc.sov.cn/cn/view/pages/index/index.html。

二　金融开放步伐加快,外资银行业迎来新的发展机遇

2001 年以来,在华外资银行的发展经历了三个阶段。

"入世"后的发展期(2001—2006 年)。中国于 2001 年加入世界贸易组织,到 2006 年,在华外资银行营业性机构从 190 家增加到 312 家,净增加 122 家。仅 2004 年就有 17 家外资银行获批在华设立营业机构。"入世"后中国履行对银行业全面开放的承诺,逐步开放外资银行人民币业务及经营地域的限制,为外资银行提供了较为平等的发展环境。

外资银行法人化时期(2007—2017 年)。2007 年,银监会发布《中国银行业对外开放报告》,明确表示促进外资银行全面发展,鼓励外国银行

设立或者将现有分行转制为中国注册的法人银行，众多外资银行来华设立法人银行，或通过持股中资银行，参与中国银行业的发展。

中国金融业开放驶入"快车道"时期（2018年至今）。中国金融对外开放加速，为外资银行在华发展提供了新的机遇。中国明确了下一步金融开放的路线图，发布了一系列鼓励境外机构对中国金融行业及资本市场投资的开放政策，在市场准入和业务类型的开放方面均有诸多举措。主要开放政策包括准入条件放松、业务限制降低和监管模式改善三方面（具体内容可参见本书第一章第二节相关内容）。

三 外资银行的发展仍然面临挑战

在金融开放的过程中，外资银行逐渐成为中国金融市场的参与者，并为中国的金融发展和稳定做出了贡献，但是其发展仍然面临挑战，面临着资产规模较小和盈利能力不足等问题。截至2020年第一季度末，外资银行在华总资产规模为3.58万亿元。其总资产规模虽在持续扩大，但是其发展的势头不及中资银行，在银行业金融机构当中的规模占比甚至呈现下降趋势，从2014年的1.62%降至2020年第一季度的1.18%（图2-3）。

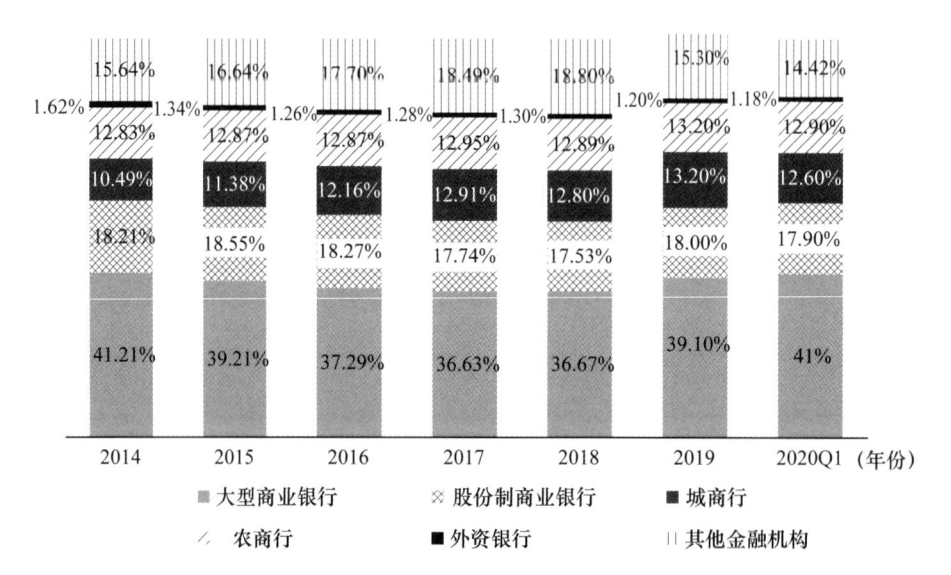

年份	大型商业银行	股份制商业银行	城商行	农商行	外资银行	其他金融机构
2014	41.21%	18.21%	10.49%	12.83%	1.62%	15.64%
2015	39.21%	18.55%	11.38%	12.87%	1.34%	16.64%
2016	37.29%	18.27%	12.16%	12.87%	1.26%	17.70%
2017	36.63%	17.74%	12.91%	12.95%	1.28%	18.49%
2018	36.67%	17.53%	12.80%	12.89%	1.30%	18.80%
2019	39.10%	18.00%	13.20%	13.20%	1.20%	15.30%
2020Q1	41%	17.90%	12.60%	12.90%	1.18%	14.42%

图2-3 分类别的银行资产占比：2014年至2020年第一季度

资料来源：银保监会，2020年第一季度数据。

同时，外资银行的盈利能力也偏弱。严苛的风控措施虽然降低了风险，但也使得外资银行盈利能力相对降低。例如，外资银行的资产利润率（ROA）较大型商业银行和股份制商业银行分别低了0.16个百分点和0.13个百分点，较民营银行低了0.14个百分点，较农村商业银行低了0.12个百分点，仅略高于城市商业银行；其净利润也远远低于大型商业银行、股份制商业银行、城市商业银行、农村商业银行；净息差低于其他所有类型的中资银行机构（见表2-2）。

表2-2　　　　　　　　　　盈利能力分机构对比

	大型商业银行	股份制商业银行	城市商业银行	民营银行	农村商业银行	外资银行
资产利润率（％）	1.02	0.99	0.81	1.00	0.98	0.86
净息差（％）	2.04	2.09	2.00	3.88	2.44	1.70
净利润（亿元）	3083	1315	766	24	737	76

注：（1）2014年第二季度起，中国工商银行、中国农业银行、中国银行、中国建设银行、交通银行和招商银行六家银行经核准开始实施资本管理高级方法，其余银行仍沿用原方法。

（2）自2019年起，中国邮政储蓄银行纳入"大型商业银行"汇总口径。

资料来源：中国银行保险监督管理委员会官网，http：//www.cbirc.sov.cn/cn/view/pages/index/index.html。

总体而言，外资银行在华业务取得了长足进展，但是在实际展业过程中，仍面临着不少挑战。在接下来的三节中，本章将从银行的负债业务、资产业务和中间业务三个方面分别对外资银行的发展展开分析，对外资银行的发展现实进行总结，并在第五节对上述现状背后存在的原因进行探讨。

第二节　负债业务：存款来源约束下的多元化

负债业务是银行的核心资金来源，是开展业务的基础。资产负债表中，负债方规模等于资产方规模，因此负债资金来源也是影响银行资产规模扩大的重要约束。从外资银行负债业务的结构来看，其存在着较为显著的存款来源约束，主要体现为居民存款在负债业务中占比极低。因此外资银行主要以企业客户为主，而且总体上存款类业务占比较低。在存款来源的较紧约束下，外资银行在非存款负债业务领域的多元化特征较为显著。

一 外资银行总负债规模较小，存款来源约束较紧

截至2019年年末，外资银行整体负债规模约为45071亿元。负债规模上，外资银行总体规模较小，仅为中资大型银行总负债规模（约135.8万亿元）的3.3%；不到中资中型银行和中资小型银行总负债规模的1/10，甚至明显小于农信社的规模（见图2-4）。

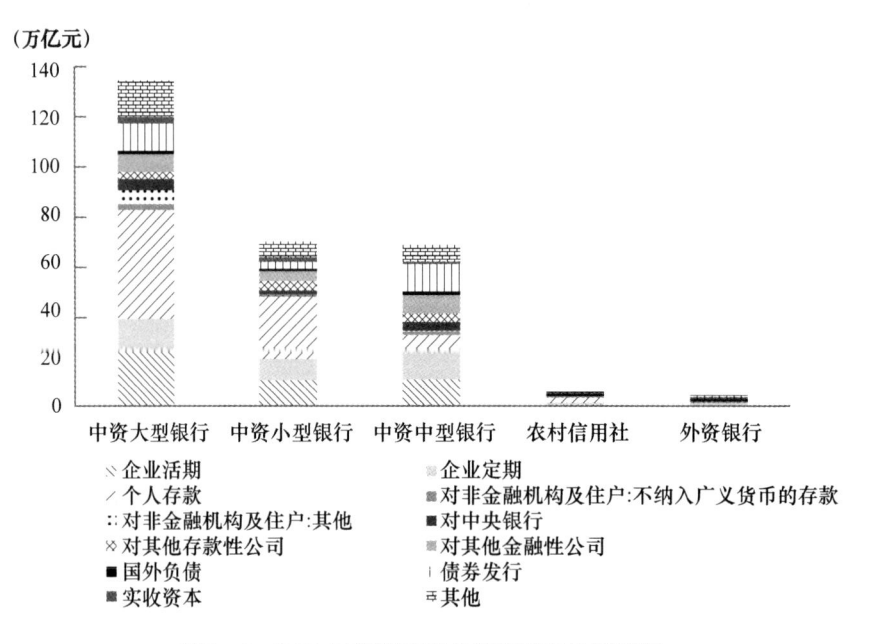

图2-4 2019年第四季度各类型银行负债情况

资料来源：CEIC、《中国人民银行统计季报》。

负债结构上，外资银行更依赖于其他负债（32.4%），然后是企业定期存款和活期存款（29.0%）与国外负债（9.0%），这四个渠道资金来源占比约70%。负债中存款端的约束较多，居民存款大幅少于中资银行，企业存款是其存款主要来源。外资银行从中央银行和发行债券取得的资金

占总负债的比例仅为 2.3%，远低于中资中型银行（23.5%）、中资大型银行（12.4%）和中资小型银行（7.4%）。作为一个比较，在各类型银行的资金来源中，最多元化的是中资中型银行，其主要资金来源结构为：债券发行（18.1%）、企业定期（16.9%）、企业活期（16.6%）、对其他金融性公司（11.5%）、个人存款（10.7%）等（见图 2-5）。

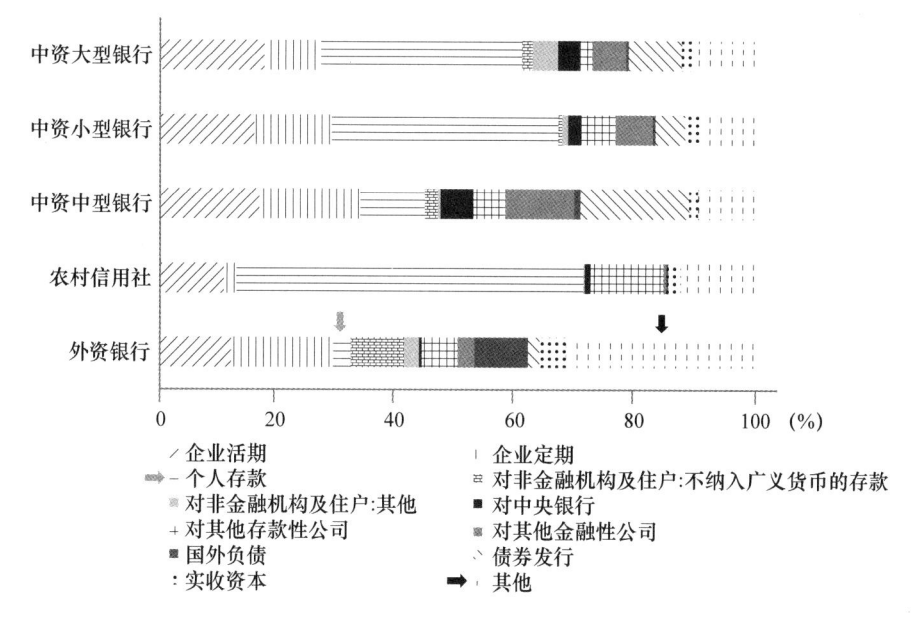

图 2-5　2019 年第四季度银行业金融机构负债结构①

资料来源：CEIC，《中国人民银行统计季报》。

二　存款类业务占比低，以企业客户为主

外资银行的存款业务发展面临三方面约束。其一，知名度不高的外资

---

① 中资大型、中资中型、中资小型银行划分标准以 2008 年年末各金融机构本外币资产总额作为参考标准。中资大型银行指本外币资产总量超过 2 万亿元的中资银行，包括中国工商银行、中国建设银行、中国农业银行、中国银行、国家开发银行、交通银行、中国邮政储蓄银行。中资中型银行指本外币资产总量小于 2 万亿元且大于 3000 亿元的中资银行，包括招商银行、中国农业发展银行、上海浦东发展银行、中信银行、兴业银行、中国民生银行、中国光大银行、华夏银行、中国进出口银行、广东发展银行、深圳发展银行、北京银行、上海银行和江苏银行。中资小型银行指本外币资产总量小于 3000 亿元的中资银行，包括恒丰银行、浙商银行、渤海银行、小型城商行、农村商业银行、农村合作银行、村镇银行。

银行受客户信任程度不足。银行能够吸收存款的关键在于是否与本地客户建立了良好的信任，大部分外资银行主要依靠企业客户存款，这与中资银行广泛吸收个人存款的特性截然不同。渣打银行（中国）、汇丰银行（中国）等国际知名大行的独资银行，能够凭借其母行的国际影响力，进入中国市场时较容易吸引本地客户；而像日本、韩国等在华的独资银行就主要服务于母国客户；其他知名度不高的银行存款业务更多依赖于企业客户。其二，中国同业市场发展相对滞后，存款业务对银行的重要性较高，外资银行这方面的不适应性也比较突出。某些外资银行母国金融市场发达、资金定价市场化程度高，因此其资金来源主要依靠同业拆借，物理网点布局较少，因此对存款业务也依赖较少。但中国的基准利率及其利率走廊处于发展建设阶段，无论是 SHIBOR（上海银行间同业拆放利率）还是 DR007（存款类机构间利率债质押的 7 天回购利率），它们在拆借规模和频率上都难以作为中国的基准利率。其三，外资银行的合规和风控同时受到母行和本地监管的约束，其风险偏好更加谨慎，某些外资行的储蓄和理财的最低金额也高于本地银行，这些因素也都限制了其存款业务的发展。

截至 2019 年年末，中资大型银行存款规模约 82 万亿元，是所有中资小型银行存款规模的 1.8 倍、中资中型银行的 2.8 倍。而外资银行存款规模仅为 1.44 万亿元。从存款业务占比来看，中资大型银行、中资小型银行、农村信用社的存款占比都超过了 60%；中资中型银行存款占比约 44.1%。外资银行占比最低，仅为 31.9%。

从存款内部的结构来看，外资银行存款资金绝大部分来自企业客户，企业活期存款与定期存款占总存款比例超过 90%。中资大型银行和中资小型银行业务发展则比较均衡，两者均以个人客户为主，个人存款占比在 56% 左右。农村信用社的个人存款业务是其强项，个人存款占比超过 80%。中资中型银行以企业存款为主，占比约 75.8%。

具体来看，根据 37 家外商独资银行年报公布数据，其中 27 家银行存款实现了正增长，业务发展最快的是国泰世华银行（中国），存款增长了 155%，东方汇理银行（中国）、正信银行、富邦华一银行、开泰银行（中国）、玉山银行（中国）、浦发硅谷银行都实现了 40% 以上的增长。另外还有 10 家外资银行存款规模增长为负，降幅最大的是法国兴业银行（中国），为 -26%（见表 2-3）。

第二章 外资银行在华发展的新机遇、老问题

表 2-3　　　　　　　　　外资法人银行存款变动情况

	2018年、2019年对比，存款变动情况		2018年、2019年对比，存款变动情况
国泰世华银行（中国）	155%	瑞穗银行（中国）	9%
东方汇理银行（中国）	62%	三井住友银行（中国）	8%
正信银行	59%	大华银行（中国）	6%
富邦华一银行	54%	南洋商业银行（中国）	5%
开泰银行（中国）	48%	彰银商业银行	5%
玉山银行（中国）	44%	花旗银行（中国）	4%
浦发硅谷银行	43%	恒生银行（中国）	2%
首都银行（中国）	35%	星展银行（中国）	2%
永丰银行（中国）	30%	摩根大通银行（中国）	-1%
法国巴黎银行（中国）	26%	华侨永亨银行（中国）	-2%
德意志银行（中国）	15%	华商银行	-2%
国民银行（中国）	15%	新韩银行（中国）	-2%
三菱日联银行（中国）	15%	瑞士银行（中国）	-10%
渣打银行（中国）	15%	盘古银行（中国）	-12%
韩亚银行（中国）	14%	东亚银行（中国）	-13%
澳大利亚和新西兰银行（中国）	13%	华美银行	-15%
摩根士丹利国际银行（中国）	13%	企业银行（中国）	-18%
友利银行（中国）	12%	法国兴业银行（中国）	-26%
汇丰银行（中国）	10%		

资料来源：各银行2018年、2019年年报。

表 2-4　　　　　　2019年第四季度各类银行债券发行情况

	债券发行（亿元）	占总负债比例（%）	占所有银行发债比例（%）
中资大型银行	121340	8.9	43.3
中资中型银行	121923	18.1	43.5

续表

	债券发行（亿元）	占总负债比例（%）	占所有银行发债比例（%）
中资小型银行	36267	5.3	12.9
农村信用社	1	0.0	0.0
外资银行	859	1.9	0.3

资料来源：CEIC、《中国人民银行统计季报》。

三 债券发行业务开展较少

外资银行债券发行余额较低，债券发行融资也不是外资银行的主要负债业务。从债券发行余额来看，2019年年末债券发行余额为859亿元，不到中资大型银行、中资中型银行的1%，发行规模较小。债券发行余额仅占总负债的1.9%，显著低于中资中型银行的18.1%，也小于中资大型银行债券融资占比（8.9%）、中资小型银行的债券融资占比（5.3%）（见表2-4）。从2016年年初至2020年7月17日，成功发行金融债的外资银行仅8家（见表2-5）。

表2-5 外资银行发行金融债情况（2016年1月1日至2020年7月17日）

银行	发行金融债情况（元）
汇丰银行（中国）	在中国发行过金融债（2017/9/12 3年20亿；2018/5/15 3年30亿；2018/9/12 3年40亿；2019/06/14 3年40亿；2019/09/10 3年40亿；2020/6/20 3年30亿）
东亚银行（中国）	在中国发行过金融债（2019/3/7 3年25亿；2019/4/23 10年15亿）
南洋商业银行（中国）	在中国发行过金融债（2016/12/16 5年5亿；2017/03/10 5年25亿；2018/10/16 3年25亿；2018/10/16 5年5亿；2018/11/13 5年20亿）
华侨永亨银行（中国）	在中国发行过金融债（2018/11/26 3年20亿）
大华银行（中国）	在中国发行过金融债（2018/4/13 3年10亿；2019/11/15 10年10亿）
星展银行（中国）	在中国发行过金融债（2018/07/16 3年30亿）
渣打银行（中国）	在中国发行过金融债（2016/4/25 3年62亿）
富邦华一银行	在中国发行过金融债（2018/12/05 10年10亿；2019/04/26 10年10亿；2020/3/20 3年10亿）

资料来源：中国债券信息网，上海清算所。

四 对中央银行负债极少

对中央银行负债方面，不同类型银行从中央银行获得资金的规模差异较大。对中央银行负债是银行向中国人民银行借入的款项，包括再贷款、再贴现、债券回购等。中资大型银行对中央银行负债规模最大，约4.7万亿元，占其总负债的比例为3.5%，占所有银行对中央银行负债的47.6%，从中国人民银行融资具有绝对优势。而外资银行对中央银行负债规模仅183亿元，占其总负债的比例不到1%，规模上也不及农村信用社（见表2-6）。

表2-6　　2019年第四季度各类银行对中央银行负债情况

	对中央银行负债（亿元）	占总负债比例（%）	占所有银行对中国人民银行负债比例（%）
中资大型银行	46898	3.5	47.6
中资中型银行	36167	5.4	36.7
中资小型银行	14790	2.2	15.0
农村信用社	553	0.9	0.6
外资银行	183	0.4	0.2

资料来源：CEIC、《中国人民银行统计季报》。

五 同业业务更依赖其他银行

有较多外资银行发行过同业存单，从业务对手方来看，外资银行同业业务更依赖于其他银行，而不是非银行金融机构。外资银行同业业务整体规模约0.4万亿元，其中对其他银行业务约0.3万亿元、对其他非银机构约0.1万亿元，同业业务整体占负债比重为8.7%，高于中资大型银行的占比（7.7%）。相比较而言，中资中型银行和中资大型银行对其他非银机构的负债则远大于对其他银行的负债规模（见表2-8）。

表2-7　　发行过同业存单的外资法人银行

汇丰银行（中国）	韩亚银行（中国）	三井住友银行（中国）	渣打银行（中国）
东亚银行（中国）	友利银行（中国）	首都银行（中国）	德意志银行（中国）
南洋商业银行（中国）	企业银行（中国）	永丰银行（中国）	花旗银行（中国）

续表

恒生银行（中国）	大华银行（中国）	澳大利亚和新西兰银行（中国）	富邦华一银行
华侨永亨银行（中国）	星展银行（中国）	法国巴黎银行（中国）	浦发硅谷银行
华商银行	瑞穗银行（中国）	东方汇理银行（中国）	

资料来源：上海清算所，截至2020年9月。

表2–8　　　　2019年第四季度各类银行同业负债情况

	同业负债（亿元）	对其他银行负债[①]（亿元）	对其他非银机构负债[②]（亿元）	占总负债比重（%）
中资中型银行	113532	35854	77678	16.9
中资大型银行	105123	28760	76363	7.7
中资小型银行	81746	38823	42923	11.9
农村信用社	7595	7277	318	12.7
外资银行	3927	2663	1264	8.7

资料来源：CEIC、《中国人民银行统计季报》。

六　债券回购规模较小

从债券回购的情况来看，无论是债券买断式回购还是质押式回购，无论是待购回债券余额还是待返售债券余额，外资银行在其中所占比例都比较小，所占比例基本上低于全国性商业银行及其分行、城商行、农商行，当然这也与外资银行规模占比较低直接相关。

七　业务限制也导致外资银行负债规模较小

外资银行总负债规模较小，主要障碍是业务限制导致的。也就是说，在负债端业务的约束主要受到来自金融开放当中因素二（见导论的阐述）的约束。外资银行的存款类业务占比很低，且以企业客户为主，这限制了

[①] 其他存款性公司包括：中资大型银行、中资中型银行、中资小型银行、外资商业银行、城市信用社、农村信用社、财务公司。对其他存款性公司负债是指从其他存款公司吸收的存款和拆入款等。

[②] 其他金融性公司包括：保险公司和养老基金（企业年金）、信托投资公司、金融租赁公司、金融资产管理公司、汽车金融服务公司、金融担保公司、证券公司、投资基金、证券交易所和其他金融辅助机构。对其他金融性公司负债是指从其他存款公司吸收的存款和拆入款等。

外资银行资产规模的扩张，其障碍在于中国对外资银行从事居民资金收储业务的限制。此前，外国银行分行可以吸收中国境内公民定期存款的金额为每笔不少于100万元人民币。之后，根据2019年10月15日的《外资银行管理条例》（以下简称《条例》）中规定，降低外国银行分行吸收人民币存款的业务门槛，将外国银行分行可以吸收中国境内公民定期存款的金额下限由每笔不少于100万元人民币改为每笔不少于50万元人民币。虽然《条例》将限额降低为50万元，但是这对外资银行仍然是不小的挑战。

另外，外资银行债券发行业务开展很少，这也是源于中国对于外资银行债券业务的管制。根据《条例》中的规定，中国将扩大外资银行的业务范围，增加"代理发行、代理兑付、承销政府债券"和"代理收付款项"业务，进一步提升在华外资银行服务能力。而在《条例》颁布之前，外资银行的政府债券业务受到限制，同时由于中国上一阶段的发展周期中政府债券融资体量大，当时外资银行无法进入该业务领域，这就给外资银行的快速发展带来了一定的阻碍。《条例》颁布之后，即使政府债券市场向外资银行开放，其是否可以迅速融入中国的政府债券市场环境，克服对法规体系不适应、文化习俗差异等因素，这对外资银行也有较大的挑战。

第三节 资产业务：个人业务受限背景下的多元化

一 外资银行资产规模占比稳中略降，个人业务发展受限

近年来，外资银行总资产占银行业总资产[①]的比重稳中略降，2011年外资银行资产规模占比在2%左右，也是外资银行资产规模占比最高的时期，后逐渐下降至2016年第三季度的1.24%。2016年第三季度开始占比有所提升，近年来稳定在1.6%左右（见图2-6）。

截至2019年年底，外资银行整体资产规模约为45071亿元，[②] 而中资大型、中资中型、中资小型银行资产规模分别为135.8万亿元、67.3万亿元和68.8万亿元，外资银行与之相比发展规模相差较大（见图2-7）。

---

① 此处为其他存款性公司，除银行外还包括财务公司。
② 中国人民银行公布的银行资产负债表中，实收资本被划入负债中，银行资产负债表下资产等于负债。

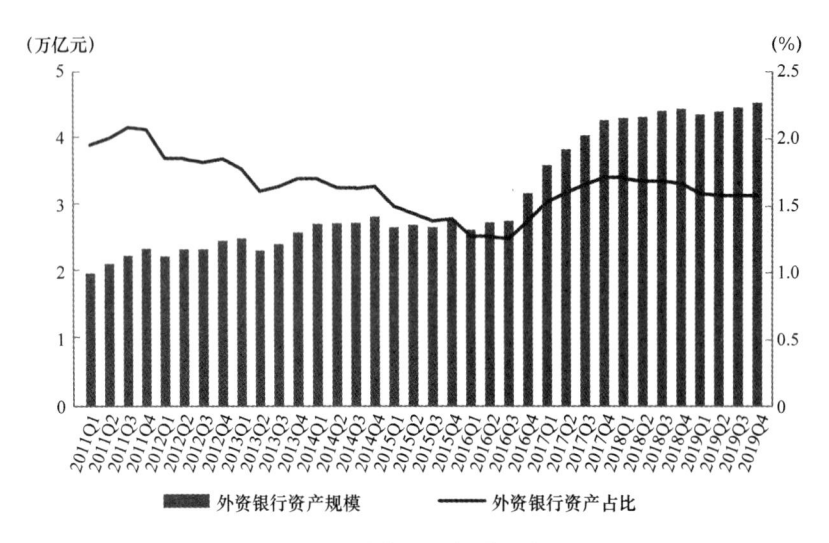

图 2-6 外资银行规模及占比

资料来源：CEIC、《中国人民银行统计季报》。

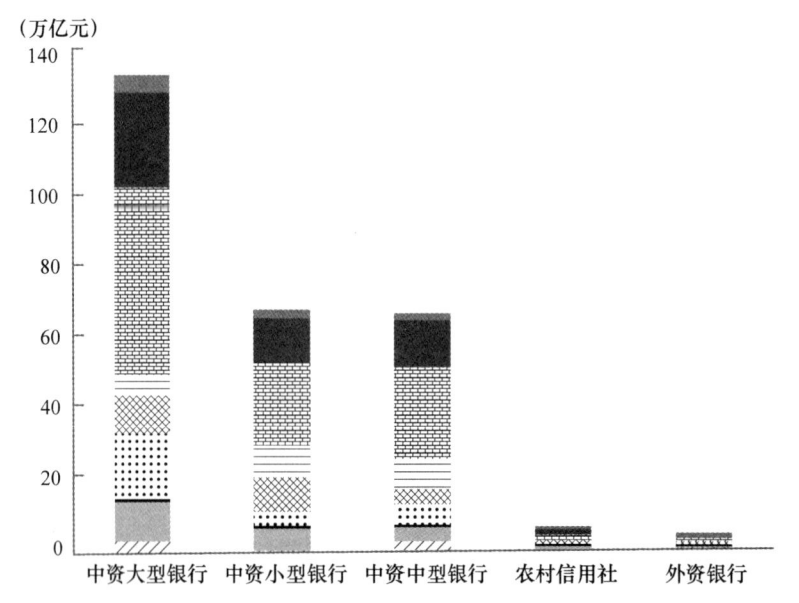

图 2-7 2019 年第四季度各类型银行资产情况

资料来源：CEIC、《中国人民银行统计季报》。

资产结构上,外资银行更偏重持有企业资产,中资银行则是居民、企业、政府并重。外资银行资产占比较大的是其他资产(28.1%)、对非金融性公司债权(27.2%)、对其他存款性公司债权(11.5%)和对其他金融性公司债权(8.1%),四项合计超过3/4。而中资大型、中资中型、中资小型银行则主要持有企业部门和居民部门的资产。其中,中资大型银行主要持有对企业、居民和政府部门以及中央银行的资产,分别为非金融性公司债权(39.2%)、对其他居民部门债权(19.8%)、对政府债权(14.0%)、储备资产(8.5%),中资大型银行持有金融部门的资产仅12.4%。中资中型、中资小型银行持有企业和居民部门的资产也都超过了总资产的一半。

从持有的政府债券来看,外资银行持有的占比不高。平均而言,资产规模越大的银行持有的政府债券占总资产比重越大,中资大型、中资中型、中资小型银行对政府债权占总资产比重分别为14.0%、9.7%和6.8%,外资银行(7.5%)略高于中资小型银行。

从持有的国外资产来看,外资银行优势最大。总体来看,各类型银行持有国外资产的比例都不高。在这其中,外资银行持有比例最大,为6.5%,而中资大型、中资中型、中资小型银行持有比例分别为2.4%、3.8%、0.3%(见图2-8)。

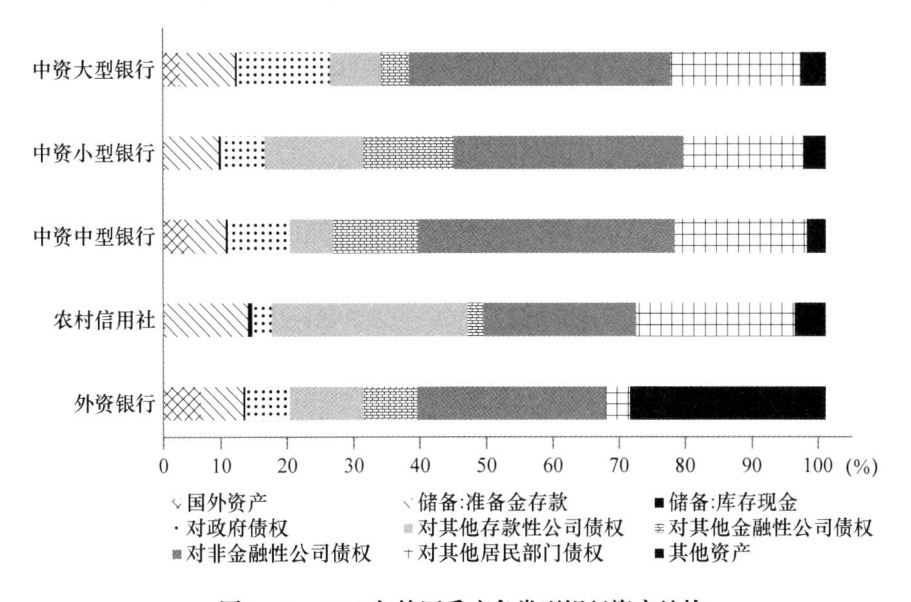

图2-8 2019年第四季度各类型银行资产结构

资料来源:CEIC、《中国人民银行统计季报》。

二 企业贷款占比大幅低于中资大中型银行，近半数未开展个人业务

"企业贷款及投资"包括了银行对企业的贷款、票据贴现以及各类投资。2019年年末，外资银行此类资产占比约27.2%，与中资大型银行（39.2%）、中资中型银行（38.6%）相差超过10个百分点。外资银行个人贷款规模仅约为0.17万亿元，占总资产比重更低，仅为3.7%，远低于农村信用社（24.4%）、中资大型银行（19.8%）、中资中型银行（19.9%）、中资小型银行（18.2%）。从对企业贷款及投资和个人贷款的结构来看，外资银行明显偏向企业客户，其对企业的贷款及投资是个人贷款资产的7.85倍，而中资大、中、小型银行这一比例在2倍左右，农村信用社和城市信用社比例约为1倍。

具体来看，贷款及垫款规模最大的是汇丰银行（中国），2019年年末其发放贷款和垫款账面金额（减值准备前）为2121.2亿元，是排名第二、第三位的东亚银行（中国）和渣打银行（中国）的2倍以上，远远超过其他外资银行。但较国内银行而言，汇丰银行（中国）的贷款及垫款规模远小于大型商业银行的平均规模（110703亿元）、股份制商业银行的平均规模（24331亿元），高于城市商业银行平均规模（1505亿元），处于城市商业银行中等水平（见图2-9）。

从结构上看，从可获得数据的36家外资银行的情况看，近一半银行在2019年没有开展个人贷款业务，友利银行（中国）、东亚银行（中国）、花旗银行（中国）、恒生银行（中国）等个人贷款业务占比相对较高，其余外资银行也主要为企业客户提供贷款（见图2-10），企业贷款主要投向制造业、批发零售和房地产业等行业（见图2-11，图2-12）。

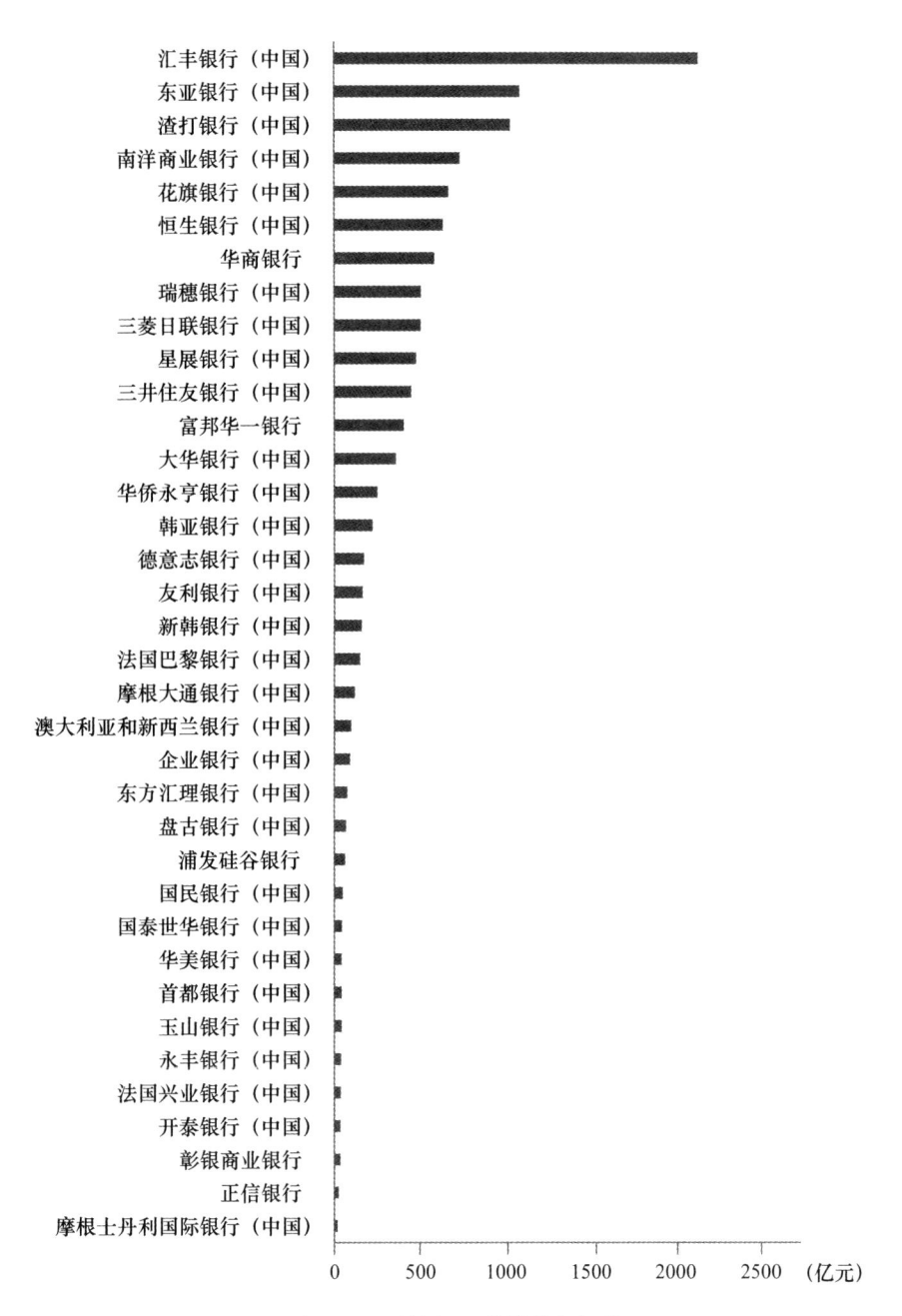

第二章 外资银行在华发展的新机遇、老问题

图 2 - 9 外资银行贷款业务规模

注：贷款类业务为银行贷款及垫款 2019 年年末没有进行减值处理的账面价值。
资料来源：Wind、外资银行年报。

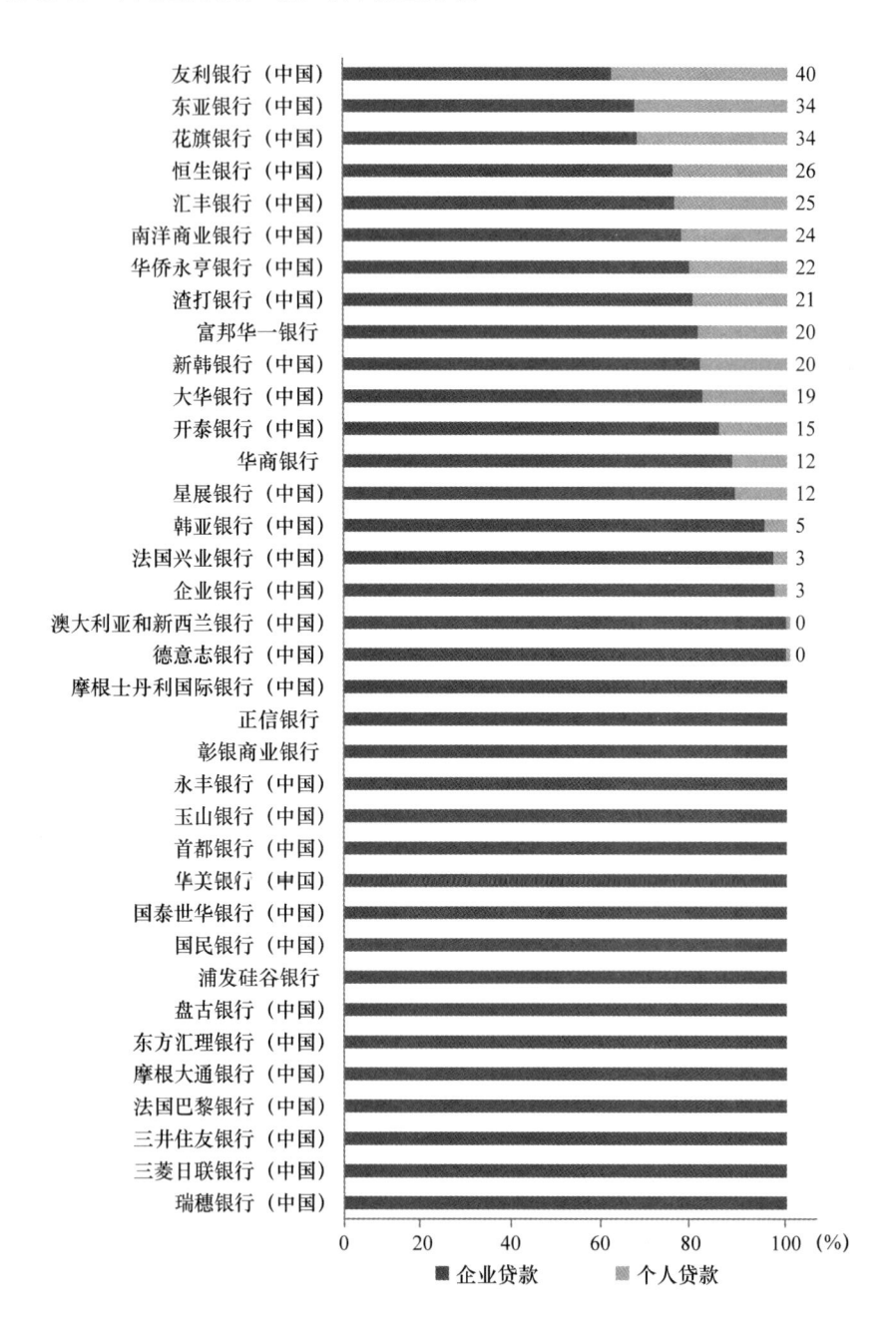

银行	个人贷款(%)
友利银行（中国）	40
东亚银行（中国）	34
花旗银行（中国）	34
恒生银行（中国）	26
汇丰银行（中国）	25
南洋商业银行（中国）	24
华侨永亨银行（中国）	22
渣打银行（中国）	21
富邦华一银行	20
新韩银行（中国）	20
大华银行（中国）	19
开泰银行（中国）	15
华商银行	12
星展银行（中国）	12
韩亚银行（中国）	5
法国兴业银行（中国）	3
企业银行（中国）	3
澳大利亚和新西兰银行（中国）	0
德意志银行（中国）	0
摩根士丹利国际银行（中国）	0
正信银行	0
彰银商业银行	0
永丰银行（中国）	0
玉山银行（中国）	0
首都银行（中国）	0
华美银行（中国）	0
国泰世华银行（中国）	0
国民银行（中国）	0
浦发硅谷银行	0
盘古银行（中国）	0
东方汇理银行（中国）	0
摩根大通银行（中国）	0
法国巴黎银行（中国）	0
三井住友银行（中国）	0
三菱日联银行（中国）	0
瑞穗银行（中国）	0

■ 企业贷款　■ 个人贷款

图 2-10　外资银行贷款业务结构

注：贷款类业务为银行贷款及垫款 2019 年年末没有进行减值处理的账面价值。

资料来源：Wind、外资银行年报。

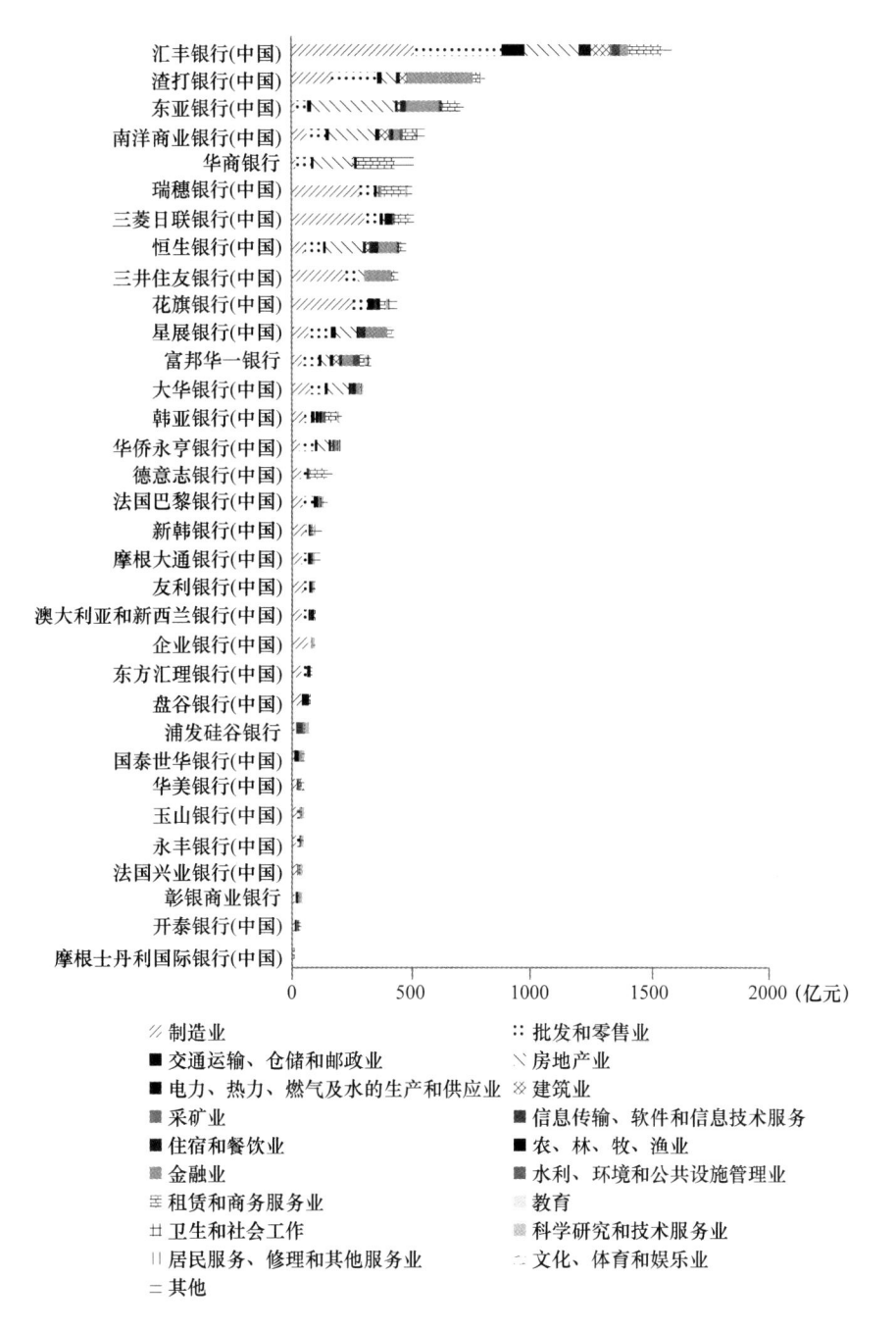

第二章 外资银行在华发展的新机遇、老问题

汇丰银行(中国)	
渣打银行(中国)	
东亚银行(中国)	
南洋商业银行(中国)	
华商银行	
瑞穗银行(中国)	
三菱日联银行(中国)	
恒生银行(中国)	
三井住友银行(中国)	
花旗银行(中国)	
星展银行(中国)	
富邦华一银行	
大华银行(中国)	
韩亚银行(中国)	
华侨永亨银行(中国)	
德意志银行(中国)	
法国巴黎银行(中国)	
新韩银行(中国)	
摩根大通银行(中国)	
友利银行(中国)	
澳大利亚和新西兰银行(中国)	
企业银行(中国)	
东方汇理银行(中国)	
盘谷银行(中国)	
浦发硅谷银行	
国泰世华银行(中国)	
华美银行(中国)	
玉山银行(中国)	
永丰银行(中国)	
法国兴业银行(中国)	
彰银商业银行	
开泰银行(中国)	
摩根士丹利国际银行(中国)	

0   500   1000   1500   2000 (亿元)

- 制造业
- 批发和零售业
- 交通运输、仓储和邮政业
- 房地产业
- 电力、热力、燃气及水的生产和供应业
- 建筑业
- 采矿业
- 信息传输、软件和信息技术服务
- 住宿和餐饮业
- 农、林、牧、渔业
- 金融业
- 水利、环境和公共设施管理业
- 租赁和商务服务业
- 教育
- 卫生和社会工作
- 科学研究和技术服务业
- 居民服务、修理和其他服务业
- 文化、体育和娱乐业
- 其他

图 2-11 外资银行企业贷款规模

资料来源：Wind、外资银行年报。

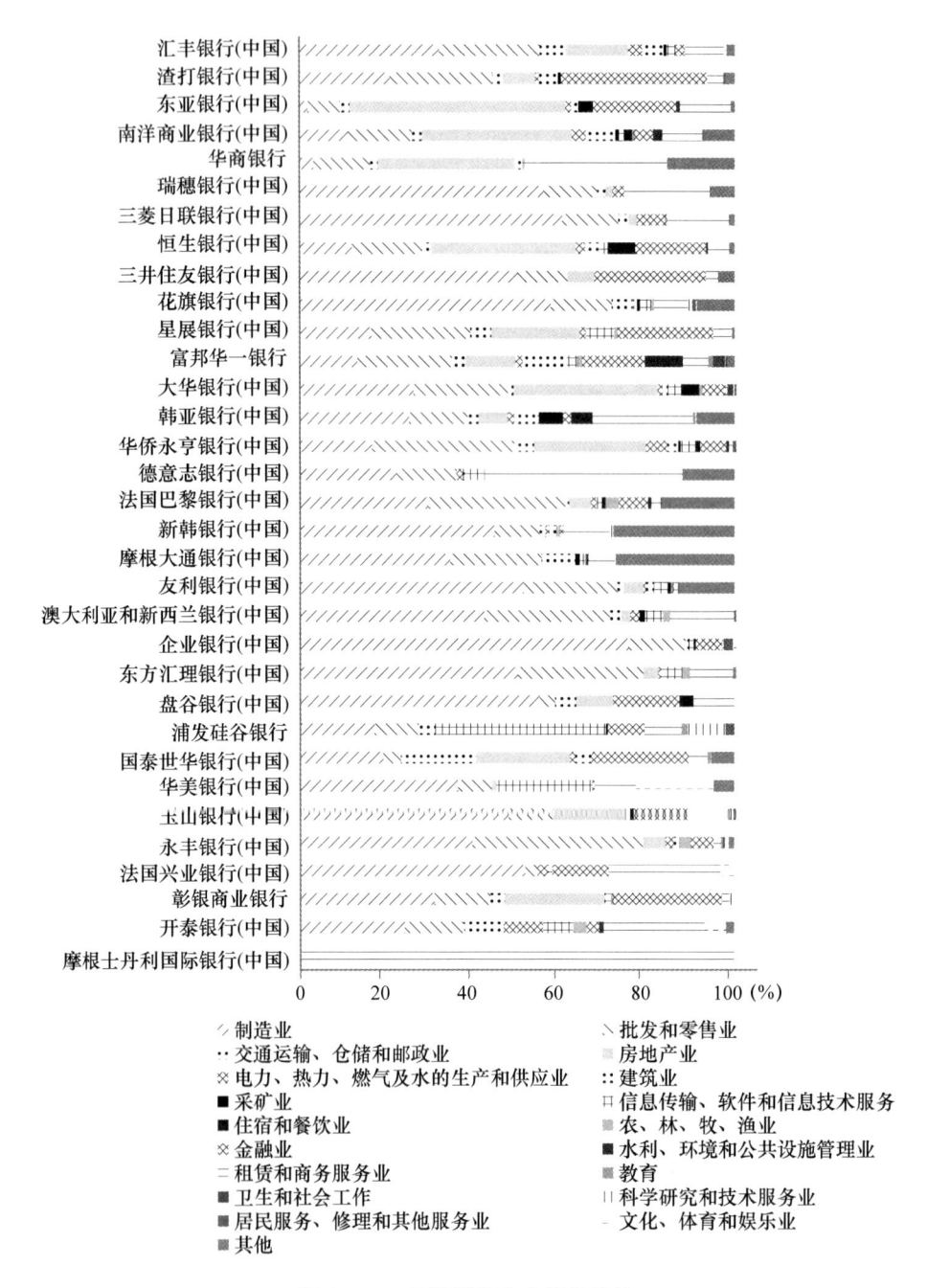

图 2-12 外资银行企业贷款结构

资料来源：Wind、外资银行年报。

表2-9 2019年第四季度各类银行企业贷款及投资、个贷情况（亿元）

	企业贷款及投资①（亿元）	个人贷款②（亿元）	企业贷款及投资占总资产比重（亿元）	个人贷款占总资产比重（%）
中资大型银行	531981	269474	39.2	19.8
中资中型银行	259666	133930	38.6	19.9
中资小型银行	235858	125354	34.3	18.2
外资银行	12266	1683	27.2	3.7
农村信用社	13808	14560	23.1	24.4

资料来源：CEIC、《中国人民银行统计季报》。

三 政府债及金融债券更受外资银行青睐，不过外资银行投资债券规模较小

总量上看，外资银行的债券投资规模不大。汇丰银行（中国）的整体债券投资规模最大，接近1700亿元，是排名第2的渣打银行的3.1倍，是第2名至第5名银行债券投资的总和。从投资结构来看，外资银行更青睐中国人民银行和政府发行的国债、地方政府债以及政策性银行金融债、银行及非银行金融机构发行的债券（见图2-13）。

四 合规和风险偏好是制约外资银行资产扩张的主要因素

从资产端来看，外资行的个人业务发展受限，主要服务于企业。但是近十几年来，中国企业质量整体有所提高，但外资银行整体的信贷规模反而相对有所下降。

企业贷款上，合规和风险偏好是制约外资银行企业贷款扩张的主要因素。外资银行人民币贷款受到诸多方面约束。其中，资本金不是限制外资银行信贷扩张的最主要因素，而主动约束（风险约束、资本回报率约束）影响更重要。其一，从风险约束来看，外资银行资本充足率较高，因此并

---

① 对应各类型银行资产负债表中"对非金融性公司债权"，为银行对非金融性企业发放的贷款、票据融资和对非金融性公司的投资等。

② 对应各类型银行资产负债表中"对其他居民部门债权"，为银行对其他居民部门发放的贷款等。

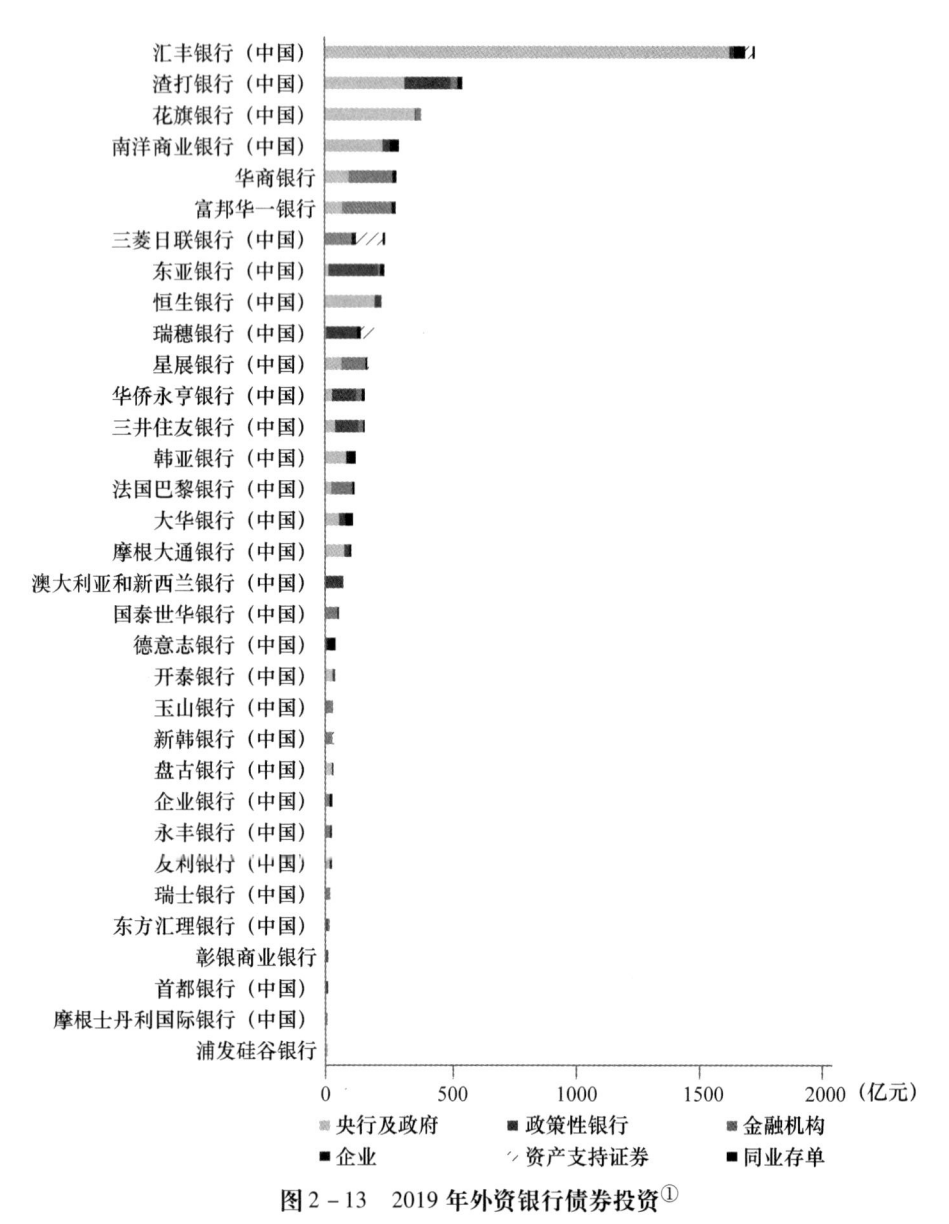

图 2-13　2019 年外资银行债券投资[①]

资料来源：Wind、外资银行 2019 年年报。

---

① 外资银行投资债券按照发行主体区分，包括境内与境外发行主体。债券资产取金融投资中交易性金融资产、债权投资、其他债权投资中投资债券部分，以及可供出售金融资产、持有至到期金融资产中投资债券部分。由于外资银行投资年报财务附注公布形式不一致，同业存单可能统计入金融机构债券。

不是因为资本金有限而要减少贷款。但外资银行面临风险偏好（资产质量、合规）方面的约束考虑，包括对整个中国市场的风险偏好、行业的风险偏好、单个客户的风险偏好，外资银行均不同于中资银行。其二，从资本回报率约束来看，为了增强资本回报率，外资银行相对较少依靠存贷款业务，并且更多依赖中间业务。外资银行的综合服务能力与国内银行情况存在差异，贷款等资产业务只是一部分业务，外资银行主观上更关注中间业务，尤其是国际业务（现金管理、汇兑、结算、海外发债等）。

第四节 外资银行的中间业务收入贡献较大

一 中间业务对总收入贡献较大，盈利较为多元化

中间业务是银行不动用自身资金提供金融服务的业务。银行的非利息收入就是指除利息收入外其他收入的情况，大体上对应于中间业务，具体包括手续费及佣金净收入、汇兑净收益、投资净收益、其他业务净收益、公允价值变动净收益、联营企业和合营企业的投资收益等。非利息收入占比为非利息收入占银行营业收入的比重，可以作为观察银行盈利多元化的指标。

外资银行中间业务的绝对规模较小，但在自身业务中的占比高于国内银行。2019年35家外资银行的平均非利息收入绝对规模为6.79亿元，不及国有大型银行非利息收入平均水平的1%。同时，非利息收入占总营业收入比（非利息收入占比）为32.9%，这一水平显著高于国有大型银行（27.0%），也高于全部商业银行2019年平均水平（21.9%），仅略低于股份制银行（33.4%）（见表2-10）。

表2-10　　　　　2019年年末各类银行非利息收入情况

	非利息收入（亿元）	非利息收入占比（%）	银行数量（家）
国有大型银行	1472.48	27.0	6
股份制银行	452.50	33.4	12
外资银行	6.79	32.9	35
商业银行整体	—	21.9	—

资料来源：Wind、银行年报。

从非利息收入的绝对规模来看,2019 年汇丰银行(中国)的非利息收入最高,为 46.6 亿元,这一水平大致为中国工商银行 2019 年非利息收入(2482.38 亿元)的 1.88%,高于股份制银行中的恒丰银行(37.9 亿元),位于城商行的中上水平。从非利息收入的业务占比来看,汇丰银行(中国)非利息收入占比为 36%,位于外资银行的中间水平,高于股份制银行(33.39%)和国有大型银行(27.02%)。外资行中,共有 7 家银行非利息收入占比超过 50%,包括正信银行、法国兴业银行(中国)、花旗银行(中国)、澳大利亚和新西兰银行(中国)、德意志银行(中国)、摩根士丹利国际银行(中国)、法国巴黎银行(中国),非利息收入占比分别为 90.3%、67.9%、57.8%、57.4%、56.0%、52.0% 和 50.3%(见表 2-11)。

表 2-11　　　　　　2019 年年末外资银行非利息收入情况

	外资银行	非利息收入(亿元)	非利息收入占比(%)
1	汇丰银行(中国)	46.60	36.0
2	花旗银行(中国)	34.36	57.8
3	渣打银行(中国)	23.61	34.2
4	三井住友银行(中国)	14.24	48.7
5	瑞穗银行(中国)	13.95	48.4
6	三菱日联银行(中国)	13.54	37.1
7	星展银行(中国)	12.76	46.8
8	东亚银行(中国)	10.24	18.0
9	南洋商业银行(中国)	9.29	35.3
10	德意志银行(中国)	8.80	56.0
11	法国巴黎银行(中国)	7.43	50.3
12	摩根大通银行(中国)	5.81	46.8
13	澳大利亚和新西兰银行(中国)	5.76	57.4
14	大华银行(中国)	5.27	38.7
15	恒生银行(中国)	5.18	22.9
16	华侨永亨银行(中国)	4.69	38.3

续表

	外资银行	非利息收入（亿元）	非利息收入占比（%）
17	法国兴业银行（中国）	3.59	67.9
18	韩亚银行（中国）	1.85	18.1
19	东方汇理银行（中国）	1.67	36.5
20	富邦华一银行	1.53	11.1
21	盘谷银行（中国）	1.23	28.5
22	玉山银行（中国）	0.97	36.6
23	企业银行（中国）	0.82	19.1
24	正信银行	0.77	90.3
25	新韩银行（中国）	0.75	12.8
26	首都银行（中国）	0.70	33.2
27	摩根士丹利国际银行（中国）	0.58	52.0
28	永丰银行（中国）	0.27	14.6
29	华商银行	0.26	1.3
30	国泰世华银行（中国）	0.24	9.3
31	华美银行（中国）	0.20	9.5
32	浦发硅谷银行	0.19	6.8
33	开泰银行（中国）	0.19	9.8
34	瑞士银行（中国）	0.14	19.5
35	彰银商业银行	0.05	2.9

资料来源：Wind、银行年报。

接下来，本节将重点介绍外资银行主要中间业务的市场准入情况，由于数据可得性原因，仅包含部分业务规模数据。

二 结售汇业务准入资格获取难度低，内外资银行竞争激烈

根据国家外汇管理局公布的名单，截至2019年12月31日，共计518家银行（或银行分行）具备即期结售汇业务资格，其中39家外资法人银行全部包括在内。该项业务获得资格的本土机构和外资机构较多，竞争较为激烈（见表2-12）。

表 2-12　　　　即期结售汇业务资格外资银行名单

澳大利亚和新西兰银行（中国）	摩根士丹利国际银行（中国）
大华银行（中国）	南洋商业银行（中国）
大新银行（中国）	盘谷银行（中国）
德意志银行（中国）	浦发硅谷银行
东方汇理银行（中国）	企业银行（中国）
东亚银行（中国）	瑞士银行（中国）
法国巴黎银行（中国）	瑞穗银行（中国）
法国兴业银行（中国）	三井住友银行（中国）
富邦华一银行	三菱日联银行（中国）
国泰世华银行（中国）	新韩银行（中国）
韩亚银行（中国）	新联商业银行
恒生银行（中国）	星展银行（中国）
花旗银行（中国）	永丰银行（中国）
华美银行（中国）	友利银行（中国）
华侨永亨银行（中国）	玉山银行（中国）
华商银行	渣打银行（中国）
汇丰银行（中国）	彰银商业银行
开泰银行（中国）	正信银行
蒙特利尔银行（中国）	中信银行国际（中国）
摩根大通银行（中国）	

资料来源：国家外汇管理局。

三　基金销售、托管业务开放稳步提升，不过外资获得业务资格仍较难

自 2013 年放开外资银行申请基金代销资质以来，共计 11 家外资法人银行具有基金销售资格（见表 2-13）。同时，托管业务方面，中国对外资银行托管业务开放程度也在稳步提高。截至 2020 年 9 月 1 日，在已经获得基金托管人资格的 48 家机构中（包括 28 家银行、17 家证券公司以及中国证券登记结算公司、中国证券金融公司和中金公司），渣打银行（中国）、花旗银行（中国）为目前获此资格的 2 家外资银行。此外，2020 年

4月4日,德意志银行(中国)和汇丰银行(中国)2家外资银行申请基金托管人资格材料也被证监会接收。

表2-13　　　　具备基金销售资格外资法人银行名单(11家)

1	汇丰银行(中国)	2	大华银行(中国)
3	东亚银行(中国)	4	星展银行(中国)
5	南洋商业银行(中国)	6	渣打银行(中国)
7	恒生银行(中国)	8	花旗银行(中国)
9	华侨永亨银行(中国)	10	摩根大通银行(中国)
11	华商银行		

资料来源:中国证券投资基金业协会。

虽然基金销售、托管业务的开放均有稳步提升,但外资机构仍然认为获得业务资格存在一定障碍。中国美国商会(American Chamber of Commerce in China)发布的2018—2020年《美国企业在中国白皮书》持续表达了对中国在托管业务方面进一步开放的关切。其在2019年曾提出建议,"允许在华外资银行分行为国内证券投资基金提供全面托管服务"。此后,2020年7月中国证监会和银保监会联合修订发布了《证券投资基金托管业务管理办法》,允许外国银行在华分行申请基金托管业务资格,开放程度进一步提升。从托管基金的存量份额(开放式+封闭式)来看,仍然是中资银行独占鳌头,其中托管规模最大的前六大机构中国建设银行、中国工商银行、中信银行、交通银行、兴业银行、中国银行,占比超过60%。

表2-14　　　　外资银行获批QDII额度情况 (亿美元)

银行	获批QDII额度	银行	获批QDII额度
汇丰银行(中国)	34	南洋商业银行(中国)	1.8
花旗银行(中国)	34	华侨永亨银行(中国)	1
渣打银行(中国)	20	法国巴黎银行(中国)	1
星展银行(中国)	8.85	法国兴业银行(中国)	1
澳大利亚和新西兰银行(中国)	3.15	恒生银行(中国)	0.3
大华银行(中国)	3	德意志银行(中国)	0.3

资料来源:国家外汇管理局。

四 QDII 理财和 QFII 托管业务方面，外资银行具有优势

对于 QDII 业务，外资银行提供海外理财服务具有优势，一直以来，外资银行的 QDII 额度占总的表外理财比重也最高。尤其在 QDII 额度方面，外资法人银行更有优势。根据外汇管理局数据，截至 2020 年 7 月底，各类银行的总额度是 148.4 亿美元，而外资法人银行就有 110.7 亿美元，占比约 74.6%。

对于 QFII 业务，外资银行在全球的资产托管业务领域具有丰富实践经验，还有各个区域的服务中心为托管提供全球性支持，业务的交易和清算更便捷有效。截至 2020 年 7 月，共计 19 家法人银行机构取得合格境外机构投资者托管资格，其中包括 6 家外资银行，具体是汇丰银行（中国）、花旗银行（中国）、渣打银行（中国）、德意志银行（中国）、星展银行（中国）、三菱日联银行（中国），而其他 13 家中资银行均为国有大行及股份制银行。

五 受制于合规、风控约束，外资银行错过理财业务发展黄金时期

中国银行业的理财业务在 2014 年后经历过整体的大规模增长。其中股份制银行增长最快，2017 年年初规模约为 2015 年年初的 2 倍。"资管新规"实行后，非保本理财规模增长有所放缓。由于严格的合规管理和要求，外资银行业没有像中资银行一样发展"非标"和"资金池"业务，其理财业务未能像中资机构那样实现快速增长，2015 年 1 月存续余额为 0.41 亿元，2017 年 12 月为 0.37 亿元，几乎未能实现发展。截至 2019 年年底，外资银行非保本理财产品存续余额仅 0.09 亿元，占各类银行总体理财产品余额的 0.38%，而同期的国有大型银行规模为 8.53 亿元，占比为 36.46%；全国性股份制银行规模为 9.72 亿元，占比为 41.52%；城市商业银行规模为 4.03 亿元，占比为 17.2%；农村金融机构存续余额为 1.02 亿元，占比为 4.36%（见图 2-14）。

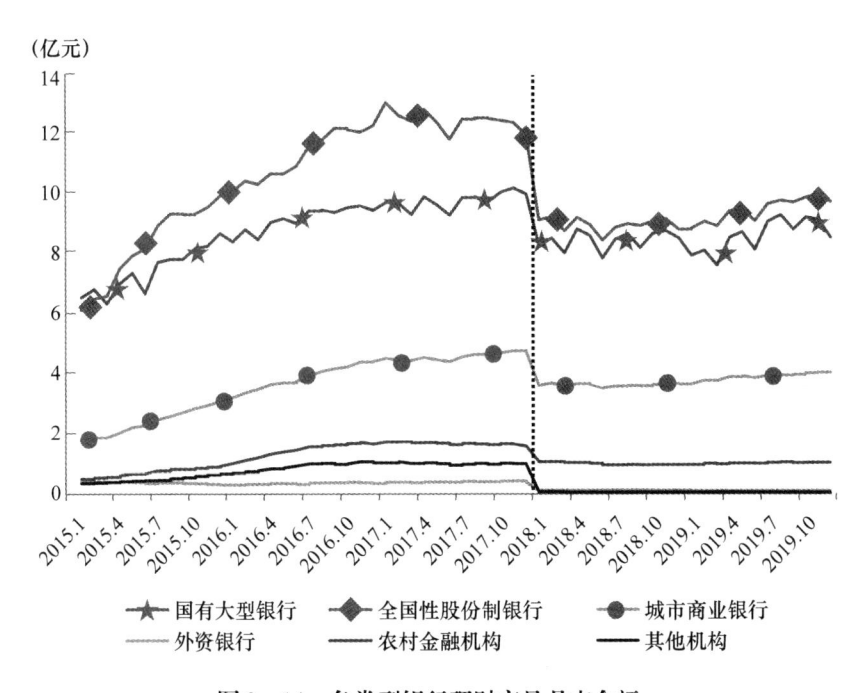

第二章 外资银行在华发展的新机遇、老问题

图2-14 各类型银行理财产品月末余额

注：2015年1月至2017年12月数据统计的是保本及非保本理财产品的余额，2018年1月开始仅统计非保本理财产品余额。

资料来源：中国理财网。

表2-15　　具有开办代客远期权衍生产品业务资格外资银行名单

汇丰银行（中国）	首都银行（中国）	新韩银行（中国）	德意志银行（中国）
东亚银行（中国）	盘古银行（中国）	友利银行（中国）	瑞士银行（中国）
南洋商业银行（中国）	永丰银行（中国）	国民银行（中国）	花旗银行（中国）
恒生银行（中国）	玉山银行（中国）	企业银行（中国）	摩根大通银行（中国）
中信银行国际（中国）	澳大利亚和新西兰银行（中国）	大华银行（中国）	蒙特利尔银行（中国）
大新银行（中国）	法国巴黎银行（中国）	星展银行（中国）	富邦华一银行
华侨永亨银行（中国）	法国兴业银行（中国）	瑞穗银行（中国）	开泰银行（中国）
华商银行	东方汇理银行（中国）	三井住友银行（中国）	国泰世华银行（中国）
韩亚银行（中国）	渣打银行（中国）	三菱日联银行（中国）	

资料来源：国家外汇管理局。

表2-16　具有开办代客远期、掉期衍生产品业务资格外资银行名单

汇丰银行（中国）	永丰银行（中国）	华侨永亨银行（中国）	渣打银行（中国）
东亚银行（中国）	玉山银行（中国）	国民银行（中国）	德意志银行（中国）
恒生银行（中国）	法国巴黎银行（中国）	星展银行（中国）	摩根大通银行（中国）
中信银行国际（中国）	法国兴业银行（中国）	瑞穗银行（中国）	蒙特利尔银行（中国）
大新银行（中国）	东方汇理银行（中国）	三井住友银行（中国）	富邦华一银行
首都银行（中国）	国泰世华银行（中国）	三菱日联银行（中国）	开泰银行（中国）

资料来源：国家外汇管理局。

六　在衍生品、外汇做市专业领域，较多外资银行获得了业务资质

外资银行大多具备外汇衍生产品业务资质。根据国家外汇管理局公布的名单，截至2019年12月31日，共计35家外资法人银行已具有开办代客远期、掉期衍生产品业务资格，24家外资法人机构已具有开办代客期权衍生品业务资格。

从2006年开始，国家外汇管理局在银行间外汇市场引入做市商制度，推出即期询价交易。截至2019年5月8日，总共38家法人银行及分行获得做市商资格，其中15家为外资银行，其占比约为40%。

表2-17　银行间外汇市场外资银行做市商名单（截至2019年5月8日）

外资银行	即期做市商	远掉做市商	即期尝试做市机构	远掉尝试做市机构
花旗银行（中国）	√	√		
汇丰银行（中国）	√	√		
三菱日联银行（中国）	√	√		
法国巴黎银行（中国）	√	√		
瑞穗实业银行（中国）	√	√		
星展银行（中国）	√	√		
摩根大通银行（中国）	√	√		
渣打银行（中国）	√			√
德意志银行（中国）	√			√
三井住友银行（中国）	√			√

续表

外资银行	即期做市商	远掉做市商	即期尝试做市机构	远掉尝试做市机构
蒙特利尔银行（中国）	√			√
美国银行上海分行			√	√
东方汇理银行（中国）			√	√
法国兴业银行（中国）			√	
东亚银行（中国）				√

资料来源：国家外汇管理局。

七　债券发行和承销资格仍是外资银行十分关切的开放领域

外资银行对债券发行和承销问题十分关注，美、日、欧商会近三年来在银行业业务准入资格方面的诉求都提及了相关问题，具体包括放开债券承销资格、放开非金融企业债券的主承销商资格，等等。

目前获得债券发行承销资格的外资银行有：汇丰银行（中国）、摩根大通银行（中国）、渣打银行（中国）、花旗银行（中国）。

表2-18　　　　　　　　债券发行和承销业务总览

银行	资质
瑞穗银行（中国）	中国农业发展银行金融债券承销团、国家开发银行金融债券承销团、银行间债券市场尝试做市机构、银行间非金融企业债务融资工具承销商
三菱日联银行（中国）	一级交易商、中国进出口银行金融债券承销团、国家开发银行金融债券承销团、银行间非金融企业债务融资工具承销商、银行间债券市场尝试做市机构
法国巴黎银行（中国）	银行间非金融企业债务融资工具A类主承销商、债券通做市商、银行间债券市场尝试做市机构、银行间债券市场结算代理人
渣打银行（中国）	上海市政府债券承销团、中国农业发展银行金融债券承销团、一级交易商、国债承销团、银行间非金融企业债务融资工具B类主承销商、债券通做市商、银行间债券市场做市商、银行间债券市场结算代理人
德意志银行（中国）	青岛市政府债券承销团、银行间非金融企业债务融资工具A类主承销商、债券通做市商、银行间债券市场尝试做市机构、银行间债券市场结算代理人

续表

银行	资质
花旗银行（中国）	一级交易商、国债承销团、银行间非金融企业债务融资工具承销商、债券通做市商、银行间债券市场做市商
摩根大通银行（中国）	国债承销团、银行间非金融企业债务融资工具承销商、银行间债券市场做市商
富邦华一银行	国家开发银行上海证券交易所金融债券承销团、国家开发银行深圳证券交易所金融债券承销团、重庆市政府债券承销团、宁波市政府债券承销团、江苏省政府债券承销团

资料来源：中国人民银行（4.30公开市场业务一级交易商名单）、中国货币网（银行间债券市场做市名单），截至2020年7月15日，中国银行间市场交易商协会。

在非金融企业债券承销资格的申请条件方面，中国银行间交易商协会公告表明，申请A类承销商的评价对象为获得非金融企业债务融资工具承销业务资格满一年且具备以下条件的外资银行类会员：(1) 母行集团在近一年度全球系统重要性银行名单内；(2) 母行集团近三年债券主承销金额平均值超过200亿美元；(3) 近一年度银保监会监管评级不低于2级等。目前，取得A类主承销商资格的外资行包括，德意志银行（中国）和法国巴黎银行（中国），这两家机构也是2019年9月2日首批取得A类主承销商资格的银行。同时，取得B类主承销资格的外资银行有：汇丰银行（中国）、渣打银行（中国）；取得B类承销资格的外资银行有摩根大通银行（中国）、花旗银行（中国）。

在公开市场业务一级交易商方面，市场中的一级交易商上限为40家机构。目前一级交易商名单中包括了4家外资银行，为汇丰银行（中国）、花旗银行（中国）、渣打银行（中国）和三菱日联银行（中国）。

八　业务限制和外资银行不适应是制约外资银行中间业务开展的原因

整体来看，外资银行中间业务开展主要受到三方面因素制约，具体包括：业务准入、国内金融市场和金融监管不成熟，以及外资行自身的合规体系。第三个因素在前文已经涉及，这里主要分析前两个因素。

其一，在债券承销方面，外资银行获得承销商资格较难。调研访谈中，某外资机构表示其在海外债券业务方面具有非常丰富的实践经验，参与的债券发行、交易规模十分可观，但其目前也未获得 A 类主承销商资格。2019 年 9 月，德意志银行（中国）和法国巴黎银行（中国）才成为首批获得银行间债券市场非金融企业债务融资工具 A 类主承销业务的外资银行。对于深耕中国市场的外资行来说，目前其争取 A 类主承资格更重要的是战略投入，利润是次要的考虑因素。这类问题属于导论中描述的障碍因素二问题。

其二，在外汇业务上，衍生品人民币保值工具的"实需"监管要求缺乏灵活性，相关监管规则还需要进一步完善。目前，衍生品人民币保值业务已经向外资银行开放，市场参与也比较活跃，但银行实际操作中存在较大困难。从企业和银行角度来看，在考虑对冲一整年所面临的汇率和利率波动风险进行报表保值时，可能采用以下方式安排外汇：1/3 现结，1/3 为外汇远期，剩余 1/3 任其浮动，无法报出"实需"数据。而从外汇管理的角度看，有"实需"的外汇业务才是合法合规的业务，现有规定要求"实需"业务逐笔核销，也妨碍了企业一揽子保值计划实施。这类困难属于导论中描述的障碍因素三问题。

此外，在衍生品市场上，中国国债、外汇衍生品市场发展尚不成熟。债券投资缺乏定价参考标准，缺乏价格发现的工具，例如国债远期指数等，机构难以利用期货、期权等衍生工具进行风险规避，这也制约了银行业相关业务发展。这类问题属于导论中描述的障碍四因素问题。同时，部分衍生品市场参与政策实行顺序在实质上存在先中资后外资的情况。调研访谈中了解到，某些业务（例如 CDs）还存在最先由外资银行提出，但是最后却未能参与的情况。对于这些问题，监管部门有其审慎的考虑，不过从外资机构的角度来看，参与标准的制定过程和标准本身的透明度还有待进一步提升。

在银行理财业务上，外资银行由于自身更严格的合规和风控而错过了业务扩张的黄金期。早期银行理财业务快速发展时，中国相关的监管措施还未跟上，各类银行的表外理财业务急剧扩张，外资银行囿于更严格的合规和风控体系，几乎没有参与到影子银行、地方城投债等相关业务上，表外理财业务规模几乎没有变化。中国美国商会 2020 年报告对资管业务也提出要求，建议明晰财富管理公司的业务经营范围，包括允许开展的业务范围、程度等。近年来，中国在相关领域的监管措施也不断在完善、健全，这些改进也有助于外资金融机构更深度地参与到中国金融市场当中。

国内金融市场和金融监管不够成熟，也使得外资银行带来的海外客户流量不及预期。外资行在海外具有资源上的优势，监管部门也寄希望于外资银行开展债券承销等各类业务吸引海外投资者，但实践中效果并不明显。调研访谈中，有外资银行认为能否给中国市场带来流量还取决于中国市场能否提供海外投资者期望配置的金融产品，本质上取决于市场吸引力、制度友好性、操作便利性等方面。而投资者是需要逐步培养的，银行中介只是管道而已，市场和制度才是核心。也有外资银行认为，QFII、RQFII 的额度取消以及"债券通"之类的各种管道开放工具，可用性欠佳。其一，QFII 的投资者需要考虑外汇风险，同时又缺乏汇率风险的控制工具，而且还面临着外汇管制的限制。其二，RQFII 缺乏流动性，愿意持有直接以人民币计价的资产的国际投资者较少。

第五节　为什么外资银行"越小越不行"？

一　外资银行规模偏小、发展慢、盈利能力偏弱

自中国 2001 年加入 WTO 开始，外资银行在华实现了长远发展，全球主要系统性重要银行都实现了在中国布局发展。外资银行在华发展历经萌芽、法人化，如今进入中国金融对外进一步开放的"快车道"，发展前景广阔，但是外资银行在华的本土化发展也面临着一些挑战。

从外资银行发展的历程和现状来看，外资银行无论是从数量、资产规模，还是从业务开展范围、盈利规模上比较，都与国内主要中资银行存在一定的差距。外资银行在中国的营业网点仍然偏少，有 24 家外资法人银行的营业网点数不足 10 个，与国内各商业银行的分支机构数有巨大差距。规模小、业务开展相对有限、利润主要来自大城市业务。外资银行业务开展范围有限，特别是零售业务开展较少，规模化程度总体不高。外资银行的盈利能力相对偏低，外资银行的 ROA（Return on Assets）低于中资大型商业银行、股份制商业银行、城市商业银行、农村商业银行、民营银行的 ROA（见图 2-15）。

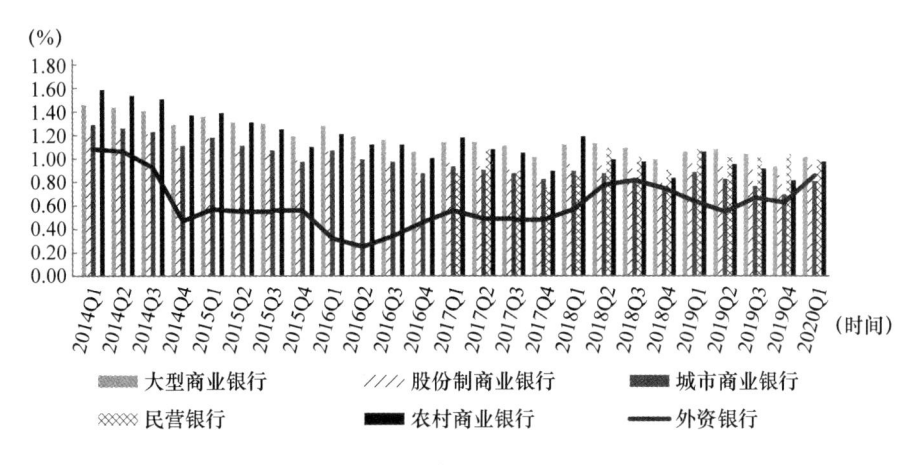

图 2-15 各类银行的 ROA 表现

资料来源：Wind 金融数据终端，中国人民银行。

二 外资银行发展面临哪些困难？

在本章前三节对于负债、资产和中间业务的梳理中，我们可以看到：银行业开放中存在的多重障碍对外资银行各类业务的发展产生了事实上的影响。除了这些障碍对于各类业务的单独影响，还有一些共性问题制约了外资银行发展。

一是外资银行战略定位从一开始也不是资产扩张型。外资银行在中国设立子行或者分行，除了中国超大规模市场的吸引力，对母行或者集团公司而言，更重要的可能是出于全球战略布局的需要。母行或者集团公司制定发展战略时是考虑全局最优，而不是单个市场或者国家业务最优。此外，外资银行更注重综合服务能力，贷款仅仅是其中一项业务，正如本章已经分析的，外资银行自身的风险约束、资产回报率约束也主动限制了其贷款业务发展。相应地，外资银行更重视中间业务发展。但是，即便是轻资产的状态，也难以改变外资银行利润同样偏低的事实。从外资银行占商业银行比重的指标来看，其利润占比相较于资产占比总体更低（见图 2-16）。这意味着，外资银行的展业更多是需要与成熟的金融市场相匹配，中国金融市场的发展不成熟会制约其业务的开展，继而抑制外资银行的利润获取。

二是外资银行未能适应中国市场环境，水土不服阻碍了业务发展。从负债端来看，存款和理财是银行服务居民和企业的不同方式，各自有一套

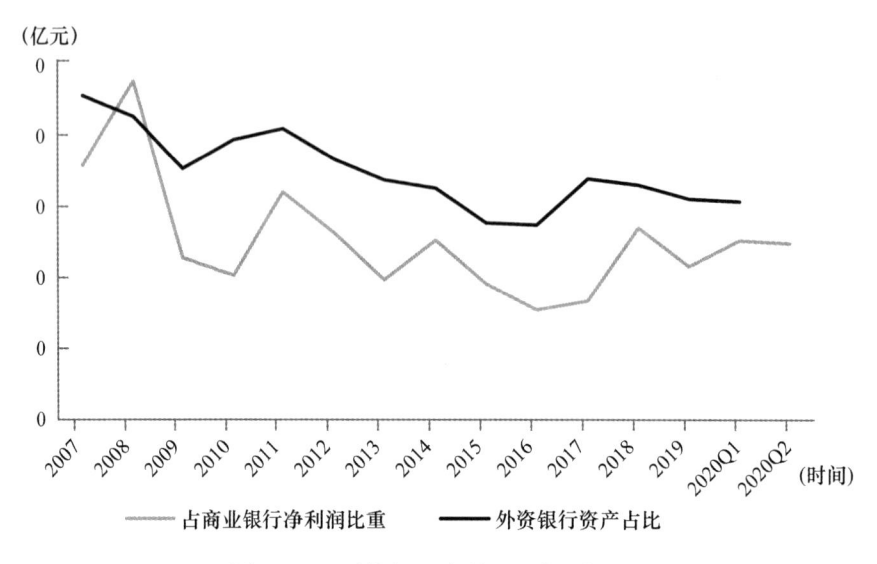

图 2-16 外资银行净利润及占比情况

资料来源：Wind。

符合中国市场逻辑的模式。外资银行个人存款占比极低，受限于网点较少等因素，存款零售业务发展也不尽如人意。外资银行由于自身合规和风控限制，错过了表外理财黄金发展期，也未能发挥其品牌和服务的优势吸引更多高净值客户，近年来理财规模扩张几乎处于停滞状态。从资产端来看，中资银行贷款增长较快的行业与普惠金融、中小微企业贷款、高科技相关，而外资银行也较少涉及这些领域。从整体商业环境来看，国内的会计制度和审计制度与国际不对接对于外资机构影响较大，资本金融账户的不完全自由可兑换和外汇衍生品交易的实需原则也制约了外资银行业务开展有相对比较优势业务的空间。

三是外资机构难以达到一些业务资质的门槛要求，但是一定程度上这些资质门槛也有待进一步完善、多考虑外资机构的特点和实际运营情况。一方面，资产规模和资本金等业务资质的门槛存在硬性要求。从规模上看，境内的外资银行，无论是资产还是经营业绩，其体量一般远远小于本土银行，外资银行的资产占比不足2%。由于目前很多市场准入规则对申请主体的资产或资本金规模都有硬性要求，外资银行在体量上与本土银行的差距使其无法获批开展新业务或进入某些细分市场,而其境外母行的规模和资质并不被计入考量,这在某种程度上进一步导致了外资银行市场份额的萎缩。

另一方面,在一些技术细节上,现有的监管规则也主要参考的是中资机构的运营和实践。这对于中外资银行是采取了同样的标准,但实质上外资机构在展业过程中感受到了更多的障碍。由于过去的行业规则、标准制定过程往往缺乏外资银行的参与,这也造成行业规则、标准较少体现、反映外资银行的特点。在这方面,外资银行对于重启大额存单发行这一政策的抱怨较多。外资机构认为,目前的一些牌照、资质标准较少考虑外资机构的特点,特别是母行在相关业务领域的经验和优势,这也对其发展形成了约束。因此,金融监管标准和业务准入标准的完善,既要考虑中国金融市场发展的历史阶段和现实考虑,也要兼顾外资机构的特点,需要充分调动各类主体积极性、各方面的金融资源,才能更好地服务于中国的实体经济。

四是金融监管合规成本较高。一方面,填报监管合规文件工作烦琐。有外资银行反馈,每年要报送约 5000 个报告给监管机构,数据工作非常烦琐,这对规模较小的银行尤其困难。调研中有外资银行谈到,虽然政策允许外资银行同时设立法人和分行,但开设一家分行的合规成本非常高,一年所需提交的合规性报告甚至达 3 万多份,包括审计和统计报表等,相比于新开一家分行所获得的牌照、资质的收益,成本过高。

另一方面,分业监管背景下跨部门沟通协调困难。外资银行需要就监管发文条款与监管部门沟通,尤其在加强监管的背景下,这种沟通较为频繁。但是有些条款的沟通跨监管部门处室甚至跨不同监管部门,沟通成本高、耗时长,而且有时不一定能得到反馈。另外,具体的监管机构本身获得的授权有限,监管机构的整合、人员变化、职责变化也一定程度上会影响到外资机构与监管机构的沟通。类比外资银行与海外监管机构的沟通经验,海外监管机构出台的规则尽量表述明确、打补丁比较及时,因此应对市场变化也比较灵活,金融机构与监管机构沟通互动有效。以发行资本补充工具为例,中国政策本身允许外资银行发行资本补充工具来补充资本,但事实上外资银行较少选择此种方式。除了外资银行可向母行或者集团融资的原因外,也涉及需要与监管机构做资本认定等沟通工作,沟通协调较为困难。

五是监管规定可执行性欠佳、金融开放政策有时缺乏有效配套措施。中国监管规定透明度很高，但是缺乏细则，执行过程中容易出现不清晰、不准确的问题。例如，《网络安全法》要求银行应将"重要信息"存放于境内服务器，但关于"重要信息"目前仍然缺乏细则和标准，因此执行中面临较多的模糊地带，这也给外资银行的合规带来了风险甚至不确定性。

另外，金融开放措施有时缺乏配套的政策支持。例如，允许外资银行同时设立法人和分行的开放政策，新设立的分行能否与母行共享系统、管理人员至关重要。这是因为，外资银行在华开设分行，结算系统必须与母行进行匹配，如果不能与母行共享系统，外资银行就需要权衡是否有必要为了在华开设分行而开发新的系统，否则将进一步大幅提高成本。而现实情况是，在分行的操作系统又必须要使用人民币为计价单位，操作语言必须使用汉字，这样的系统又与母行系统存在较大差异，难以进行匹配。这就给外资银行展业提高了成本。

三　未来展望

外资银行面临的金融开放环境在过去的一段时间有了较为显著的改善。一方面，外资银行吸取经验，主动"接地气"适应中国市场环境。例如，部分外资银行开始细分中国市场发展战略，由原来较粗略的整体中国战略细分到每个省市区，考虑每个地区特点进行差异化定位。再如，在观察到了中资银行贷款增速最快的是与普惠金融、小微企业、制造业、高科技相关的行业之后，外资银行也积极调整业务结构，某些外资银行甚至专门设立了服务小微的支行。又如，顺应中国数字金融快速发展趋势，某些外资银行将全球科技研发机构落至中国，积极参与金融科技领域创新，努力与国内机构处于业务发展的相同起跑线。

另一方面，外资银行曾经在华面临的一些劣势有望转化。例如，随着金融科技的发展，银行物理网点的作用下降，外资银行在网点布局上的劣势可能转化为历史包袱较轻的优势。再如，外资银行多年来在全球各市场深耕财富管理行业，随着中国财富管理行业的发展和混业经营态势的出现，外资银行在华竞争力有望进一步增强，市场规模有望提升。

第三章　外资基金发展好于外资证券公司

证券基金业是金融体系的有机组成部分,是直接融资体系和多层次资本市场建设的基本部门支撑,也是中国金融开放的重点领域。证券基金业对外开放整体取得了积极进展,外资基金公司发展势头良好,外资金融机构已成为中国股票市场、债券市场的重要参与者。当然,受制于中国金融开放的整体进程影响,外资券商发展偏弱,一级市场参与较低,业务准入受限等问题较为突出,证券基金业的开放仍然具有较大空间。

表 3 – 1　　　　　　　　　中国加入世界贸易组织相关承诺

服务种类	承诺内容
交易形式	外资证券机构可不通过中介机构直接参与 B 股交易,拥有获得各交易所特别会员席位的资格;"入世"三年后,可从事包括新产品在内的 B 股、H 股、政府债券和公司债券
一级市场	可通过外资股权占少数的合资券商从事包括 A 股、B 股、H 股、政府债券和公司债券的证券发行任务,但外资股权比例最高不得超过 33.3%
资产管理	可通过外资股权占少数的合资券商从事资产管理,其中外资比例最高不超过 33.3%,加入 WTO 后的三年内,外资比例不超过 49%
咨询服务	咨询服务及其他辅助性金融服务,包括信用查询和分析,投资与有价证券研究与咨询,公开收购及公司重组,等等

资料来源:邱润根、张志勋:《我国金融业的入世承诺与法律监管体制的调整》,《企业经济》2006 年第 4 期。

第一节 证券基金业对外开放进展显著,但仍有很大空间

一 证券业对外开放的历史脉络

中国证券市场发展起步较晚,但在发展起步不久的20世纪90年代中期,中国证券业就开启了对外开放进程。进入21世纪以来,中国证券业对外开放大致可以分为两个阶段:履行WTO承诺阶段(2001—2017年)和更大范围开放阶段(2018年至今)。

(一)履行WTO承诺阶段(2001—2017年)

2001年加入WTO后,中国金融开放进程加快脚步。"入世"后,中国做出承诺,要稳步推进金融市场开放,其中证券业开放体现为机构设立和业务开展两个方面。在机构设立方面,中国承诺允许外国资本在一定股权范围内投资金融机构,取消外资机构地域限制,等等。在业务开展方面,开放举措主要包括四方面:(1)外国证券机构可以不通过中方中介,直接从事B股交易;(2)外资银行有资格获得各交易所的特别会员席位;(3)允许设立中外合资的基金管理公司,从事国内证券投资基金管理业务,外资比例在加入时不超过33%,加入后3年内不超过49%,(4)3年内允许设立中外合资证券公司,从事A股承销、B股和H股以及政府和公司债券的承销和交易,外资比例不超过1/3。

此后,证券业开放逐步实现了加入WTO时的政策承诺,合资券商、期货公司和基金公司不断发展起来。2008年国际金融危机爆发,为维护中国金融稳定和安全,中国证券业开放进程有所放缓,金融开放的具体形式以促进合资机构业务发展、合格境外机构投资者、合格境内机构投资者等制度建设为主。

(二)更大范围开放阶段(2018年至今)

2018年以来,中国金融改革深入发展,金融开放步伐不断加大,证券业开放进入提速阶段,整体呈现出更大范围的开放。2018年4月28日,中国证监会正式发布《外商投资证券公司管理办法》,一方面明确允许外资控股合资证券公司,逐步放开合资证券公司业务范围,另一方面,多家

第三章 外资基金发展好于外资证券公司

本土券商获批试点跨境业务。广发证券、中金公司、中信证券、招商证券等成为第一批获得跨境业务试点资格的机构。2018年11月,瑞银集团经核准变更为瑞银证券实际控制人,标志着国内首家外资控股证券公司设立,这是中国证券业开放进程的重要里程碑事件。

金融开放政策对于外资金融机构的未来布局和发展具有重要的意义。这从本项研究的问卷调查可以体现出来,67.8%的受访者认为中国金融开放明显改善,其中美国、欧盟的受访者觉得改善程度明显,尤其是美国受访者觉得改善程度明显的比例更高(具体参见本书第六章)。对于金融开放政策是否为未来在华金融机构发展最大机遇,美国较多受访者对此深表认同,但是欧盟和日本受访者则对中国金融开放政策的机遇呈现相对中性态度,欧盟认为母公司战略对在华金融机构的未来发展更为重要(具体参见本书第六章)。

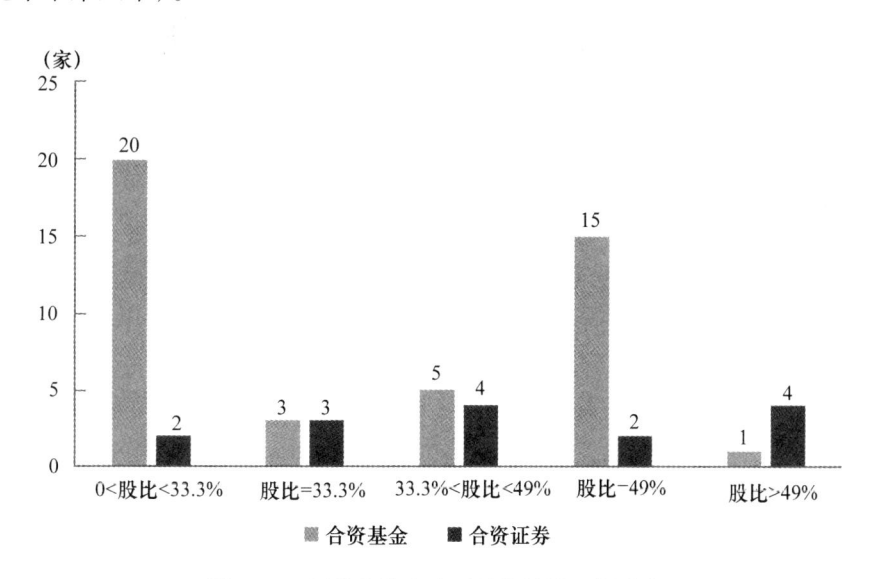

图 3-1 证券和基金公司外资控股比例分布

资料来源:笔者根据证监会数据绘制。

截至2020年7月,中国共有15家外资参股证券公司和44家外资参股基金公司。① 在15家外资参股证券公司当中,外资持股比例达到49%及以

---

① 出于表述简明的考虑,以下将外资参股机构和外资独资机构统一称为"外资机构"。

上的券商共 6 家，其中有 3 家合资券商拥有全牌照证券业务资质，包括中金、瑞银和中银国际。[①] 另外 6 家是以投行业务为核心的外资证券子公司，包括高盛高华、东方花旗等。申港证券、华菁证券、东亚前海证券、汇丰前海证券 4 家 CEPA 协议券商拥有 2 项或者 3 项业务资格。

在中国 44 家外资参股基金公司中，有 16 家外资股权占比达到 49% 及以上（详见图 3-1）。目前中国有 1 家外商参股也是外商独资期货公司，美国摩根大通持有 100% 股份。此前，银河期货是第一家外资参股期货公司，不过 2019 年外资股东苏皇金融期货亚洲有限公司已经将股份转让给银河证券。另外，瑞银期货为瑞银证券 100% 控股全资子公司。

第二节 外资基金发展快于券商，不过整体业务仍有待发展

一 外资券商数量有限，行业排名普遍偏低

中国证券行业发展历程较短，合资券商发展历程则更短，但外资券商整体与中国证券业改革开放是呈现同步发展状况。回顾 21 世纪以来合资券商发展历程，合资券商在中国证券市场发展主要经历了三个阶段。

第一阶段是 2001—2012 年。随着中国加入 WTO，中国逐步兑现对外开放承诺，对合资券商采取分阶段放开方式，具体体现在股权比例限制和业务范围限制。这一阶段共计 11 家合资券商相继设立，境外股东谋求开拓中国市场，而境内股东希望吸取海外大投行管理经验，借助品牌和资源优势获得更广阔的发展空间。但是，外资券商在中国证券市场发展并不一帆风顺。2007 年 1 月，长江巴黎百富勤发布公告，法国巴黎银行将其持有的 33.33% 股权转让给长江证券。长江巴黎百富勤是中国第 3 家合资券商，然而在设立后业绩不佳，连年处于亏损状态，成为第一家宣告退出的合资券商。

第二阶段是 2013—2017 年。在这一阶段，由于证券市场较为疲软或波动较大，合资券商陷入发展困境，合资券商出现退出潮。2013 年 8 月

[①] 事实上，中金公司在监管部门和市场参与者眼中与内资机构并无显著差别，因此在后文分析和调研访谈过程中，并没有过多涉及中金公司。

CEPA框架签署补充协议，允许符合条件的港资、澳资金融机构在内地设立合资证券公司。其中股权比例上允许港资、澳资股比最高可达51%，内地股东不限于证券公司；业务范围上允许申请多业务牌照。在CEPA框架范围内，中国陆续批准了4家合资券商，即申港证券、华菁证券、汇丰前海证券、东亚前海证券。但是，在此期间，部分老牌合资券商陷入发展困境。截至2017年年末，共计4家合资券商或转让境外股东股权或变卖全部股权，退出中国证券市场。

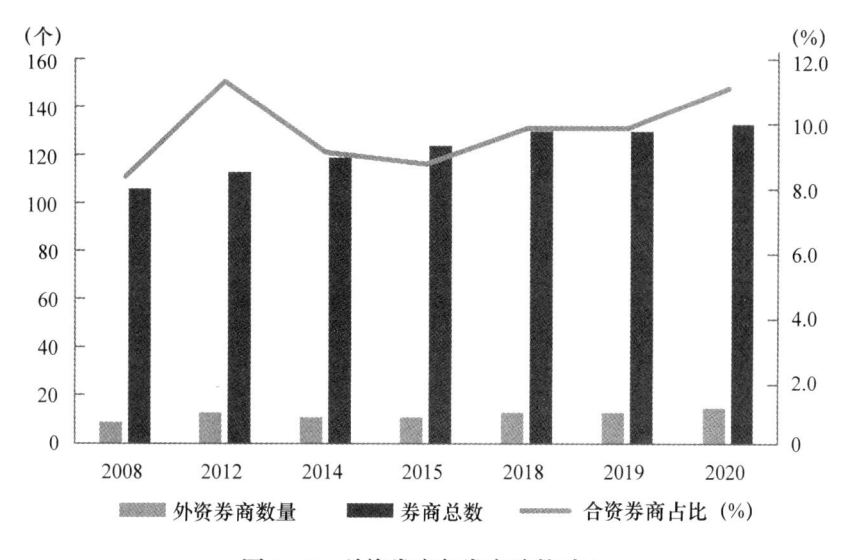

图3-2 外资券商与券商总数对比

第三阶段是2018年至今。这一阶段，中国逐步开启金融业更大范围开放进程，2018年证券公司股东放宽外资股比上限至51%。2020年4月，中国证监会取消证券公司、基金管理公司外资股比限制。2020年8月28日，证监会公告核准设立大和证券（中国）有限责任公司，株式会社大和证券集团总公司持股51%，两家内资股东合计持股49%。这是2014年离场后，大和证券集团时隔六年再次回归中国内地证券公司行业。

2012年以前，外资券商家数呈上升状态，在整个市场的占比亦在提升，但是在2012年后，外资券商退出较多，家数占比有所下降。随着2018年中国宣布将更大范围扩大金融业开放，更多外资券商又开始进入中国,家数占比又有所提升。

截至2020年7月,中国共有15家外资证券公司经营,[①] 这些机构主要来自发达国家和地区。其中,来自美国有4家、中国香港地区有3家(详见图3-3)。在现有13家外资证券公司中,中金和瑞银是具有全牌照证券业务资质的外资券商,其他券商则大多持有证券承销牌照。2018年以前,外资证券公司因受业务牌照限制,难以开展全面的证券业务,无论是业务规模还是收入,多数外资证券公司难以进入国内证券公司行业前列。

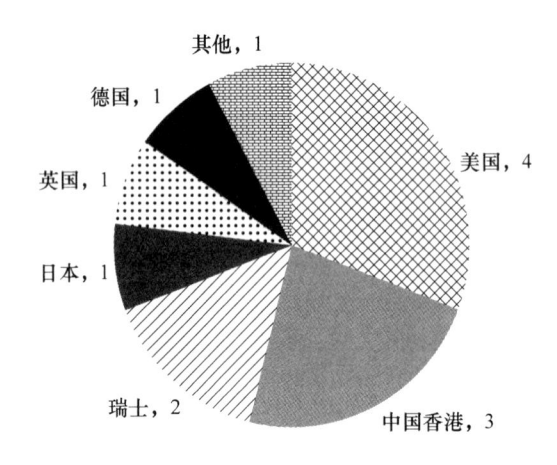

图3-3 外资券商境外投资者来源分布

注:其他为中金公司,由于中金公司境外股东分别来自中国香港、美国等不同地区,因此统计为其他。

资料来源:笔者根据证监会资料整理。

外资金融机构在华业务发展业绩整体不佳,这一问题在我们团队的问卷调查中也有突出的体现,较高比例的外资金融机构(16/28)认为外资金融机构在华业务的机遇和挑战并存且二者程度大致相似,同时欧盟受访者甚至认为挑战大于机遇,而美国受访者则认为机遇大于挑战(具体内容参见本书第六章)。

从实际表现来看,外资券商的行业排名普遍靠后。目前15家合资

[①] 证监会公布合资券商为15家,由于中银国际证券与光大证券实质为中资控股,故严格意义上为13家合资证券公司。

券商中，除中金公司2019年各项排名相对靠前，剩余合资券商注册资本金较为有限，经营规模亦较小，各项指标排名均在60名之后，低于计入排名的券商中位数。2019年中金公司营业收入108亿元，净利润42亿元，总资产2369亿元，净资产4183亿元，分别排名13位、11位、10位、13位。部分合资券商包括摩瑞信方正、汇丰前海等4家合资券商净利润为负，处于亏损状况。外资券商各项排名整体靠后，属于行业靠后水平。

二 外资基金发展迅速，外资持股比例依然偏低

中国正式加入WTO之后，基金业开放成为一个现实的政策要求。根据中国加入WTO的开放承诺，"入世"后外资即可持有基金公司或证券公司33%股权，三年后可最多持有至49%股权。2002年12月16日，国泰君安证券股份有限公司和德国安联集团设立合资基金——国安基金管理公司的申请获准筹建。这是中国证券基金业开放迈出的重要一步，标志着外资可以正式参与国内证券投资业务，同时这也是中国在履行WTO承诺方面迈出的重要一步。

目前，外资基金公司已经成为中国证券投资基金行业的重要组成部分。截至2020年6月，外资基金公司数量已经发展到44家，其中券商系基金为17只，其次是信托系和银行系基金，均为11只，保险系基金为3只，其他派系基金为2只。在基金管理规模前10名的公募基金公司中，有4家为外资基金，在资金规模11—20名的公司中，有6家为外资基金，在资金规模排名21—50名的基金中，有17家合资基金，占比为56.7%；而在排名为51—100名和100名以后的公募基金中，外资基金占比为28%和7.5%。

从基金资产净值、基金数量两方面来看，外资公募基金重要性同样不容忽视。外资公募基金资产净值占比为46%、产品数量占比为45.5%。排名前三的外资基金分别为华夏基金管理有限公司、嘉实基金管理有限公司和工银瑞信基金管理有限公司，资产规模分别为6641亿元、5894.88亿元、5869.78亿元（详见图3-4）。但是，排名前三的外资基金外资占比均在33%以下，外资持股占比相对较低。

近年来中国基金业开放政策逐步放宽，外资基金发展有望再上新台

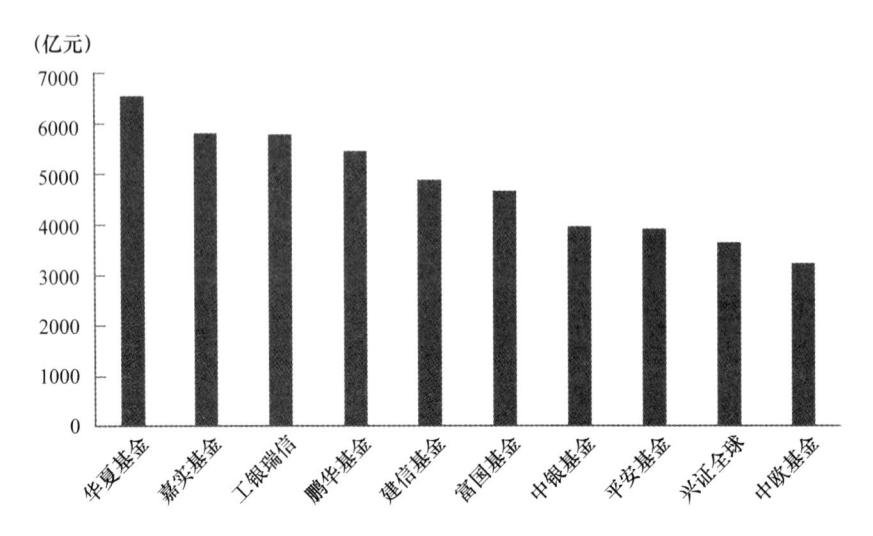

图 3-4 排名前 10 的外资基金

资料来源：中国证券投资基金业协会。

阶。2017年11月10日，中国财政部放松了国内基金公司控股权外资持股比例，外资持股比例从49%提高至51%，2020年后投资比例不受限制。2017年将外资持股比例上限调整到了51%，虽然只上调了2个百分点，但突破了"50%"的控股权限制，具有重大意义。这意味着外资从合资基金设立开始就可以控股国内基金公司，有利于促进基金市场竞争，提高市场效率。2020年4月，外资参股基金公司外资股权比例不受限制，这意味着证券基金业对外开放的大门进一步打开，外资金融机构在内地组建基金公司若谋求绝对控股权将不再有政策障碍。

基金业开放主要体现为外资公募基金数量增加。加入中国WTO后，外资公募基金开始发展起来，在政策调整、市场发展等多种因素影响下，先后经历了起步、发展、繁荣和调整四个阶段。当前，在金融市场和金融行业对外开放进程稳步推进的背景下，公募基金行业开放全面加速。2018年以来，监管市场行业释放积极信号，对外开放稳步推进（见表3-2）。2019年7月，国务院金融稳定发展委员会将外资公募基金管理公司的持股比例放宽至100%的时间由2021年提前至2020年。

表3-2　　　　　　公募基金行业双向开放的监管政策变迁

发布日期	文件/会议	主要内容
2015年5月22日	《香港互认基金管理暂行规定》	正式允许符合条件的香港公募基金在内地注册并销售
2018年6月10日	《合格境外机构投资者境内证券投资外汇管理规定》	取消QFII每月资金汇出不超过上年末境内总资产20%的限制；取消QFII、RQFII本金锁定期要求
2018年6月28日	《外商投资准入特别管理措施（负面清单）（2018年版）》	将基金管理公司的外资股比放宽至51%，2021年取消外资股比限制
2019年6月13日	第十一届陆家嘴论坛	证监会拟推出九项对外开放政策，拟允许合资证券和基金管理公司的境外股东实现"一参一控"
2019年7月20日	《国务院金融稳定发展委员会办公室关于进一步扩大金融业对外开放的有关举措》	将外资持股公募基金管理公司比例放宽至100%的时间由2021年提前至2020年

资料来源：研究团队根据公开资料整理。

目前，外资公募基金的行业排名相对平均，与本土公募基金相比，劣势并不明显。根据中国基金业协会数据显示，截至2020年8月27日，中国现有141家公募基金，其中有44家外资基金。其中，资产管理规模前10名的基金公司中，有4家为外资基金；在资金规模11—20名的公募基金中，70%为外资基金，在资金规模排名21—50名的基金中，这一比例为56.7%，而在排名为51—100名和100名以后的公募基金，这一比例仅为28%和7.5%（详见表3-3）。从基金资产净值、基金数量两个指标来看，外资公募基金重要性同样不容忽视。外资公募基金的基金资产净值占比为45%，基金数量占比为45.5%。外资基金凭借其先进的管理经验和雄厚的管理能力，已经在基金行业中占据了重要地位。随着金融业全面开放以及国际业务发展，外资基金在与本土基金的竞争中优势会进一步凸显。

表3-3　　　　　　合资基金在中国公募基金中各档次占比

资金规模排名	1—10名	11—20名	21—50名	51—100名	101—141名
合资基金数量（只）	4	6	17	14	3
合资基金占比（%）	40	70	56.7	28	7.5

资料来源：笔者根据证监会和证券业协会数据整理计算。

三 业务准入受限是外资证券机构在华发展的重要瓶颈

外资证券机构能较为顺利地进入中国市场获得牌照，但是不同证券业机构牌照所允许的业务结构存在较大差异。从资质情况看，外资证券机构业务资质主要包括一级市场承销类资质和二级市场投资准入类资质。在现有15家合资券商中，只有中金公司、瑞银证券和中银国际是全牌照，但中银国际证券本质上是中资金融机构，而中金公司在市场认知中同样是中资机构。部分券商甚至只能获得最基础的资质，如经纪、自营和投资咨询业务。诸如结算、证券IPO和公司债的承销资格，在外资金融机构中并不多见。

由于受到市场准入方面的限制，典型的外资金融机构在一级市场的存在感比较低，难以与本土证券机构开展竞争。以2018年的投资银行业务为例，中金公司位列全国第8名，瑞银证券和摩根士丹利华鑫证券投行业务分别位列全球第32名和第38名。总体来看，合资证券公司中，仅有中金、高华、瑞银以及华鑫证券参与股票承销，参与债券承销的合资企业相对较多。

这也是导致外资券商的经营收入规模相对较小的重要原因。过去两年中合资券商的经营情况，从合资券商在过去几年中参与承销数量、经纪业务收入与投资银行收入来看，除中金公司以外，其他外资券商的竞争力都相对较弱，均低于行业中位数。

第三节　证券和基金业对外资开放仍然面临的问题

一　中国证券业开放取得积极进展，但外资机构地位仍较弱

从2003年推出QFII制度至今，中国证券业对外开放的深度和广度都有显著提升，在越来越多的领域都可以看到外资机构活跃的身影。但是，与发达国家相比，中国证券业对外开放程度仍然偏低，外资机构在金融市场中的作用仍然相对有限，其相对地位仍然较弱。

这其中有多方面的原因：一是中国资本项目仍然存在一定程度的管理，特别是证券投资尚未全面放开；二是中国金融市场发展相对不成熟、

波动幅度较大、安全资产规模相对较小，比如外国投资者较难获得充足的中国国债头寸；三是国内投资者投资理念偏短期，价值投资逻辑尚未建立，外国投资者较难适应中国金融市场风格；四是中国衍生品市场发育程度不够，无法满足外资机构在投资时的风险对冲需求，中国监管当局的"实需"要求亦对对冲操作产生较为显著的政策约束。

对于外资金融机构在中国证券市场发展面临的问题，我们研究团队在问卷调查时设计了"竞争环境不公平"以及"水土不服"两个选项，有四成多受访者认为上述两个因素同等重要，约三成受访者认为前者的影响更重要，另有约两成认为水土不服因素最重要。其中，美国机构认为前者更重要的比例较高，而日本公司认为后者是最主要原因的比例较高（具体可以参见第六章）。

二 外资机构业务品种不断丰富，但仍主要活跃于二级市场

随着中国金融市场开放和证券业开放逐步深化，外资证券业金融机构的业务范围不断拓展，产品及服务不断丰富，但是，由于外资券商业务牌照管理问题，总体上，外资证券业金融机构的业务仍然以二级市场自营及资产业务为主。

这种业务格局与中国证券业开放的路径是相关的。从路径选择来看，中国证券业对外开放的路径可以概括为三点：先股票后债券、先"引进来"后"走出去"、先二级市场后一级市场。这样的开放路径安排以及相应的业务牌照管理，决定了目前外资机构和资本主要活跃在中国内地资本市场的二级市场，而在一级市场上，如IPO和债券承销等业务中较少看到外资机构的身影。

事实上，领先的国际证券业金融机构或投资银行更多是在一级市场具有竞争力，而中国上述这种开放路径、业务结构与国际性证券业金融机构核心竞争力出现一定程度的"错配"，最后使得外资机构对中国证券业开放呈现较显著的"预期差"。简而言之，在中国证券业开放和业务牌照管理下，外资证券机构的优势难以发挥。当然，在境外金融市场上，中资证券业机构的地位和功能也处于绝对弱势的状态。

第四章 外资机构在证券市场的二级市场成为重要参与者

证券基金业对外开放的不足已经引起中国金融管理部门以及中央政府的高度重视，证券基金业开放持续加力。近些年来，证券市场开放步伐明显加快，整体取得了积极进展：中国内地与中国香港开启了多种"通"，中国与境外国际金融中心的连接在增强，证券市场实现了多领域开放，QFII、RQFII等投资额度取消，这些都为外资金融机构更好地参与中国证券市场提供了有效支撑。

相应地，外资金融机构在中国股票市场的持股比例显著上升，外资金融机构在中国债券市场中的地位和作用亦不断强化。随着近期中国金融开放进程进一步加快，证券市场开放特别是债券市场开放将成为未来中国金融开放更为重要的领域，外资金融机构有望在证券市场发挥更加重要的作用。这对国内证券市场改革发展特别是注册制创新发展、多层次资本市场建设，以及推动形成国内、国际双循环相互促进的新发展格局都有积极意义。

第一节 证券市场对外开放步伐较快、取得显著成效

随着中国对外开放程度不断提高，证券市场开放进程稳步推进。中国证券市场采取渐进式、管道式的开放模式，具体方式主要有三类。[①] 第一

[①] 详见中国人民银行副行长、国家外汇管理局局长潘功胜2020年6月18日在第十二届陆家嘴论坛上的讲话，《陆家嘴论坛丨潘功胜：支持创新丰富人民币金融产品（全文）》，新浪财经，2020年6月18日，http：//finance.sina.com.cn/money/bank/bank_hydt/2020－06－18/doc-iirczymk7662244.shtml。

类是境内外市场互联互通，如"沪深港通""债券通""沪伦通"等，国际投资者通过离岸市场投资境内市场。第二类是境外投资者直接投资境内金融市场，如QFII、RQFII以及境外投资者直接进入银行间债券市场（CIBM）等。第三类是境外金融机构在中国设立商业机构，直接在境内开展投融资业务。从实际效果看，这些政策确实给外资参与中国证券市场提供了便利的渠道，提高了外资在二级市场的参与水平，为扩大中国金融业对外开放水平、巩固对外开放成果做出了积极贡献。

经过多年努力，证券市场开放程度不断提高，境内外市场互联互通和境外投资者直接入市制度安排取得了不俗的成就，为扩大金融业对外开放水平，巩固中国金融业对外开放的成果做出了积极贡献。通过不断开放证券市场，吸引外资进场，国内金融机构的综合竞争力得到了锻炼，国内证券市场制度和监管体系也有所改善。同时，外资参与到国内金融市场能带来先进的管理经验和新颖的金融创新手段，这有助于打破国内金融利益格局，逐步提高金融市场效率。

（一）打通内地与香港金融市场，跨境资金流动规模稳步扩大

"沪港通"和"深港通"是目前两个最重要的境内外市场互通机制。"沪港通"是上海证券交易所和香港联合交易所建立技术连接，允许两地投资者通过当地证券公司或经纪商买卖规定范围内的对方交易所上市的股票，是沪港市场交易互联互通的机制。"沪港通"于2014年11月17日正式启动，涉及沪市A股股票568只和港股股票268只。该机制实施以来，沪市港股通买入和卖出金额在不断扩大。根据Wind金融终端的数据，截至2020年8月25日，沪港通北上资金累计5731.76亿元，南下资金累计9893.35亿元。

与沪港通相对应的一个机制安排是"深港通"。"深港通"是深圳证券交易所和香港联合交易所建立技术连接，允许内地和香港投资者通过当地证券公司或者经纪商买卖规定范围内的对方交易所上市的股票。2016年8月，国务院批准《深港通实施方案》，2016年12月5日"深港通"正式落地。考虑到中小市值股票普遍具有规模小、业绩不稳定、价格波动幅度较大等特点，为防范深港通跨境市场炒作和操纵中小市值股票风险，深港通标的筛选增加市值标准，目前共涉及深市A股股票881只，港股股票

417只。根据Wind数据，截至2020年8月25日，深港通北上资金累计5505.81亿元，南下资金累计4831.74亿元。

在"沪港通""深港通"的支持下，境内外资金流动规模稳步扩大。根据每日盘后交易所公布的沪港通、深港通买入成交总金额及卖出成交总金额计算所得，可真实反映沪、深港通南北向资金流动情况。从资金走势图中可以看出（详见图4-1、图4-2），外资流入、流出规模持续扩大，外资进入中国证券市场二级市场的步伐在加快。中国人民银行网站数据显示，截至2020年8月25日，"北上资金"（沪股通+深股通）累计流入11237.57亿元，"南下资金"累计流出14725.09亿元。从南北资金的轧差看，内地资金呈现净流出的状况，凸显了中国香港股票市场的投资吸引力。

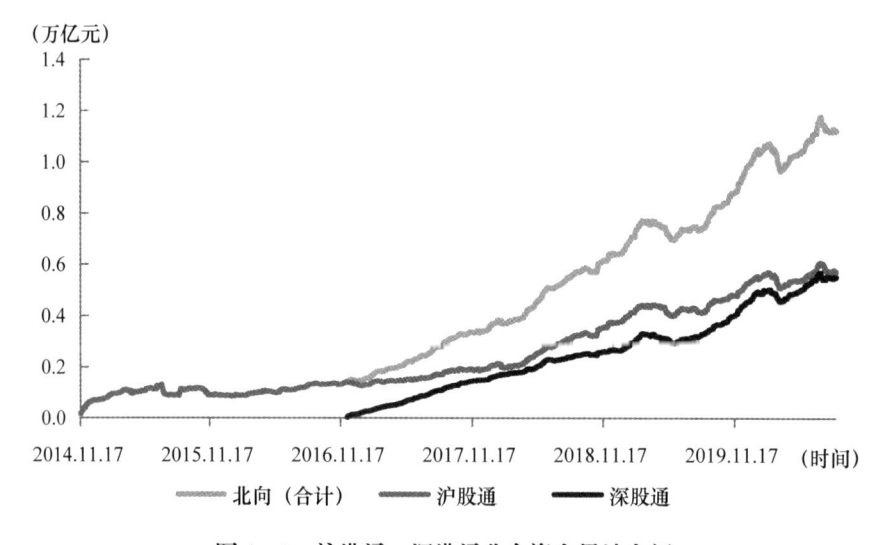

图4-1 沪港通、深港通北向资金累计金额

资料来源：Wind。

（二）连接其他国际金融中心，双向开放水平实质性提高

"沪伦通"是上海证券交易所与伦敦证券交易所互联互通的机制。符合条件的两地上市公司，可以发行存托凭证（DR）并在对方市场上市交易。2015年"沪伦通"的政策规划被提出，其目标是解决资本项目存在管制条件下人民币输出和回流的难题，具体运作机制是人民币输出到伦敦离岸市场，同时让伦敦离岸市场人民币回流到上海，而载体则是存托凭

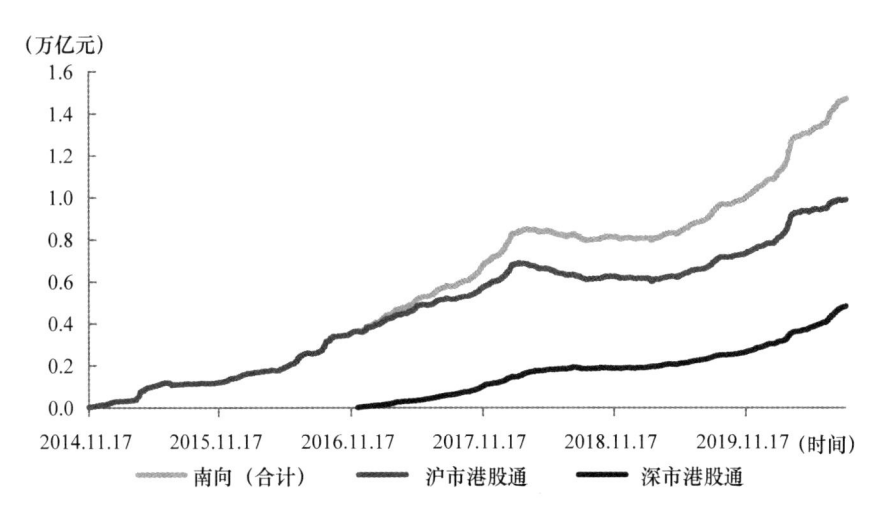

第四章 外资机构在证券市场的二级市场成为重要参与者

图4-2 沪港通、深港通南向资金累计金额

资料来源：Wind。

证。2018年10月12日，中国证监会正式发布《关于上海证券交易所与伦敦证券交易所互联互通存托凭证业务的监管规定（试行）》，自公布之日起施行。伦敦当地时间2019年6月17日上午8时，沪伦通在英国伦敦正式启动，上海证券交易所上市公司华泰证券股份有限公司发行首只全球存托凭证（GDR）产品在伦敦证券交易所挂牌交易。沪伦通对中国证券市场开放和资本项目开放都具有积极意义。

2020年6月，上交所上市的中国太保在伦敦证券交易所发行了18亿美元的GDR，全面交易于6月22日开始。作为沪伦通西向业务的第二单，中国太保GDR发行第一次使用中国会计准则，第一次采用基石投资者机制，第一次获得非欧洲企业的大众持股比例豁免，并第一次在沪伦两地之间实施"云上市"。据悉，长江电力和国投电力预计将发行GDR并申请在伦敦证券交易所挂牌上市。

根据Wind数据，沪伦通中华泰证券GDR"HTSC. L"自2019年6月17日上市至2020年8月25日累计交易量为3824.85万元，存托凭证价格涨幅47.56%；中国太保GDR"CPIC. L"自2020年6月17日上市至2020年8月25日，累计交易量为1151.06万元，存托凭证价格涨幅22.16%。

相较沪港通、深港通而言，沪伦通规模仍然较小，具有很大发展空间。

（三）从股票到债券，证券市场开放层次更加丰富

2017年5月正式落地的"债券通"为中国证券市场进一步开放和内外互动提供了基础设施支撑。2017年5月16日，中国人民银行与香港金融管理局宣布开展内地与香港特别行政区"债券通"合作，即境内外投资者通过两地债券市场基础设施连接，买卖两个市场交易流通债券的机制安排。中国外汇交易中心和香港交易所作为"债券通"主要运营主体，为"债券通"提供入市、交易等相关服务，并在中国香港成立债券通合资公司协助推进相关工作开展。中央结算公司及上海清算所分别与香港金管局通过基础设施连接，为境外投资者提供登记托管、清算结算服务。彭博数据显示，2020年上半年外资净买入境内债券约3198.2亿元人民币，按半年度计，为2017年7月"债券通"开通以来的最大购买量，其中，2020年5月至6月是外资增持力度最大的两个月。尽管中国国债在2020年5月至6月期间大幅下挫，但境外投资者却是越跌越买，显示出中国国债较强的市场需求。根据Wind数据，截至2020年7月末，中央结算公司披露"债券通"机制下境外投资者持有量为23441亿元。

（四）放开外资投资额度限制，为外资更好投资中国创造条件

QFII是合格境外机构投资者，QFII机制是外国专业投资机构到境内投资的资格认定制度。QFII是一个经济体资本项目存在特定项目管制条件下，有限度引进外资、部分开放境内资本市场的一种中间制度安排。这种制度要求外国投资者若要进入一国证券市场，必须符合一定的条件，得到该国有关部门的审批通过后汇入一定额度的外汇资金，并转换为当地货币，通过严格监管的专门账户投资当地证券市场。

2003年以来，QFII制度在中国获得了长足的发展。2003年，中国开始推出QFII机制，审批由国家外汇管理局实施。QFII开放进程大致可以分为三个阶段：一是2003年到2007年国际金融危机之前，QFII审批额度保持逐步上升的态势，2006年当年审批额度高达34亿美元。二是金融危机到2011年前后，QFII审批额度下降或保持较为低速的增长，主要是因金融危机冲击，中国监管当局更加警惕短期国际资本流动。其中2007年

第四章 外资机构在证券市场的二级市场成为重要参与者

获批额度不足10亿美元。三是2011年以来加速开放的时期。2011年QFII获批机构数为29家,是截至当时该制度实施以来批准家数最多的一年。根据Wind数据,截至2020年7月底,QFII累计投资额度为1162.59亿美元(详见图4-3)。获批额度的扩大不断吸引外资机构进入中国A股市场,使境内与境外投资机构之间的相互合作,有效促进了证券市场发展和国内外资本有序流动。

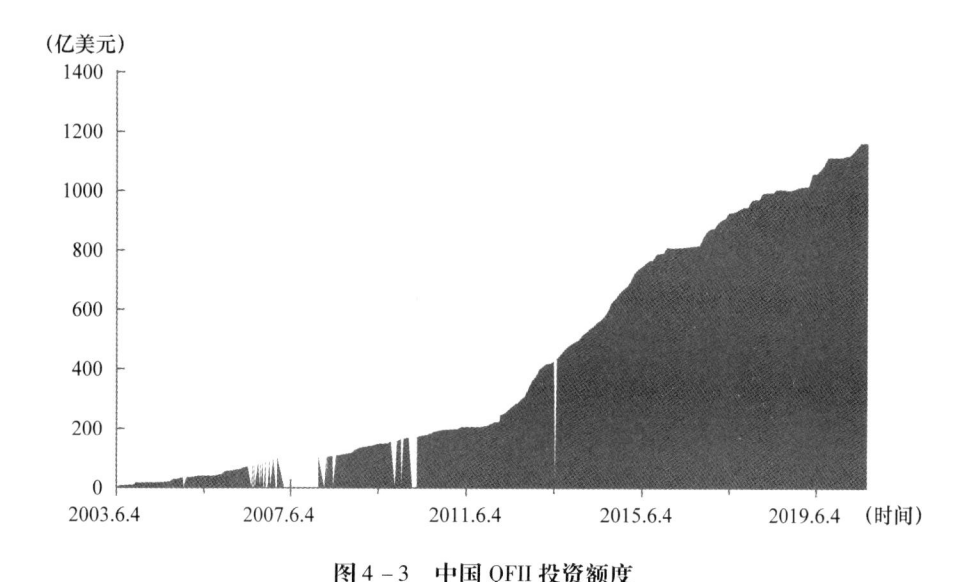

图4-3 中国QFII投资额度

资料来源:Wind。

RQFII(RMB Qualified Foreign Institutional Investors)是人民币合格境外投资者。RQFII机制是境外合格投资者在规定额度内使用离岸人民币对中国证券市场直接进行投资。RQFII机制的出台主要是基于中国资本项目尚未完全开放和在此条件下推进人民币国际化、实现人民币有序双向流动的制度安排。

2019年9月16日,国家外汇管理局宣布,经国务院批准,决定取消QFII/RQFII额度限制,同时,RQFII试点国家和地区限制也一并取消。截至2020年4月末,共计326家合格境外机构投资者获批投资额度1113.76亿美元,RQFII制度已从中国香港扩大到20个国家和地区,共计262家RQFII机构获批7587.72亿元人民币投资额度。截至2020年7月底,QFII

累计投资额度为 1162.59 亿美元，RQFII 累计投资额度为 7229.92 亿元（详见图 4-4）。

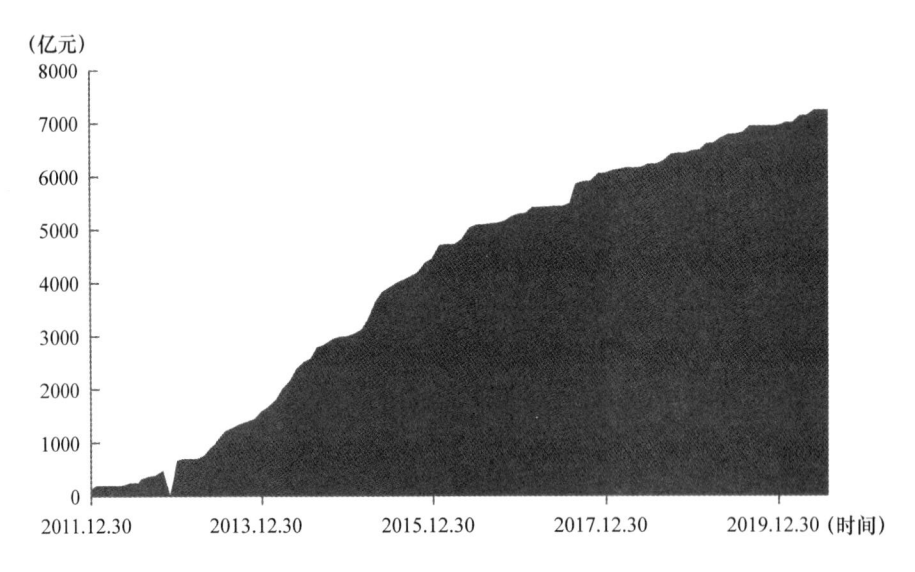

图 4-4 中国 RQFII 累计投资额度

资料来源：Wind。

但在实践中，QFII 和 RQFII 制度仍有待完善，外资机构仍然面临许多规则限制。第一，在资本项目依然存在较多管制的背景下，QFII 和 RQFII 的实际使用便利度受到限制，例如对跨境融资的规则限制和对集团内融资规模的限制。第二，国内衍生品市场发展程度不足，缺乏必要的汇率风险对冲工具，外资机构往往要被迫承担额外的汇率波动风险。或者说，目前外资机构被限制在汇率风险承担范围之内，这实际上构成了 QDII 额度的隐性上限。

第二节 外资在股票市场持股占比显著增加

随着证券市场不断开放，外资持有的金融资产主要集中于股票和债券。根据中国人民银行公布的境外机构和个人持有境内人民币金融资产情况，截至 2020 年 6 月，境外机构和个人持有境内股票余额 24567.60 亿元；

第四章 外资机构在证券市场的二级市场成为重要参与者

持有境内债券余额 25724.23 亿元，贷款额为 9720.51 亿元，存款额为 11824.48 亿元。从规模体量来讲，外资将资产更多地配置在债券市场。从时间序列数据来看，2017 年以来，境外机构和个人持有境内股票和债券规模快速增加（详见图 4-5）。本章将分别对外资在股票市场和债券市场的市场份额变化和持有资产结构特征进行分析。

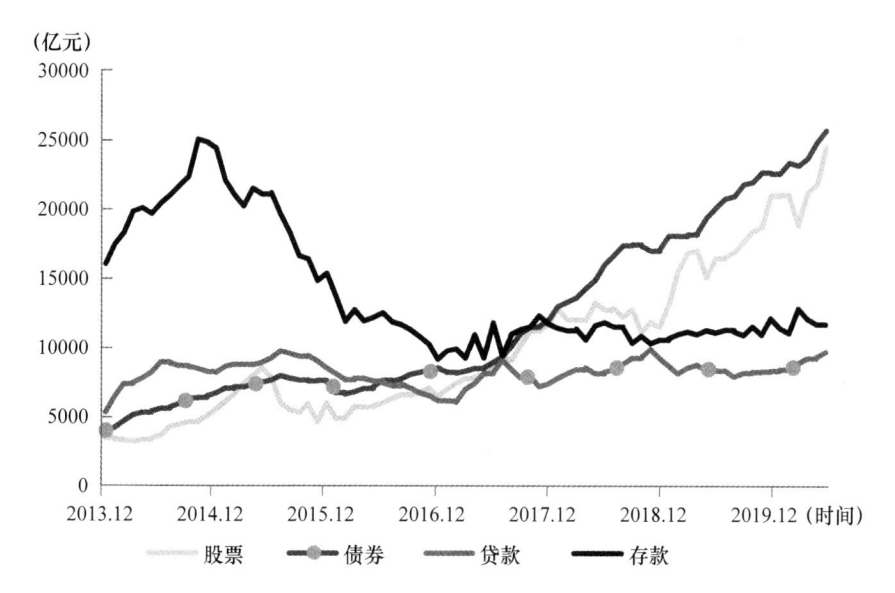

图 4-5 境外机构和个人持有境内人民币金融资产情况

资料来源：Wind。

经过数年的发展，外资已经成为中国证券市场投资中不可忽视的参与者，市场地位和市场影响力均有一定的提高。目前外资在中国股票市场的投资数据，业内主要通过研究陆股通（沪股通＋深股通）和 QFII 数据分析外资的股票持有情况。截至 2020 年 6 月末，境外机构与个人持有境内股票市值是 24567.60 亿元，与 2020 年第一季度末的 18873.78 亿元相比，就已经增长了 30.16%。根据 Wind 数据，截至 2020 年 8 月 25 日，陆股通、QFII/RQFII 和外资私募共计持有 A 股市值为 20612.85 亿元，占 A 股流通市值的 3.42%。其中，外资通过陆股通持有市值 19803.13 亿元，占流通 A 股的 3.29%；外资通过 QFII/RQFII 持有市值 807.26 亿元，占流通 A 股的 0.13%；外资私募持有市值为 2.45 亿元，占流通 A 股的 0.0004%

(详见图 4-6、图 4-7)。

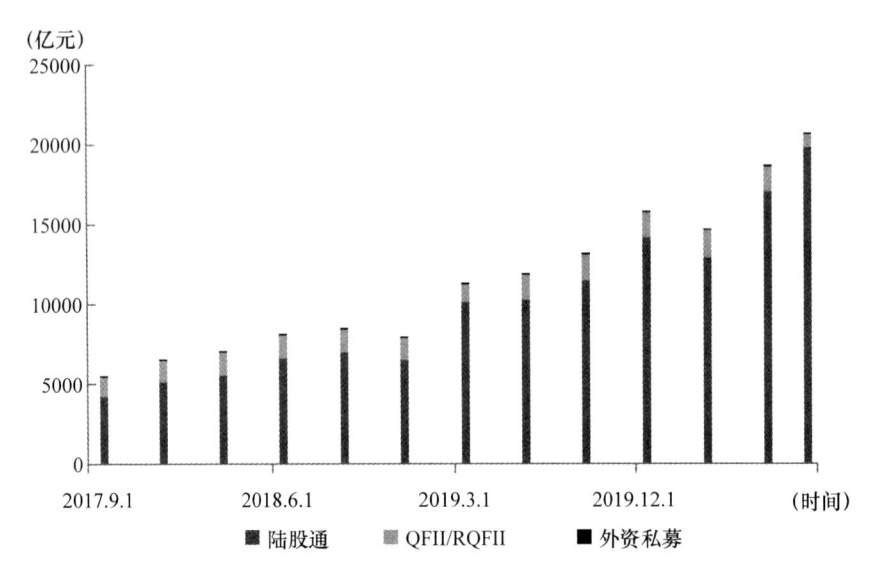

图 4-6 外资持股市值

资料来源：Wind。

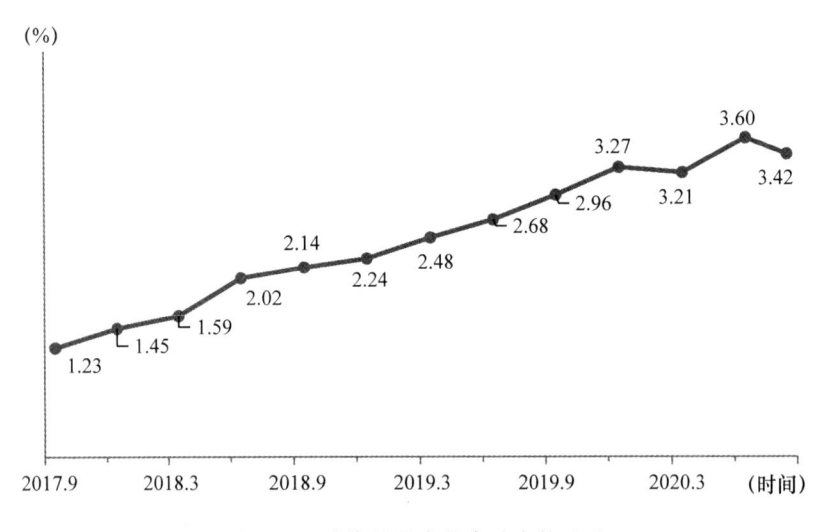

图 4-7 外资持股市值占总市值比重

资料来源：Wind。

第四章 外资机构在证券市场的二级市场成为重要参与者

外资在中国股票市场的持有市值持续增加，外资持股市值占总市值的比重也持续上升。结构上，外资更多地通过陆股通参与投资内地股票市场，QFII/RQFII 的作用也相对比较重要。近期，随着外资私募备案放开，投资规模有所增加，但是外资私募的持股市值占比仍然很低。

陆股通是外资参与二级市场的主要渠道，其次是 QFII 和 RQFII。为了分析外资持有资产结构和投资偏好，本节将从外资股票持有结构、外资债券持有结构来分析其资产配置特征。外资配置 A 股股票资产主要通过陆股通、QFII 和 RQFII 渠道。相较而言，陆股通一直占有较大比重。在 2014 年 11 月沪港通正式启动之前，外资主要通过 QFII/RQFII 渠道投资 A 股股票。互联互通机制的建立，使得外资可以通过陆股通对内地股票市场进行投资。

横向来看，根据 Wind 数据，2016 年 6 月 1 日，外资通过陆股通配置 A 股的资金规模占总规模的 54.7%，QFII/RQFII 占比为 45.3%，外资私募占比为 7.19%（详见图 4-8）。此后，外资通过外 QFII/RQFII 和外资私募进行股票投资的规模占比不断下降，陆股通的规模占比逐步提升。截至 2020 年 8 月 25 日，外资通过陆股通配置 A 股的资金规模占总规模的 96.07%，QFII/RQFII 占比为 3.92%，外资私募占比为 0.01%。

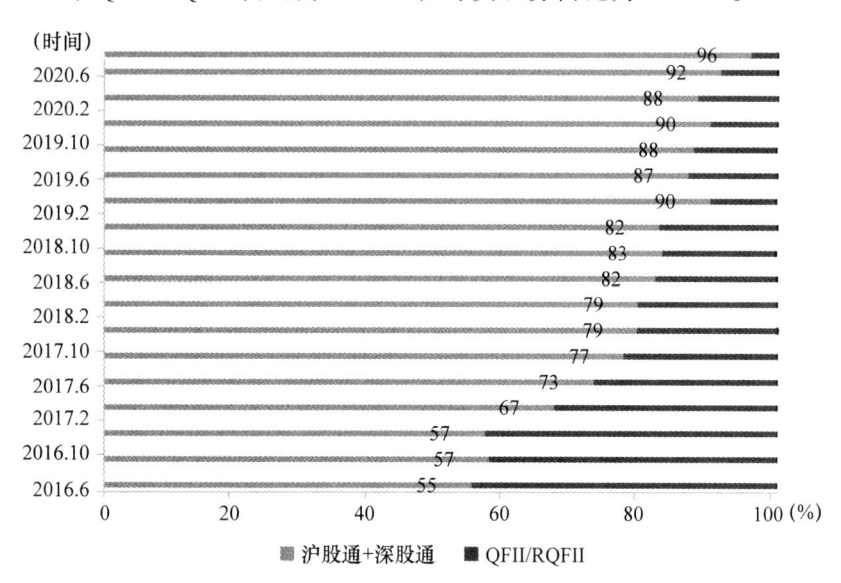

时间	沪股通+深股通	QFII/RQFII
2020.6	96	
2020.2	92	
2019.10	88	
2019.6	90	
2019.2	88	
2018.10	87	
2018.6	90	
2018.2	82	
2017.10	83	
2017.6	82	
2017.2	79	
2016.10	79	
2016.6	77	
	73	
	67	
	57	
	57	
	55	

图 4-8 外资股票投资渠道结构

资料来源：Wind。

纵向来看，外资在同一时间节点，对不同板块和指数成分股的投资渠道偏向有所不同。以 2020 年 8 月 25 日市值数据为例，以参考总市值为计算标准，外资通过陆股通配置上证 50、沪深 300、中证 500 成分股的规模占比分别为 91.1%、89.2%、88.3%，而对应的 QFII 规模占比依次为 8.9%、10.8%、11.7%（详见图 4-9）。

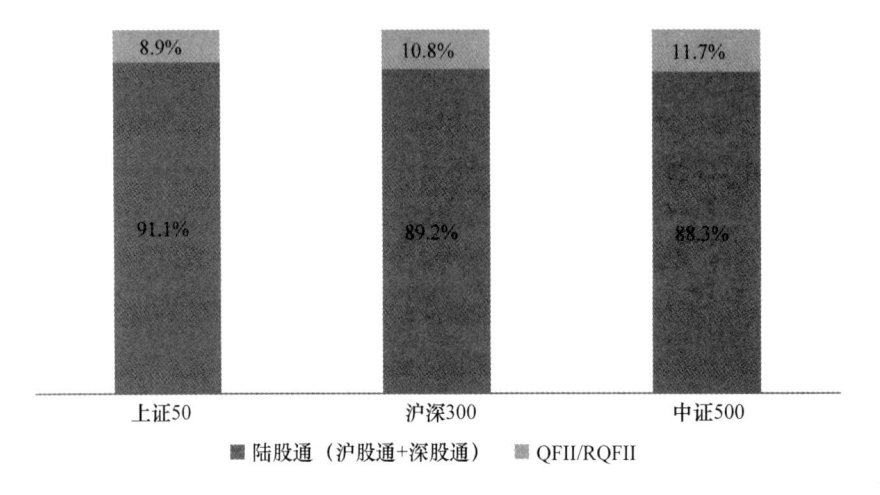

图 4-9 不同投资渠道市值占比（以 2020 年 8 月 25 日数据为例）
资料来源：Wind。

外资更青睐头部公司股票，是二级市场中的"聪明投资者"。笔者将外资持有的股票进一步分类，观察其持有的指数成分股票市值占相应指数市值的比重。按照 2020 年 8 月 25 日收盘价获取参考总市值、自由流通市值、陆股通持有比例等数据，按照最新一期 MRQ 获取 QFII 持股比例数据，进行相应外资持股比例测算。

根据 Wind 数据，（1）沪深 300 中 QFII 持有市值占参考总市值的比重为 0.51%。按照各成分股披露的持股占比计算，陆股通持有市值占参考总市值的比重为 0.32%；按照陆股通占流通股比例计算，陆股通持有市值占自由流通市值的比重为 0.39%。（2）中证 500 中 QFII 持有市值占参考总市值的比重为 4.21%。按照各成分股披露的持股占比计算，陆股通持有市值占参考总市值的比重为 2.43%；按照陆股通占自由流通股比例计算，陆股通持有市值占自由流通市值的比重为 4.04%。（3）上证

第四章　外资机构在证券市场的二级市场成为重要参与者

50中QFII持有市值占参考总市值的比重为9.49%。按照各成分股披露的持股占比计算,陆股通持有市值占参考总市值的比重为4.72%;按照陆股通占自由流通股比例计算,陆股通持有市值占自由流通市值的比重为9.81%(详见表4-1)。

表4-1　　　　　外资持有市值占主要指数市值比重　　　　　单位:%

	沪深300	中证500	上证50
QFII持有市值占比	0.51	4.21	9.49
陆股通持有市值占比(按总市值计算)	0.32	2.43	4.72
陆股通持有市值占比(按流通股市值计算)	0.39	4.04	9.81

注:QFII占比数据来自最新一期MRQ,陆股通市值、总市值、自由流通市值为2020年8月25日数据。

资料来源:Wind。

上述数据表明,外资持有的股票主要集中于头部上市公司。这与外资机构稳健的投资风格密切相关。同时,2017年6月中国部分股票正式纳入MSCI指数之后,许多被动投资基金开始逐渐增加对相关股票的持仓,而这些股票基本是中国的头部上市公司。

进一步,本节根据陆股通占流通市值比例计算陆股通资金在上述三种指数成分股的持有市值,得到陆股通资金配置在上证50、沪深300和中证500指数成分股的规模占外资总持股市值的比例分别为31.42%、75.26%、11.75%。尽管上证50指数和沪深300指数成分股存在重合,上述三种指数成分股基本代表了A股中的优质标的。可以看出,外资投资A股,大多数资金集中在股指成分股、权重股类的股票。实证研究表明,自2016年年初至2020年年中,外资持股比例最高的100只A股等权重指数上涨了149%,而其余A股同时期下跌了23%(详见图4-10)[1]。这反映出外资在股票市场上是"聪明的投资者"。

---

[1] 参考中国金融四十人论坛成员、中国国际金融股份有限公司董事总经理黄海洲在7月12日闭门会上的演讲"应对疫情下的股票市场——机遇和风险"。

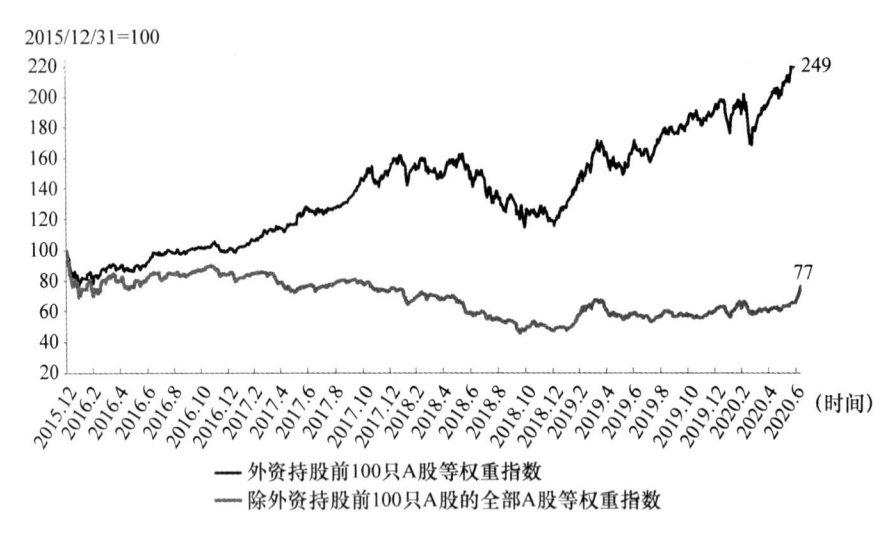

图 4-10 外资持股比例最高的 100 只 A 股表现好于其他 A 股

资料来源：Bloomberg，Factset，Wind，中金公司研究部。

第三节 外资已经是中国债券市场的重要参与者

首先，外资持有的债券规模快速增加，更偏好流动性相对较好的债券品种。截至 2020 年 7 月末，外资银行和境外机构在国债市场持有量为 18798.90 亿元，在包含地方政府债券、政策性银行债、企业债、资产支持证券等非国债市场，合计持有量为 10749.04 亿元。在非国债持有量中，境外机构持有国家开发银行债、中国进出口银行债、中国农业发展银行债共计 7397.72 亿元，占外资银行和境外机构非国债持有总量的 68.82%。

其次，非银外资机构逐渐成为中国国债市场的重要参与者。自 1998 年 10 月起，外资银行开始持有记账式国债，此后保持 1 亿元左右的持有规模。2006 年 7 月起，外资银行持有记账式国债逐步增长。2014 年 6 月，境外机构开始持有记账式国债，当月持有量为 1630.48 亿元，当月外资银行持有量为 1747.98 亿元。此后，外资银行和境外机构的国债持有量逐步增加。截至 2020 年 7 月，记账式国债托管量合计 169807.47 亿元，其中外资银行持有 3412.07 亿元，占总量的 2.01%；境外机构[1]持有 15386.83 亿

---

[1] 境外机构不包括外资银行口径中已经统计的部门，由中债估值中心研制，指标 ID：M0325582。

第四章 外资机构在证券市场的二级市场成为重要参与者

元，占总量的9.06%（详见图4-11）。从外资银行和境外机构持有国债占比来看，自2014年6月起，境外机构持有国债占比上升较快，从2.04%上升至9.06%，而外资银行占比基本维持稳定，2020年外资银行持有国债的比例则有所下滑（图4-11）。

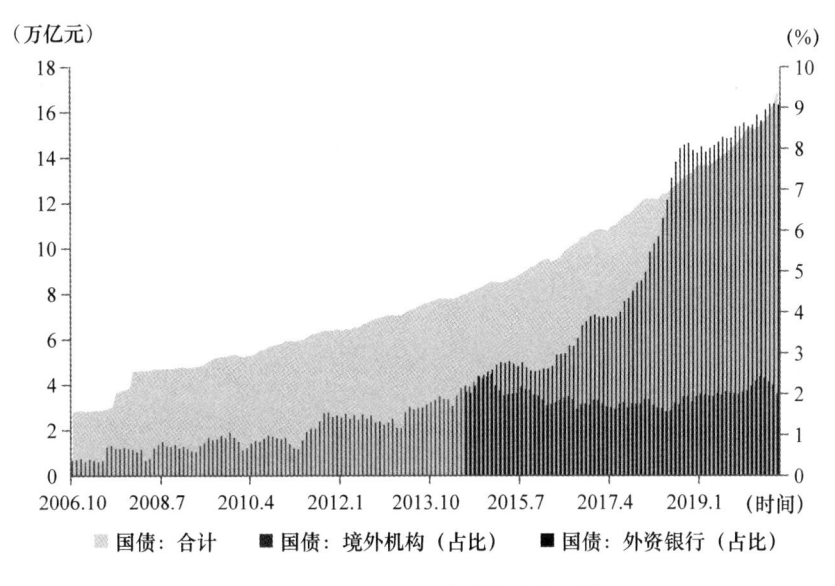

图4-11 记账式国债外资持有结构

资料来源：Wind。

最后，政策性银行和开发性金融机构债券是外资机构持有最多的资产，然后是资产支持证券。截至2020年6月，在政策性银行债券市场中，国家开发银行债托管量合计93169.68亿元，其中外资银行持有量为866.47亿元，占比0.93%；境外机构持有量为4583.72亿元，占比4.92%。中国进出口银行债托管量合计31900亿元，其中外资银行持有404.17亿元，占比1.27%；境外机构持有1264.28亿元，占比3.96%。中国农业发展银行债托管量合计45957.9亿元，其中外资银行持有459.37亿元，占比0.99%；境外机构持有1549.73亿元，占比3.37%。综上，观察外资持有政策性银行债的情况，外资银行与境外机构合计持有国家开发银行债、中国进出口银行债、中国农业发展银行债的比重为5.85%、5.23%、4.37%（详见表4-2、图4-12）。

表4-2　　　外资持有政策性银行债券情况（截至2020年7月）

	国家开发银行债	中国进出口银行债	中国农业发展银行债
外资银行持有量及占比	866.47亿元，占比0.93%	404.17亿元，占比1.27%	459.37亿元，占比0.99%
境外机构持有量及占比	4583.72亿元，占比4.92%	1264.28亿元，占比3.96%	1549.73亿元，占比3.37%
外资合计持有量及占比	5450.19亿元，占比5.85%	1668.45亿元，占比5.23%	2009.1亿元，占比4.37%

资料来源：Wind。

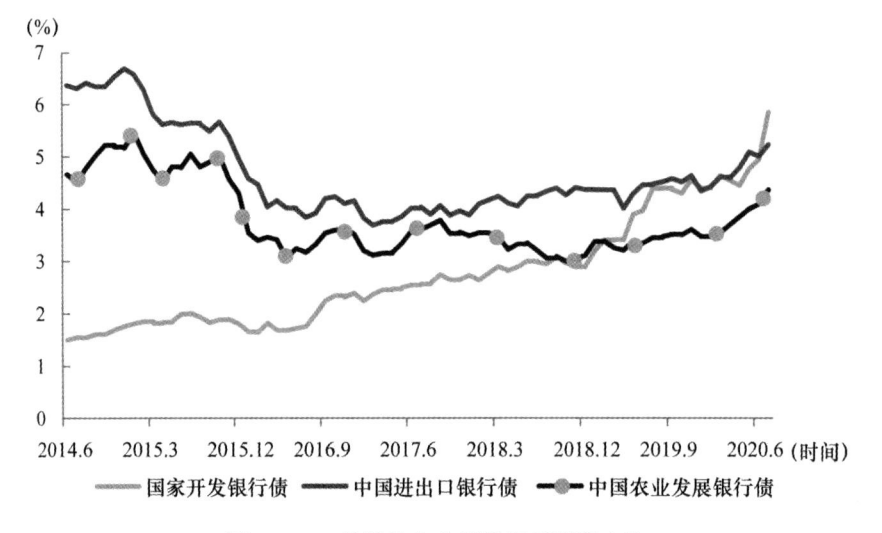

图4-12　外资持有政策性银行债券占比

资料来源：Wind。

在资产支持证券市场，截至2020年7月，托管量合计18594.33亿元，其中商业银行持有量为385.15亿元，占比为2.07%；境外机构持有量为253.28亿元，占比为1.36%。近年来，外资银行和境外机构持有资产支持证券比例不断提高，2020年7月合计持有比例为3.43%（详见图4-13）。

在地方政府债市场上，截至2020年7月，外资银行持有地方政府债券

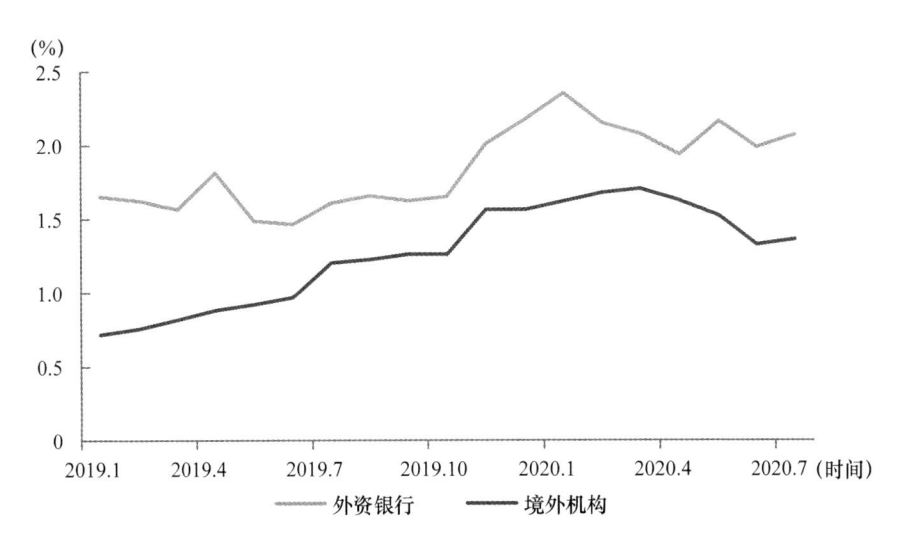

第四章 外资机构在证券市场的二级市场成为重要参与者

图 4-13 外资银行和境外机构资产支持证券持有比例

资料来源：Wind。

规模为 511.18 亿元，境外其他机构持有量为 27.45 亿元，外资银行与境外机构合计持有规模占比为 0.225%。

在企业债市场，截至 2020 年 7 月，托管量合计为 29187.48 亿元，其中外资银行持有量为 2.68 亿元，占比极低；境外机构持有量为 103.32 亿元，占比约 0.35%。从数据来看，外资银行和境外机构对企业债的持有比例较低，对企业的支持力度还比较小。从占比趋势来看，外资银行和境外机构呈现出相反的变化趋势。2014 年 5 月，外资银行企业债持有量达到峰值 106.22 亿元，此后持有量和持有占比不断走低（详见图 4-14）；而境外机构持有比例逐步攀升，近年保持震荡状态。

从国债和非国债市场的投资结构看，外资机构在债券市场上更重视安全边际更高且有国际可比性的债券，如国债和金融债券。由于中国的信用评级市场尚处于初步发展阶段，评级标准和流程都有待进一步改善，外资金融机构较难对中国企业债的真实违约概率进行有效评估，因此外资金融机构在持有企业债时往往比较谨慎。

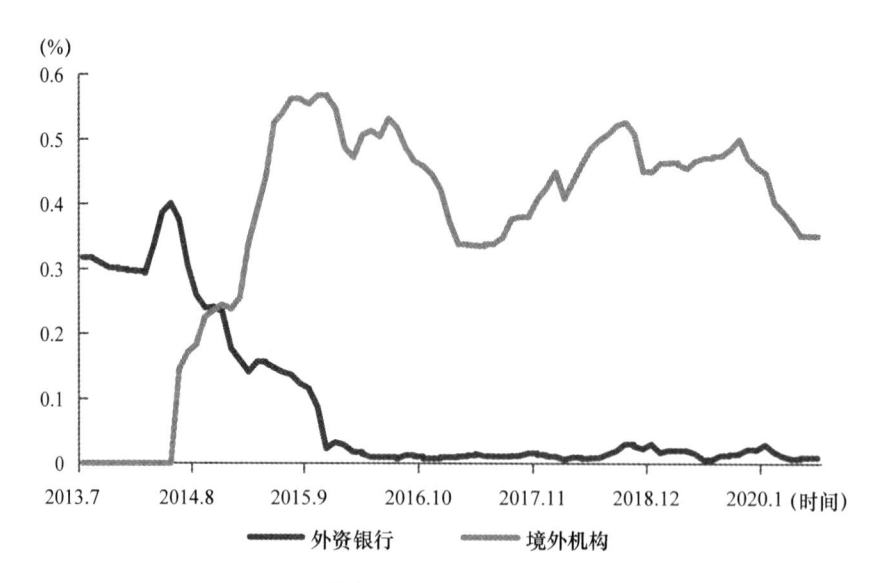

图 4-14　外资银行和境外机构企业债持有比例

资料来源：Wind。

第四节　债券市场可成为下一步证券市场开放的重要方向

一　证券业开放仍有较大发展空间

（一）证券业开放仍实质性受制于资本项目管理以及部分行政扰动

过去几年，境外投资者参与境内证券投资的许多监管限制不断放宽甚至取消，且开放的节奏越来越快，比如境外投资者可以通过QFII/RQFII、"沪港通/深港通"等渠道参与中国股票市场、债券市场等。QFII/RQFII在放开额度前，外资机构并没有满额使用相关额度。我们的调研显示，外资机构认为QFII/RQFII额度全面放开具有积极意义，但是如果资本流动本身面临各种困难，额度取消与否并不会带来实质性的变化。

由于中国金融市场开放采用渐进式方式进行，同时资本项目仍存在一定程度的管理，证券业开放难以摆脱资本项目管理中的管道式安排及制度约束，外资机构难以摆脱资金自由流动的担忧。此前，外资机构没有满额使用QFII额度，核心约束就是担忧资金无法自由或便利汇出。即便是在

第四章 外资机构在证券市场的二级市场成为重要参与者

QFII框架下，外资金融机构对于资本合理合法汇出所面临的一些政策性难题或非便利性颇有微词。在调研中，部分外资金融机构认为，在市场波动时采用"打电话"等窗口指导方式限制资本流出额度的非市场行为，那么在市场出现剧烈波动时就存在资本难以正常汇出的可能性，并且绝大部分资本汇出都是在此前政策允许范围之内的。为此，在管道式开放及管理框架下，管道内的资金流动如何按照此前既定政策实施，如何更加便利化或自由化，这是对中国金融开放政策提出的一个现实要求。

中国金融市场高水平开放仍然具有较大的空间，主要是受制于资本项目开放进程的影响。在我们的调研访谈中，境外金融机构对于资本项目开放是较为期待的，也基本认同这是中国金融市场开放最为重要的制度约束，但是与此同时，较多外资金融机构对于中国资本项目开放持审慎稳健态度亦表示了理解。这主要在于担心中国是否做好了应对资本项目开放的潜在风险的准备，而这关系到中国金融体系的整体稳定及安全问题。

专栏：有效化解金融开放中的短期跨境资本流动风险

金融开放包括两个方面：金融服务业开放和金融市场开放，其中金融市场开放与资本项目开放密切相关。2020年以来，中国持续加大金融开放力度，国务院金融稳定发展委员会、中国人民银行、银保监会等相关部门推出一系列政策，在市场准入、业务范围、经营便利等方面政策不断优化。与此同时，外资流入规模也在持续扩大，其中可能存在短期跨境套利资本的涌入。金融市场开放并不必然导致金融稳定和金融安全问题，但是，金融市场开放不断深化，短期资本流动更加频繁，这可能给中国国内金融稳定带来潜在的风险应对和监管挑战。未来，随着金融开放不断加深，中国需要在金融开放和金融安全之间保持必要的平衡。如何有效防范和化解因短期跨境资本流动带来的一系列风险，也是摆在中国政府面前的重要课题。

资本项目开放有可能伴随跨境资本流动风险

短期跨境资本流动受到利率、汇率、风险因素、政策因素、交易成本等因素的影响，具有强波动性、大规模变动、易逆转的特点。短期跨境资本流动一般规模都比较大，且投机性强，偏好股市等二级市场投资，容易诱发资产泡沫以及大幅市场波动的产生。许多新兴经济体出现的金融危机都与短期国际资本大进大出有密切关联。

深化金融开放要求资本项目进一步开放。国际经验来看，资本项目的开放很大程度上会提升跨境资本流动的风险。这种风险主要表现为两点，一是前期跨境资本流入规模会显著增大，二是跨境资本流动的波动性也会提高。目前，外国资本可以通过深沪港通、沪伦通等渠道快速进入或撤出境内市场，跨境资本流动的波动性有所加强，也间接导致了A股波动。同时，由于金融市场波动受到预期影响，短期非理性行为可能引发"羊群效应"导致金融市场超调。

泰国金融开放过程中的教训及后果

回顾世纪之交的亚洲金融危机，学界和政策界有一些基本共识，其中一个就是金融开放进程过快是泰国货币危机的重要原因。泰国的金融开放始于1989年，大致可分为三阶段：利率自由化（1990—1992年）、资本流动自由化（1992—1995年）和金融体系改革（1995年以后）。其中，资本流动自由化是影响最大的举措。

首先，资本流动自由化导致跨境资本流动规模快速增加。1989年，泰国跨境资本流动规模在1000亿泰铢左右，到1994年，这一规模已经达到15000亿泰铢左右，4年间增长十几倍。其次，跨境资本的形态出现本质改变，证券投资和借贷资金增速远超直接投资增速。最后，短期资金比重大。[1] 这为此后泰国货币危机的发生埋下伏笔。

当然，泰国之所以成为国际投机资本首先攻击的对象，其自身经济结构的问题也不可忽视。在1997年泰国货币危机爆发的前10年里，泰国经济高速增长的背后潜藏着过度依赖外贸、贸易逆差过大等结构性问题。开放资本账户后，资本大量流入催生了股市和楼市泡沫，并加剧了信贷扩张。跨境借款几乎不受限，造成短期外债过高。由于泰铢

---

[1] 许少强：《析泰国金融开放与泰铢危机的关系》，《国际金融研究》1998年第3期。

第四章　外资机构在证券市场的二级市场成为重要参与者

对美元汇率保持稳定，1996年美元升值带动泰铢升值，同时日元发生了贬值，重创泰国出口，造成该国经济下滑。泡沫经济崩溃导致的巨额不良贷款和出口增长锐减导致的巨额对外贸易逆差，增加了经济结构的脆弱性。资本账户缺乏必要管制和经济结构脆弱共同导致了泰国出现货币危机。[①] 在此背景下，外部失衡、资产价格泡沫、金融部门脆弱、基本面负面冲击，给国际炒家以可乘之机，最终酿成了货币危机。[②]

适度平衡开放与安全，提高监管有效性

第一，金融市场对外开放并非必然倒逼国内市场改革和制度完善，资本账户开放不可孤军深入，需要一系列改革协同推进。泰国加快金融开放步伐，却因市场制度不完善、经济基本面状况恶化，招致了货币危机。

第二，从资本流入开始便应当防止资本流动冲击。当经济繁荣时，会对国际资本产生巨大的吸引力，而这也往往会埋下未来资本集中流出的隐患。如果对外开放的金融市场存在诸多扭曲，则有可能被投资者蓄意利用，加倍放大，加大东道国的金融脆弱性。对此，必须居安思危、防患未然。同时，一旦遭受货币攻击，增加投机者获取本币的成本或者限制其获取本币的能力是重要的应对措施。

第三，充足的外汇储备是捍卫币值稳定的重要保障。外汇储备越多，货币当局在外汇市场维护本币汇率的能力越强。但是，不能自恃外汇储备体量大就放松对货币攻击的警惕。理论上，即使一国的外汇储备能够应付外债和进口支付，一旦居民信心发生动摇，争相把本币兑换成外币，再多外汇储备也可能耗尽。

（二）债券市场存在诸多不足，较难全面适应高水平开放

从外资机构持有债券占比看，中国债券市场的开放程度仍然低于主要发

[①] 余永定：《泰国的货币危机及其启示》，《国际经济评论》1997年第Z4期。
[②] 管涛、谢峰：《重温亚洲金融危机期间的泰铢狙击战和港币保卫战：从技术角度的梳理》，《国际金融》2015年第11期。

达国家市场和不少的新兴市场经济体。根据中国人民银行数据，截至2020年6月，境外投资者持有中国债券约2.57万亿元，占中国国债总体的11.3%，占整体市场的比例约为2.38%。而相比之下，国际投资者持有美国、欧洲等发达市场债券（包括主权债券和非主权债券）的比例约为30%—40%。当然，随着2020年9月末，全球债券指数三大供应机构之一富时罗素宣布将从2021年10月起将中国国债纳入富时全球国债指数，加上此前中国已经进入彭博巴克莱全球综合指数和摩根大通全球新兴市场多元化指数，这代表着中国债券市场将进入全球三大主流债券指数。这对于提升外资金融机构持有中国债券的规模和比例都是有利的。

更重要的是，债券市场开放在基础制度适应性上仍有需要改进之处。根据我们的调研访谈，证券市场基础制度安排的优化对于提高债券市场开放水平是极其关键的。较多外资机构认为，在资本项目开放进程相对稳健的情况下，中国证券市场开放更多需要从便利性、可操作性以及法律保障等方面着手，较多情况是技术、细节和流程问题限制了外资机构更加深入的参与。

（1）从市场准入角度来看，开户流程的便利性仍有待提高。境外主体发行熊猫债以及投资上海证券交易所和深圳证券交易所债券须获得中国证监会批准，虽然投资银行间债券市场只需要备案，但完成备案及开户耗时长、流程烦琐。境外机构需提供很多文件，且中债登、上清所等部分机构要求客户递交纸质材料；完成全部交易前流程通常需耗时数月。部分债券交易类别仍然对境外投资者设限。第一，尽管境外机构投资者可开展债券借贷、远期及利率互换等交易，但前提是必须证明存在需要管理的潜在风险。虽然该规定的意图是限制套利或者投机，这些要求严重限制了投资者参与此类交易。第二，虽然债券回购是重要的交易类别和货币市场工具，仅境外中国人民银行类机构、境外结算行及参与行被允许进入回购市场，而其他机构投资者无法进入回购市场。第三，境外投资者无法进行国债期货交易，无法充分管理投资风险。虽然绝大部分投资国债的机构都是持有到期，但是部分国际投资机构在风险控制和内部合规上要求风险对冲。

（2）从市场流动性及风险对冲角度来看，中国债券市场流动性和市场深度不足的表现之一为债券买卖价差较高。市场流动性集中于新发行债券，中国国债买卖价差仍高于成熟市场。此外，流动性不足也使得部分券种难以在市场上找到对手方，导致交易无法实现。中国的衍生品市场发展尚不成熟，一定程度上限制了投资者对冲风险的能力。境外机构投资者投资人民币债券时，没有足够的工具来对冲利率风险、汇率风险及信用风险，一些复杂的交易策略难以实施。虽然国债期货可用于对冲利率风险进而提升国债市场流动性，但目前仅有工、农、中、建、交五大国有银行试点参与国债期货交易，境外投资者仍然不能够参与国债期货市场。2020年8月，国务院同意五大国有银行试点参与国债期货交易之前，商业银行作为国债现券最大持有主体因风险因素考虑被禁止参与国债期货交易。

（3）从托管与清算体系角度来看，中国债券市场国际适应性仍有待提升。中国银行间债券市场实行一级托管模式，而国际主流采用多级托管模式。由于所有交易均需在中央托管机构进行逐户结算，结算笔数过多会导致总结算成本过高，而中央托管机构难以为大量投资者提供定制化服务。相比之下，多级托管模式将托管机构划分成多个层级，最终集中到中央登记托管机构。该系统不仅最终环节集中，而且能有效对接全球不同投资者。通常来看，国际投资者可自行选择托管模式和托管机构，各国一般不会提出强制要求。国际投资者进入新市场倾向于借助已有托管体系。在一级托管模式下，中央托管机构独家办理全部业务，兼容性差，也不能较好地对接全球投资者的需求。另外，中国境内托管机构未实现完全联通，部分业务无法实现电子化操作，债券借贷等涉及多个托管机构的交易类型降低了交易效率。

尽管债券结算周期及结算方式不对投资构成限制，但某些情况下，在为部分投资者提供精细化服务方面仍有改善空间。关于结算周期，中国债券市场现可采用当日结算，或交易日后第一天或第二天结算（T+0/1/2）的结算周期，实现了各时区境外投资者对结算周期的基本需求。但是，部分境外投资者习惯的结算周期相对较长，如日本结算周期为T+3。此外，中央结算公司提供实时全额结算，对频繁交易的投资者而言，资金要求和结算成本相对净额结算而言会较高。

（4）从便利性与信息可得性来看，投资者无法获得"一站式"债券信息。境外投资者必须为不同交易或目的开立多个账户，且对各账户资金用途进行严格限制。例如，境外投资者为投资银行间债券市场开立的账户，只能用于与投资银行间债券市场相关的资金往来与结算，不允许一户多用,这给境外投资者带来了不便。境外投资者可以直接开立账户或通过"债券通"进入银行间债券市场,或借助 QFII、RQFII 渠道。然而,境外投资者不能在不同渠道开立的多个账户间自由转移头寸。因此,境外机构有时不得不出售一个账户的债券,再以另一个账户买入,这增加了不必要的成本。目前,不同机构分管债券市场不同部分的信息,相关信息分散于不同网站,能够以多语种同步发布的政策仍较为有限,许多信息境外投资者无法获悉。

(5)从配套制度及法律体系来看,国内和国际信用评级存在较大的错位。部分情形中人民币债券信用评级未能真实地反映人民币债券的风险,对债券定价的指导作用有限,中国的评级行业需要重塑公信力。

境外机构投资者无法自主选择衍生品主协议。中国银行间市场交易商协会(National Association of Financial Market Institutional Investors,NAFMII)与位于纽约的国际掉期和衍生品协会(International Swaps and Derivatives Association,ISDA)的主协议较为类似,主要区别体现在法律适用、争议解决、合同货币等条款上。总体来看,NAFMII 主协议依托于中国法律,ISDA 主协议依托于英美法系,由于成熟市场普遍签署 ISDA 主协议,国际投资者希望可自主选择 NAFMII 主协议或 ISDA 主协议,以降低法律成本。目前,境外中国人民银行类机构可以自主选择两类协议,但普通境外机构投资者只能签署 NAFMII 主协议。NAFMII 和 ISDA 主协议的主要条款均对净额结算机制进行了约定。然而,中国现行的破产法律制度并未考虑到衍生品交易的特殊性,终止净额结算的合法性及有效性仍存在不确定性,在实际操作中存在法律风险,且会对金融机构的强制保证金缴纳与风险资本计提产生影响,提高了金融机构的交易成本与资本金要求。中国人民银行上海总部在积极推动上海国际金融中心与国际金融市场法律制度对接,并取得一些积极进展,但整体仍然具有较大的改善空间。在未来 30 年国际中心排名的调查中,部分外资金融机构甚至认为上海金融法律完善比资本项目开放更加重要。

此外,税收安排还不够明确。境外机构需要明确的税收政策,以便计算税后收益并合理安排缴税资金,但当前税收安排并不明确,仅有散落的部分文件明确了部分券种的特定税收安排。因此,企业不得不需预留部分资金,用于可能产生的税收政策变化,这对境外投资者造成了一定的不便。

（6）从跨境资本流动角度来看，资金汇出仍受到一定限制。国际投资者对中国的资本管制政策及政策制定透明度等尚有担忧，担心投资资金未来出境会有困难。这些担忧对境外投资者参与中国债券市场的意愿产生了较大影响。2020年9月前，中国监管当局要求境外机构投资者累计汇出外汇和人民币资金的比例应该与累计汇入资金的比例保持基本一致，上下波动不超过10%。该规定意在保障资金进出币种的相对稳定，防范币种结构变化的潜在风险，但是，这一定程度上限制了海外投资者资金汇出的便利性。可喜的是，2020年9月21日，中国人民银行和国家外汇管理局取消了境外机构投资中国债券市场单币种投资资金的汇出比例限制，这对于缓解境外机构资金汇出便利的担忧是有积极意义的。其他资金汇出规定则受制于资本项目开放的政策要求。

二 债券市场以及二级市场开放为外资机构发展带来新机遇

未来，中国资本市场开放可能会进入一个深化过程，这对于外资证券业机构整体是有利的。一是中国中央政府对于多层次资本市场的建设和开放倾注了更多的政策力度和政策资源，从党中央、国务院到相关监管部门都亟待构建一个有利于中国经济模式发展转型以及融资结构优化升级的资本市场。中央政府本质上是欢迎外资证券业机构进入并参与中国市场。二是中国内部资本市场制度建设进一步完善，随着新《中华人民共和国证券法》实施以及相关配套改革出台，市场规范程度将进一步提升。三是注册制大力度推进，将会使得市场内部竞争进一步强化，加上退出机制完善，市场在资源配置中的作用将进一步体现，同时这会使得市场投资结构发生重大变化，缺乏专业知识的投资者可能较难在注册制体系下获得稳定回报，具有专业能力的机构投资者将会发挥出其专业水平，这对于以投研为支撑、注重价值、强化风险的外资机构投资者更加有利。四是监管当局对于违法犯罪的惩戒力度空前加大，对消费保护的力度也在加强，这有助于提升资本市场的法治化水平。

特别是，中国债券市场会对外资机构具有更强的吸引力，可能会有越来越多的外资进入债券市场。首先，中国多层次资本市场建设中，除了股权投资外，债权直接融资极其关键。作为全球第二大债券市场，中国债市场规模有望进一步提升,特别是国债、地方政府债、地方政府专项债以及金融债等外资较为看重的品种。其次,在全球利率普遍走低的大背景下,中国同发达国家的利差保持在较大水平上,这提高了中国债券的国际吸引力。再次,人民币汇率定价机制的市场化程度显著提高,外资机构可以凭借来自成熟市场的经验和工具来预判汇率风险并做出适当应对。最后,国债是参与银行间回购市场的基础抵押物,持有一定规模的国债有助于未来外资机构广泛参与国内回购市场,有利于提升市场深度。

第五章 外资诉求：开放措施不公平还是外资水土不服？

第一节 外资机构共同诉求集中于业务准入和日常经营

2020年8月至9月，中国美国商会（American Chamber of Commerce in China）（以下简称美国商会）发布了《2020年度美国企业在中国白皮书》、中国欧盟商会（以下简称欧盟商会）发布了《欧盟企业在中国建议书2020/2021》、日本贸易振兴机构（以下简称日本商会）发布了《中国经济与日本企业2020年白皮书》。我们研究团队通过对三家商会诉求的整理和对比，按照商会内容重合程度，分为高重合度诉求（三家商会同时提及的诉求）和次高重合度诉求（两家商会同时提及的诉求），单家商会强调的诉求将在本章第二节中具体呈现。

总体来看，外国商会的共同诉求主要体现在业务准入和日常经营环节。商会间共识性的诉求仍然体现出对国内开放不公平更高的关注度，同时外资水土不服的诉求也具有较高的比重，但略少于前一类诉求。需要特别说明的是，本章对欧、美、日三大商会的业务诉求进行总结和梳理，是为了更好地了解外资金融机构对于中国金融开放的诉求，从而进一步推动中国金融的积极、稳妥开放。但是，对三大商会诉求进行的整理和归纳，均是对三大商会观点的提炼，并不一定代表我们认可这些抱怨和诉求。

2020 年美日欧三大商会的共同诉求分析

根据三大商会 2020 年发布的报告,三家商会同时反映的诉求具有以下特征:从行业角度来看,银、证、保均有涉及,银行业诉求略多,具体反映在银行间企业债券主承销资格、跨境融资限制和终止净额结算等方面;保险业的共同诉求反映在中介机构准入和"偿二代"监管要求等方面;证券业共同诉求反映在"债券通"相关限制放开方面。三大商会也都比较关注金融业的税收制度改革问题。从开放环节来看,"高重合度诉求"主要集中在日常经营(4 条)和业务准入领域(3 条)。从因素类型来看,"高重合度诉求"主要体现为因素三(5 条)和因素二(4 条)。

表 5-1　　　　　　　　三大商会的共同诉求(2020 年)

银行间债券主承销商资格(业务准入,因素二) 银行跨境融资管理(日常经营,因素三) 推广并扩大"终止净额结算"(日常经营,因素三)	"债券通"相关限制(如做市商、南向通等)(业务准入,因素二/因素三)	保险中介机构准入和业务放开(如保险经纪、保险代理、保险公估等)(业务准入,因素二) "偿二代"(C-ROSS)体系规则设置不合理且存在歧视(日常经营,因素二/因素三)
各金融领域存在的税收制度问题(日常经营,因素三)		

资料来源:美国商会《2020 年度美国企业在中国白皮书》、欧盟商会《欧盟企业在中国建议书 2020/2021》、日本商会《中国经济与日本企业 2020 年白皮书》,由课题组整理。

(一)银行业共同诉求:债券主承资格、跨境融资限制和终止净额结算

银行业方面,2020 年三家商会的共同诉求主要集中在银行间企业债券主承销商资质、银行跨境融资限制和终止净额结算等 3 个领域。其中,银行间企业债券主承销资格涉及市场准入,属于第二类因素;后两者涉及日常经营,属于第三类因素。

在银行间企业债券主承销商资格方面,三家商会认为获批机构数量过少,尤其是美资和日资金融机构这方面诉求较多。根据 2019 年中国银行业市场交易商协会发布的公告,德意志银行(中国)有限公司、法国巴黎

第五章 外资诉求：开放措施不公平还是外资水土不服？

银行（中国）有限公司获批开展非金融企业债务融资工具 A 类主承销业务。① 鉴于目前主要获批机构为欧洲银行，美国商会和日本商会对此有较多诉求。譬如中国美国商会提出，"一些美国金融机构自 2018 年 10 月，就已向中国银行间市场交易商协会申请相关许可证，但申请始终未获批"②；日本商会则表示，"虽然日资金融机构在 2019 年 9 月获得了公司债承销资格，但始终未能获得公司债主承销资格"③。欧盟商会也在 2020 年发布的白皮书中表达了对获批机构数量提出了诉求。④

关于跨境融资管理的主要诉求集中在额度限制、流程便利化等方面，但三家商会的侧重点各有不同。其一，在额度限制方面，美国商会的诉求主要体现在净资本监管指标限制。目前中国监管设置了不超过 25% 资本净额的监管指标。美国商会提出，实施此规定阻碍业务运营，需要根据外资银行业务的具体特征相应地制定监管程序。⑤ 欧盟商会和日本商会则更关注对集团内融限制的放开。不同于欧洲商会的诉求侧重风险监管指标计算，譬如将集团内风险暴露从大额风险暴露管理办法的适用范围中移除，根据外资银行实际情况，允许灵活处理流动性比率（如在存贷比中，允许将母行存款视同企业存款处理）、豁免存款偏离度等；⑥ 日本商会更关注委托贷款管理相关限制的放宽。⑦

其二，在流程便利化方面，美国商会指出利润汇回流程耗时较长，且时间上具有较强的不确定性；⑧ 欧盟商会认为应以书面规定代替国家外汇政策的窗口指导，同时取消流入/流出限额和临时贷款增长指标；⑨ 日本商会则关注开展境外贷款等业务时外汇和人民币对外支付限制，以及降低外

---

① 中国银行间市场交易商协会：《关于外资银行类会员参与非金融企业债务融资工具 A 类主承销业务市场评价结果的公告》（〔2019〕20 号），2019 年 9 月 2 日，http：//www1.f5.nafmii.org.cn/hygl/hygl/hypj/tztb/201909/t20190902_77759.html。欧盟商会在其《欧盟企业在中国建议书 2020/2021》中指出，目前有三家本地注册的外资银行获得主承销商资格。
② 美国商会：《2020 年度美国企业在中国白皮书》，第 231 页。
③ 日本商会：《中国经济与日本企业 2020 年白皮书》，第 257 页。
④ 欧盟商会：《欧盟企业在中国建议书 2020/2021》，第 306 页。
⑤ 美国商会：《2020 年度美国企业在中国白皮书》，第 231—233 页。
⑥ 欧盟商会：《欧盟企业在中国建议书 2020/2021》，第 305—306 页。
⑦ 日本商会：《中国经济与日本企业 2020 年白皮书》，第 257 页。
⑧ 美国商会：《2020 年度美国企业在中国白皮书》，第 237 页。
⑨ 欧盟商会：《欧盟企业在中国建议书 2020/2021》，第 312 页。

汇风险准备金等内容。①

其三，在制度设计层面，日本商会报告肯定了中国在跨境融资管理模式方面的监管实践，指出中国人民银行 2017 年发布的 9 号文规定跨境融资管理模式可在投注差模式和宏观审慎管理模式中任选其一进行融资，体现出较强的灵活性，对外资利好。但其同时建议，进一步放宽和废除自贸区内的跨境融资管理制度。②

三大商会都对衍生品交易结算规则提出了调整诉求，特别应推广并扩大终止净额结算。美国商会指出，中国交易衍生品以非净额为基础来计算资本充足率和流动性比率，增加了衍生品交易的资本成本，建议推广并扩大净额结算的适用范围。欧盟商会对该诉求的态度更为激进，表示应"强制执行"终止净额结算条款，具体通过修订《破产法》消除终止净额结算强制执行的不确定性、针对终止净额结算立法或明确规定采用终止净额结算的流程。③ 日本商会不像美欧商会明确表示采用终止净额结算的国际惯例，但也提出类似的诉求。其指出，在中国法律体系中，并不认可债权债务轧差的法律有效性。日本商会建议，伴随着跨境回购交易及金融衍生品需求不断高涨，应认可金融衍生品交易、回购交易违约轧差的法律有效性。④

（二）证券业共同诉求："债券通" 相关限制

证券业方面，2020 年三家商会对"债券通"相关限制都存在一定的诉求，其中美、欧商会更关注做市商资格，这可以归为因素二（分类参见本书导论），而日本商会更关注"南向通"的正式引进，这属于因素三。相关诉求主要涉及市场准入环节。

美国商会指出，中国政府在 2020 年为投资者实施大宗交易配额、三年免税政策以及实时货银对付，改善债券通，美国商会对此表示认可，此举反映了中国继续开放债券市场的承诺。但其同时指出，目前外国投资者

---

① 日本商会：《中国经济与日本企业 2020 年白皮书》，第 321 页。
② 日本商会：《中国经济与日本企业 2020 年白皮书》，第 275 页。
③ 美国商会：《2020 年度美国企业在中国白皮书》，第 238 页；欧盟商会：《欧盟企业在中国建议书 2020/2021》，第 311 页。
④ 日本商会：《中国经济与日本企业 2020 年白皮书》，第 257—258 页。

第五章　外资诉求：开放措施不公平还是外资水土不服？

在中国债券市场总体参与度较低。① 欧盟商会指出，外资银行的合规要求通常要比中国同行严格得多，而资产负债表规模却更小，因此其在债券交易额和库存规模上难以与中国同行竞争。② 不同于美欧商会的关注点，日本商会就居民对外投资的内容更感兴趣，其涉及"债券通"的内容主要体现在南向通及其引进时间的明晰。③

（三）保险业高重合度诉求：中介机构准入限制、对再保险企业偿付能力监管要求的修订

保险业方面，2020 年三家商会对保险中介机构的准入和业务限制，以及对外资再保险企业的监管要求存在调整诉求。相关诉求涉及准入和日常经营环节，包括因素二和因素三。

关于中介机构和相关业务限制，美国商会关注保险经纪公司准入的落实，日本商会关注保险兼业代理机构资格的恢复，欧盟商会更关注保险中介整个行业对外资的准入限制。相关诉求涉及市场准入，属于第二类因素。

对落实外资保险经纪公司在华经营方面，美国商会表达了较为强烈的诉求。银保监会于 2018 年 4 月 27 日发布了《关于放开外资保险经纪公司经营范围的通知》，该通知列出了允许外资经纪公司在华放开经营的五个业务范围，原则上与国内保险经纪公司公平竞争。但美国商会指出，银保监会仍未受理任何一家在美国设立的外资保险经纪公司关于在华扩张业务的牌照申请。④ 欧盟商会从加强信息和政策透明度的角度，强调了保险中介业务准入及其相关管理的诉求。其指出，根据最近修订的《中华人民共和国外资保险公司管理条例》第 40 条，外国保险集团公司现可以在中国设立外资保险公司，但该条例未提及保险中介公司。其建议，应允许外资保险集团公司设立保险中介机构，包括保险经纪、保险代理、保险公估公司等，并出台相应的配套管理规定。⑤ 日本商会指出，相关监管部门关于保险兼业代理机构资格核准方面的政策调整并不合理。2012 年 3 月，原中国保监会发布通知，暂停金融机构、邮政以外的所有保险兼业代理机构资格核准。日

---

① 美国商会：《2020 年度美国企业在中国白皮书》，第 239 页。
② 欧盟商会：《欧盟企业在中国建议书 2020/2021》，第 308 页。
③ 日本商会：《中国经济与日本企业 2020 年白皮书》，第 275 页。
④ 美国商会：《2020 年度美国企业在中国白皮书》，第 373 页。
⑤ 欧盟商会：《欧盟企业在中国建议书 2020/2021》，第 324—325 页。

本商会希望在明文规定严格的准入制度、明确禁止行为等基础上，撤销暂停保险兼业代理机构资格核准的措施。①

2016年，保监会开始正式实施中国风险导向的偿付能力体系——中国第二代偿付能力监管制度（简称"偿二代"，又称C-ROSS体系）。三家商会均认为偿二代/C-ROSS体系的监管还需要进一步改革。美国商会认为偿二代对再保险公司之间的跨境交易施加了过多的支出和抵押要求，欧盟商会认为C-ROSS将再保险分公司独立计算，大大限制其运营能力。日本商会则指出C-ROSS体系高估境外再保险机构信用风险，对外资构成了一定的障碍。欧美商会的诉求属于第三类因素，日本商会的诉求属于第二类因素，所有诉求均涉及日常经营环节。

美国商会认为，"偿二代"对中国再保险公司与离岸再保险公司之间的跨境交易施加了过多的资本支出和抵押要求。跨境再保险交易的不利权重会阻碍跨境再保险交易，导致风险集中在中国而不是更广泛地分散风险。美国商会指出，银保监会还有其他成本更低的手段来确定此类离岸再保险公司的稳健性，包括与离岸再保险公司的本国监管机构进行咨询的方式。商会建议银保监会重新考虑实施偿付能力监管规则第8号"信用风险最低资本"的监管内容。② 欧盟商会指出，根据C-ROSS体系，在华运营的外资再保险分公司目前需要独立于其国际总部、单独计算偿付能力比率。按照之前中国保监会发布的《再保险业务管理规定》，根据总部的偿付能力来确定其中国分公司的偿付能力更符合正在进行的开放金融领域的监管和管理改革。③ 日本商会指出，与中国境内再保险机构相比较，根据C-ROSS计算偿付能力充足率所需的最低资本时，中国境外再保险机构的信用风险比率较高。对此，日本商会建议，应按照再保险机构的信用能力修改系数，使中国境外的再保险机构能够有更多机会进入中国境内的再保险市场。④

（四）其他高重合度诉求：税收制度的完善与统一

除具体金融行业之外，三家商会都涉及税制改革的内容，并且涉及多

---

① 日本商会：《中国经济与日本企业2020年白皮书》，第269页。
② 美国商会：《2020年度美国企业在中国白皮书》，第371—372页。
③ 欧盟商会：《欧盟企业在中国建议书2020/2021》，第325—327页。
④ 日本商会：《中国经济与日本企业2020年白皮书》，第269页。

个不同的金融领域。譬如,欧盟商会侧重银行业缺乏统一的增值税申报机制问题,日本商会侧重证券业的跨境证券投资税制改革,而美国商会侧重保险业的海外险种豁免。该类诉求主要涉及日常经营,属于因素三。

欧盟商会针对银行增值税申报机制提出合并需求,其指出中国缺乏统一针对银行业的增值税申报机制,可能带来高昂的增值税合规行政成本,也会造成同一银行/集团的不同子公司/分支机构之间出现增值税不平衡的问题。① 日本商会的诉求集中在跨境证券投资税制方面,尤其在利息、资本利得、股息收益的所得税及增值税方面,指出应明确相应免税措施并长期执行。② 美国商会则指出增值税改革反而加重了保险公司的税负负担,其指出主要原因在于相关改革将增值税的适用范围扩大到了公司债券等固定收益类投资产品的利息收入,而在营业税制度下这类收入是免税的。美国商会建议恢复相关收入的免税资格,或者至少采用"新老划断"方式对增值税改革之前发行的债券实行免税。此外,改革将应税保费相关产品的税率从5%提高到6%。进项税额虽然可以抵扣,但比例不足。美国商会对此建议,在全国统一增值税的适用范围,并扩大进项增值税的抵扣范围。③

第二节　欧美日外资金融机构诉求的各自特点

一　美国商会近三年金融领域诉求变化

(一) 美国商会对中国金融开放的总体态度

2020年美国商会报告指出:虽然挑战重重,但在过去一年中,中国多次承诺对外商投资企业提供平等待遇。最值得一提的是,全国人大于2019年3月通过了新的《中华人民共和国外商投资法》(以下简称《外商投资法》),该法于2020年1月1日生效。《外商投资法》及其《实施条例》(2019年11月发布)正在认真尝试解决外资企业长期面临的许多挑战。这些立法方面的努力得到了美国商界认可,美国商会对中国的投资环境也

---

① 欧盟商会:《欧盟企业在中国建议书2020/2021》,第308页。
② 日本商会:《中国经济与日本企业2020年白皮书》,第275页。
③ 美国商会:《2020年度美国企业在中国白皮书》,第375页。

抱有更为乐观的态度。除了《外商投资法》，国务院还发布了《优化营商环境条例》和《关于进一步做好利用外资工作的意见》，强调中国将对外商投资开放，并承诺对外商投资企业一视同仁，这是中国改善营商环境工作的重要部分。美国商会认识到了中国继续支持经济开放，希望在承诺和一般性政策和原则的基础上，金融开放有更多具体的政策细则出台。

美国商会 2018—2020 年每年发布的《美国企业在中国》报告中，对各行业分领域的金融开放提出了建议（见表 5-2）。具体到行业层面，美国商会对取消外商投资信用评级机构的市场准入及运营壁垒持较高评价。美国商会认为，近年来中国在证券市场、债券市场、资产管理、托管服务等方面开放也都持续有所进展。

美国商会最新的诉求主要在推动与国际标准接轨层面，这反映了更高层次的开放要求。2019 年银行业开放进展相对缓慢，美国商会指出需要取消银行业的所有配额，包括外债。美国商会报告认为，保险业开放的总体进程较缓慢，2019 年美国商会在这方面的诉求有所增加，主要诉求聚焦在网络安全合规成本、养老金和医疗保险牌照发放、互联网保险渠道放开和税收冲突等领域。资本账户开放方面，人民币国际化的诉求在 2020 年并未被提及，近年来美国商会比较强调债券通、沪深港通等互联互通机制相关资格和权益的放开。

课题组对 2018—2020 年美国商会报告做了三大行业、五大因素诉求的量化分析。在过去三年中，美国企业对中国金融业开放的诉求数量分别为 45 条、46 条和 46 条，合计 137 条。

根据课题组的文本分析，近三年来美国商会主要的诉求侧重于"因素三：对法规体系不适应"（56%）与"因素二：事实上差异对待"（31%）两个方面。此外还涉及了"因素一：法规上差异对待"（11%）、"因素四：金融市场环境不成熟"（2%）两方面。

换角度来看，在诉求的数量分布上，美国商会外资机构面临水土不服的挑战（因素三和因素四，占比 58%）要大于差异待遇的挑战（因素一和因素二，占比 42%）。从历年来看，美国商会在差异待遇方面的诉求呈现递减趋势，水土不服方面的诉求则呈现递增。2020 年，水土不服方面的诉求数量大约是差异待遇数量的 2 倍。

第五章 外资诉求：开放措施不公平还是外资水土不服？

表5-2 美国商会2018—2020年白皮书关于金融开放相关的主要建议

评估主体	2018年白皮书主要建议	2019年白皮书主要建议	进展评价	2020年白皮书主要建议	进展评价
		银行业			
商业银行	加快市场开放，让外资银行更多参与	取消或放宽外资信用评级机构的外国所有权限制	有所进展	取消银行业所有配额，包括外债	进展一般
		证券业			
证券	进一步考虑证券合资企业的业务范围扩张，合资伙伴资格，外国投资者资格以及境外基础设施杠杆，等等，取消证券合资企业的所有权上限	取消包括证券合资企业的发牌限制以及证券合资企业的大多数所有者的财务要求	有所进展	明确规定资金抽回流程的时间节点，缩短流程周期将提高美国投资者在境内配置资本的动力；在投资者最终客户要求汇回资金时，美国投资者将更有信心	有所进展
债券和衍生工具	进一步调整市场惯例使之符合全球标准，建立公司受托人结构以进一步保护投资者	允许金融做市商，进一步改善债券通计划	有所进展	改为采用所有权转移回购格式以及国际公认的交易的违约处理操作；明确三方回购协议；扩大第三方机构的资格安排，包括除银行间债券存管结算以外代理大型金融机构	有所进展
资产管理	N/A	发布资产管理行业实施细则，明确如何设立外资控股的合资企业	N/A	遵循2020年4月1日起实施的"取消公司外资股比限制"的规定，取消现行两年境内经验要求，认可符合条件的申请人的境外经验和业绩	有所进展

163

续表

评估主体	2018年白皮书主要建议	2019年白皮书主要建议	进展评价	2020年白皮书主要建议	进展评价
托管服务	允许基金行政服务管理人分包或转包；在现行体系、基础设施和运营模式下，继续开展QDLP基金会行政管理服务。修改中国银监会第12号通知和中国证监会"证券投资基金托管业务管理办法"，允许外资分行提供全面的托管服务	允许在华外资银行分行为国内证券投资基金提供全面托管服务	有所进展	取消外国投资者需与地方分托管行直接签订协议的规定，从而使全球托管行在中国大陆市场得到认可	有所进展
信用评级	在市场和产品上实施信用评级开放	取消包括合资企业的发牌限制，以及证券合资企业的大多数所有者的财务资格要求	有所进展	履行承诺，消除外商投资信用评级机构的市场准入及运营壁垒	进展明显
网络安全				明确允许公司及其子公司进行内部跨境数据传输	N/A
保险业					
所有权	取消所有外资股东在寿险公司及其附属机构中持股的上限规定	出台详细的实施措施，说明将经营保险业的企业的外国股权上限提高至51%	有所进展	发布详细的实施措施，说明保险业外资股比限制如何取消	有所进展
网络问题		明确《中华人民共和国网络安全法》《网络安全法》中关键概念的定义，审查现行措施的有效性		明确《网络安全法》中的关键定义，包括"关键信息基础设施""个人信息""关键数据""适用监督管理机构"，并审查法律中目前所述措施的有效性	进展一般

164

第五章 外资诉求：开放措施不公平还是外资水土不服？

续表

评估主体	2018年白皮书主要建议	2019年白皮书主要建议	进展评价	2020年白皮书主要建议	进展评价
牌照		向外商投资申请人颁发牌照，加强养老金和医疗保险业的竞争		增加外商投资申请人牌照发放，确保外商投资和内资保险公司享有平等待遇，促进竞争；此外，颁布详细的实施条例说明外国经纪牌照发放流程，以及外商投资经纪公司申请牌照流程	进展一般
销售服务渠道		进一步开放互联网保险渠道，允许包括重大疾病保险在内的更多险种在全国范围内进行线上销售		进一步开放互联网保险渠道，允许包括重大疾病保险在内的更多险种在全国范围内进行线上销售	进展一般
中国风险导向的偿付能力体系（C-ROSS）		2019年《白皮书》未就此提出建议		制定官方程序，使企业可以就中国风险导向的偿付能力体系监督管理委员会发出书面咨询	N/A
税务问题		修正增值税改革后保险公司沉重的税收负担		恢复（保险）企业债券和债务项目利息收入的免税状态，或者至少对改革前发行的债券免征增值税	进展一般
人民币国际化	加强政策沟通来引导市场预期；在跨境投资和贸易中，尤其在"一带一路"项目中推广使用人民币				

资料来源：美国商会：《美国企业在中国白皮书》2020年、2019年、2018年，由课题组整理。

165

表5-3　　　美国商会三大行业五大障碍因素的诉求变化统计

类目	年份	银行业	证券业	保险业	小计
因素一	2018		4	4	8
	2019			4	4
	2020		1	2	3
	小计	0	5	10	15
因素二	2018	2	6	5	13
	2019	3	5	9	17
	2020	4	2	7	13
	小计	9	13	21	43
因素三	2018	3	10	10	23
	2019	7	8	10	25
	2020	9	8	11	28
	小计	19	26	31	76
因素四	2018		1		1
	2019				
	2020		2		2
	小计	0	3	0	3

注：统计不同金融领域诉求时，涉及领域交叉的部分采取了重复计数。
资料来源：美国商会2018—2020年报告，由课题组整理。

从美国银证保三大行业的历年诉求变化来看，银行业诉求数量较少但逐年增加，表明相比以往逐年有了更高层次的开放诉求。证券业的诉求近年大幅减少，保险业的诉求始终维持在较高水平。

从五个因素的分类角度来看近三年的诉求变化，美国商会围绕"事实上差异对待"和"对政策法规体系不适应"的诉求最密集，尤其是后者。美国商会对因素一诉求数量在2020年锐减；因素二方面的诉求有所下降；因素三方面的诉求始终保持较高的数量，且逐年增加；因素四主要是涉及信用风险对冲工具的少量诉求（分类细节参见本书导论）。

将五大因素与金融开放环节相匹配，因素一主要体现在机构准入环节，因素二主要体现在业务准入以及对开放承诺的落实，因素三至五主要

第五章 外资诉求：开放措施不公平还是外资水土不服？

体现在外资机构进入后，在日常经营中所面临的问题。从不同金融领域的诉求分布来看，美国商会对银行业对于机构准入方面已经不存在诉求，其主要诉求涉及日常运营，其次是业务准入方面的诉求；证券业最多的诉求集中在日常运营方面，业务准入次之，机构准入最少；保险业在日常运营和业务准入方面的诉求比较集中，其次为机构准入。

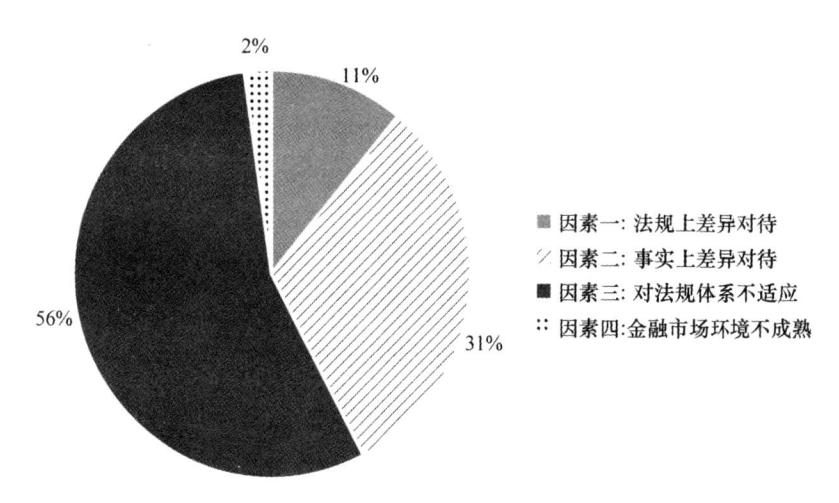

图 5-1 近三年美国商会诉求在五类因素上的分布

资料来源：美国商会2018—2020年报告，由课题组整理。

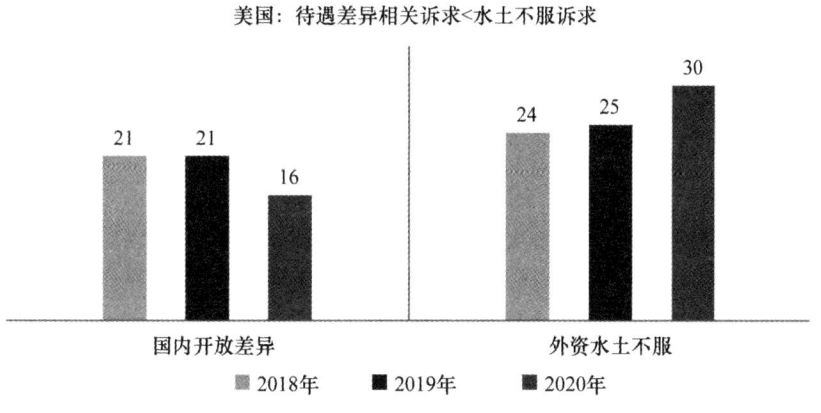

图 5-2 美国商会历年诉求类别

资料来源：美国商会2018—2020年报告，由课题组整理。

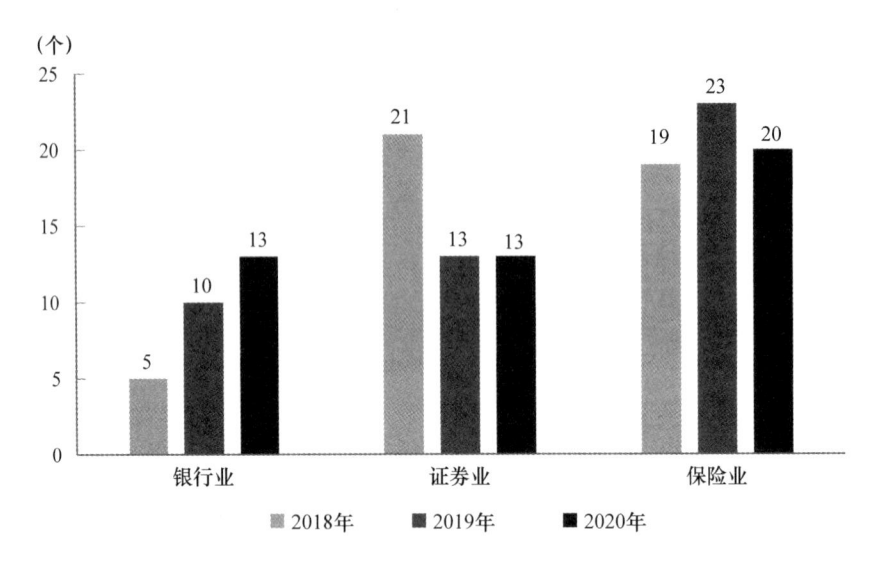

图 5-3　美国商会对三大领域诉求在近三年的变化

资料来源：美国商会 2018—2020 年报告，由课题组整理。

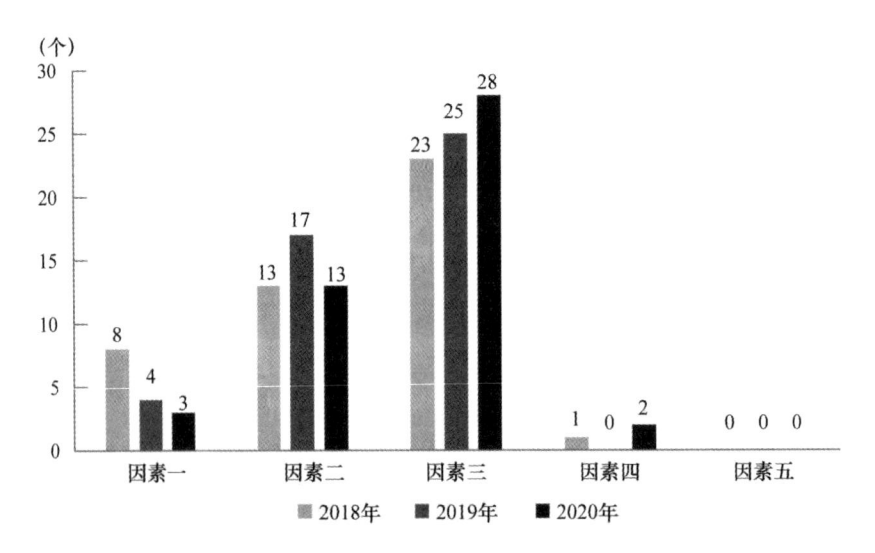

图 5-4　美国商会对五大因素诉求的近三年变化

资料来源：美国商会 2018—2020 年报告，由课题组整理。

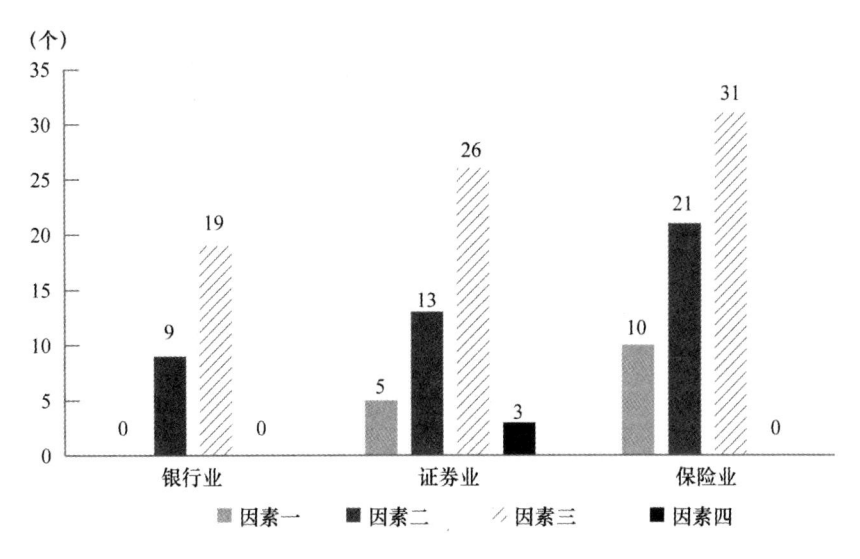

第五章 外资诉求：开放措施不公平还是外资水土不服？

图5-5 从三个行业、五类因素来看近三年美国商会的诉求分布

资料来源：美国商会2018—2020年报告，由课题组整理。

（二）美国商会对金融行业开放的诉求特征分析

1. 从三个行业、五类因素来看美国商会诉求的特点与变化

在银行业领域，美国商会尚未涉及因素一的诉求。在因素二方面，诉求集中在债券主承销商资格、托管业务限制和债券回购交易准入等方面。具体来看，主承销商资格界定方面，2018年美国商会提出了关于银行间债券市场公司债券和金融债券的主承销商资格诉求，以及非金融企业主承销资产保证票据牌照诉求，但2019年和2020年只聚焦公司债券主承销商资格的获取。托管资格界定方面，2018年和2019年对托管人的资格门槛存在调整诉求；2020年的诉求转向资本保证金的存托银行资格方面，并提出需要逐步推动境内结算代理行向托管行转型。此外，2019年和2020年开始强调银行间市场债券回购市场的准入资格，要求放开三方回购资格。

在因素三方面，美国商会的诉求集中在跨境信贷额度、净额结算方式和资管业务界定方面。具体来看，根据2018年发布的《商业银行大额风险暴露管理办法》，银监会规定境内跨境信贷额度上限为净资本的25%。该措施的实施对内外资银行一致，并不涉及违背国民待遇原则的问题。但

169

美国商会认为此举限制了业务,应根据外资银行业务的具体特征而定。在结算方式方面,美国商会指出中国应在衍生品交易中扩大净额结算的适用范围,推广并扩大"终止净额结算"。对银行间债券结算代理应采用国际最佳做法,实现交易与结算分离。鉴于目前中国开放了境内理财子公司的控股,美国商会在2020年对资管提出新的诉求,即明晰财富管理公司的业务经营范围。

从证券业来看,在因素一方面,从2018年对外资股东资格限制放开、合资伙伴资格限制放开、期货合资企业所有权开放以及落实所有权放开承诺等4项内容,再到2020年仅涉及基金管理人准入资质放开1项诉求。

在因素二方面,比较一致的诉求体现在债券通做市商资格限制的放开。2018年和2019年强调的牌照申请的数量和地域限制、拓宽私募基金管理外商独资企业资金募集渠道以及借出代理人资格限制在2020年均无体现。2018年对取消基金管理人相关业务限制、开放衍生品尤其是商品期货交易,以及拓展外国证券企业的所有权至期货合资企业等相关诉求,在随后的两年也都没有体现。2020年新增了针对金融基础设施的措施,希望允许外资证券公司将境外基础设施和在岸合资企业整合起来并能够收取系统支持费用,以降低其在中国的运营成本。

在因素三方面,比较一致的诉求体现在市场结算、收益汇回和信用评级等方面,但部分诉求领域各年的侧重各有不同。2018年和2019年关注的熊猫债与国际会计标准对接的诉求都没有体现在2020年的报告中。结算和清算规则方面,2018年关注的重点在国际债券市场清算和结算规则的规范性方面,2020年美国商会新增证券结算方式向全款对付转型的诉求,并鼓励中国能够与国际T+2的结算周期接轨。收益汇回方面,2019年诉求体现在熊猫债收益汇回存在逐案审批要求,2020年的诉求则反映在外资机构利润汇回的流程烦琐和时间冗长方面。信用评级机制方面,重点反映在对信用评级下限(AA)的调整诉求方面。

在因素四方面,比较一致的诉求体现在对冲工具方面,每年的诉求重点有所不同。2018年诉求包括培育信用风险对冲工具,允许国际证券公司与更多在岸公司进行交易,并为跨境衍生品和其他产品提供便利。2020年诉求则集中体现在放宽STAR市场交易资格限制,以及尽快落实引入股票指数,增加和对冲境内资本市场的风险敞口。

第五章 外资诉求：开放措施不公平还是外资水土不服？

从保险业来看，在因素一方面，美国商会始终比较关切分支机构设置障碍以及落实人寿保险股比限制承诺。美国商会提到，外资机构申请设立时往往经历严格且漫长的审批流程。其他诉求在各年均有不同侧重，譬如2018年和2019年，美国商会比较关切健康保险和养老保险的市场准入问题，以及保险资管公司存在的股东资质要求；2019年着重强调了外资保险机构所有权变更的自主权限制，并指出与内资存在一定差距；2020年美国商会关注的诉求具体包括"落实取消人身保险外资股比上限的承诺"，以及基金管理公司在申请机构保险和养老资产时面临的基金管理人资格限制等。

在因素二方面，美国商会在保险经纪公司准入、保险资管和年金管理资格、业务资质内外资一致等方面存在较强的调整诉求。譬如在保险经纪公司方面，美国商会在2018年要求营业执照的申请条件和内资一致；在2020年则表示，虽然外资保险经纪公司在华经营业务范围已放开，但银保监会尚未接受美资机构的牌照申请。在保险资管牌照申请方面，其诉求也从"获得在华经营牌照"到"加快牌照申请处理速度"。近两年来，中国在企业年金和职业年金管理资格方面对外资存在严格的限制，商会对此提出内外资申请资格一致性的诉求。2018—2019年提出，在确定保险公司使用保险资金投资资本市场的资质时，希望充分考虑该保险公司母公司的规模和投资业绩。2019—2020年提出，希望取消所有外国健康保险公司参与中国健康保险业时面临的所有非审慎性障碍；颁布监管规则和指南时，能够根据财产险公司和意外险公司的全球规模和经验对保险公司进行更精确的区分。

在因素三方面，美国商会对于保险业始终存在非常密集的调整诉求，比较一致的诉求集中在运营合规成本过高、不合理的信息化管理诉求、保险公司治理监管定义模糊、再保险公司的跨境交易限制和多重监管负担、海外税收豁免政策需改善等方面。譬如在税收政策方面，美国商会指出海外税务豁免政策对外资保险机构的影响需要受到关注；另外，国内"营改增"后，此前享受税收豁免的公司债券等固收类产品利息收入反被纳入增值税征收范围，导致保险公司税负不降反增。此外，美国商户诉求还集中在外资健康保险公司的非审慎性障碍、财产保险监管对外资情况区分优待等方面。2018年和2019年年度报告中，美国商会的诉求还涉及了保险经纪公司业务范围扩大、保险资金和投资工具使用，以及偿二代规则的一致性和透明性方面的诉求，但这些诉求在2020年并未出现。

2. 美国商会对资本账户开放的诉求

资本账户开放和以上三个领域存在诸多交叉之处，从涉及领域来看，三年来比较一致的诉求体现为"债券通"做市商资格限制、借出代理人资格限制和再保险跨境交易限制三方面的内容。2018年和2019年的诉求涉及跨境信贷限制，以及人民币国际化等。人民币国际化方面，各年侧重略有不同，譬如2018年侧重配套改革障碍，2019年则侧重在岸外资行人民币存款的转账额度限制，2020年对该议题并未提及。2018年，美国商会的诉求涉及北向通资格标准和交易系统方面对外资的限制、国际证券公司与在岸公司的交易限制，以及托管人的证券持有限制等内容，还就外资金融机构参与"一带一路"倡议的监管框架提出了具体的措施建议。美国商会近两年也一直在强调收益汇回方面的问题。2020年商会则新增"放宽STAR市场交易资格范围"的诉求，具体包括市场准入渠道的放开、对冲工具品类增加和放宽信息披露要求等诉求。

3. 美国商会对网络安全和数据管理也提出了较多诉求

美国商会在网络安全和数据管理方面的诉求，涉及了银证保所有金融业领域。其体现在中国法律政策与国际规则不一致所导致的外资机构不适应问题。具体包括五方面的内容：第一，金融数据监管涉及渗透测试和系统扫描漏洞要求，以及行业标准中对国内加密算法的要求，等等，合规成本较高。第二，对跨境数据流的限制过于宽泛，《网络安全法》及随后的《网络安全审查办法》将"安全审查"的"个人信息"和"重要数据"的范围，从"关键信息基础设施"运营者扩展到了几乎所有网络运营者，涵盖了广泛的数据、行业和部门，范围过大。第三，网络运营商方面，"重要数据"范围不明确、发送方和接收方的安全评估合规成本过高。第四，关键信息基础设施监管方面，一是"关键信息基础设施运营者确保灾难备份中心位于中国境内"的要求有待商榷。二是要求关键信息基础设施运营者应对安全管理负责人和关键岗位人员实施安全背景审查，涉及其他国家的隐私问题。第五，外资金融机构被排除在《个人金融信息保护技术规范》和《金融分布式账本技术安全规范》等多个金融行业标准制定和修订讨论流程外。

第五章 外资诉求：开放措施不公平还是外资水土不服？

此外，美国商会还指出，外资机构资本抽回流程和所需时间存在不确定性。譬如合格境外机构投资者将利润汇回国内要提交一份利润审计报告和当地税务局出具的完税证明，这一过程需要耗时1—3个月，且无法预测具体时间节点。

（三）小结

基于前述文本分析，中国金融开放的进展、营商环境的改善确实在相当程度上得到了美国商会和金融机构的肯定和积极反馈。随着一系列金融开放措施的落地以及负面清单的大幅缩减，美国商会对于机构准入阶段的诉求呈现锐减。

目前，美国商会进一步的诉求和建议，集中体现在对法规体系不适应和不公平对待两方面，具体体现在日常经营和业务准入阶段。尤其是近三年来，美国机构对法规体系的不适应甚至呈现出了上升的趋势。从近三年美国商会的诉求数量来看，外资面临水土不服的问题（因素三和因素四，占比58%）要大于差异待遇方面的问题（因素一和因素二，占比42%）。2018年以来，美国商会在国内差异待遇方面的诉求呈现递减趋势，2020年关于水土不服的诉求数量是差异待遇诉求的2倍。其中，水土不服问题部分与我国对标国际最佳实践（best practice）有关，部分与外资机构自身经营战略的本土化有关。

分领域来看，（1）美国商会对银行业的诉求较少，已经不涉及因素一的诉求，诉求集中体现在因素二和因素三，2020年主要关注主承销商资格、托管业务资格、债券回购交易准入、资管业务界定、跨境信贷额度和净额结算方式等方面。（2）美国商会对证券业的诉求近年大幅减少，诉求集中体现在因素三和因素二，在因素一和因素四方面有少量诉求。2020年主要关注外资资产管理公司的资质要求、"债券通"造市商资格、信用评级机制不合理、借出代理人的业务限制以及信用风险对冲工具等领域的资格放宽以及金融市场完善。（3）美国商会对保险业的诉求始终维持在较高水平，诉求集中体现与国际规则不符的因素三，其次是因素二与因素一。2020年主要关注分支机构设立、企业年金和职业年金、外资保险经纪公司、互联网销售渠道等牌照或资质放开，网络安全合规成本高以及监管体系和差别性执法等问题。（4）资本项目开放方面，美国商会三年来比较一致的诉求体现为"债券通"做市商资格限制、借出代理人资格限制和再保险跨境交易限制等三方面的内容。

此外，美国商会在网络安全和数据管理方面有较高的诉求，具体诉求包括：金融数据本地化要求比较严格，对跨境数据流的限制过于宽泛，"重要数据"范围不明确、发送方和接收方的安全评估合规成本过高，关键信息基础设施监管方面不合理，以及外资金融机构被排除在《个人金融信息保护技术规范》和《金融分布式账本技术安全规范》等多个金融行业标准制定和修订讨论流程外。

二 欧盟商会近三年金融领域诉求变化

（一）欧盟商会对中国金融开放的总体态度

在 2018—2020 年发布的《欧盟企业在中国建议书》中，欧盟商会肯定了中国金融体系的重大变革，包括金融稳定发展委员会的成立、各类股比限制的放宽和取消等一系列扩大开放的举措。2020 年欧盟商会报告指出，2020 年 6 月 23 日，政府发布《外商投资准入特别管理措施（负面清单）（2020 年版）》，明确承诺取消先前的限制。

在此背景下，欧盟商会报告认为，中国金融业的开放和改革已经走到紧要关头，监管部门越发需要采取系统性方法，其中应纳入一些重要改革。例如，全面修订《破产法》，落实破产机制；建立更清晰的市场治理体系；允许更多国际评级机构进入市场；实施更有效的审计监管。

欧盟商会进一步指出，2020 年 1 月 15 日，中美两国在华盛顿签署了备受期待的"第一阶段"经贸协议。此举被认为是旷日持久的中美经贸摩擦开始降温的首个信号。在金融服务行业，该经贸协议有助于加快某些领域的开放，如银行、保险、资产管理以及支付与资金管理。就此而言，欧盟商会欢迎取消对证券公司的外资所有权限制。自 2020 年 4 月 1 日起，外资证券公司获准在中国内地设立独资分支机构。欧盟商会希望这预示着中国金融业将会进一步开放。

课题组对 2018—2020 年欧盟商会报告做了三个行业、五类障碍因素诉求的文本分析，欧盟企业对中国金融业开放的诉求数量分别为 38 条、33 条和 36 条，合计 107 条。

第五章 外资诉求：开放措施不公平还是外资水土不服？

根据课题组评估，欧盟商会最主要的诉求侧重"因素三：对法规体系不适应"（57%）与"因素二：事实上差异对待"（27%）两个方面。其后是"因素一：法规上差异对待"（11%）和"因素四：金融市场环境不成熟"（5%）。欧盟商会同样不涉及"因素五：文化习俗不适应"。

换角度而言，待遇差异的诉求（因素一和因素二，占比38%）要远小于水土不服的诉求（因素三和因素四，占比62%）。从历年来看，欧盟商会在国内开放不公平的诉求递减，但外资水土不服方面的诉求呈递增趋势。2020年，水土不服相关的诉求数量是待遇差异相关诉求的2.3倍。

表 5-4　　　欧盟商会三大行业五大障碍因素的诉求变化统计

	年份	银行业	证券业	保险业	小计
因素一	2018	3		3	6
	2019	3		1	4
	2020	1		1	2
	小计	7	0	5	12
因素二	2018	6	1	4	11
	2019	6	1	2	9
	2020	3		6	9
	小计	15	2	12	29
因素三	2018	11	4	5	20
	2019	9	3	4	16
	2020	12	6	7	25
	小计	32	13	16	61
因素四	2018		1		1
	2019	1	2	1	4
	2020				
	小计	1	3	1	5

注：统计不同金融领域诉求时，涉及领域交叉的部分采取了重复计数。
资料来源：欧盟商会2018—2020年报告，由课题组整理。

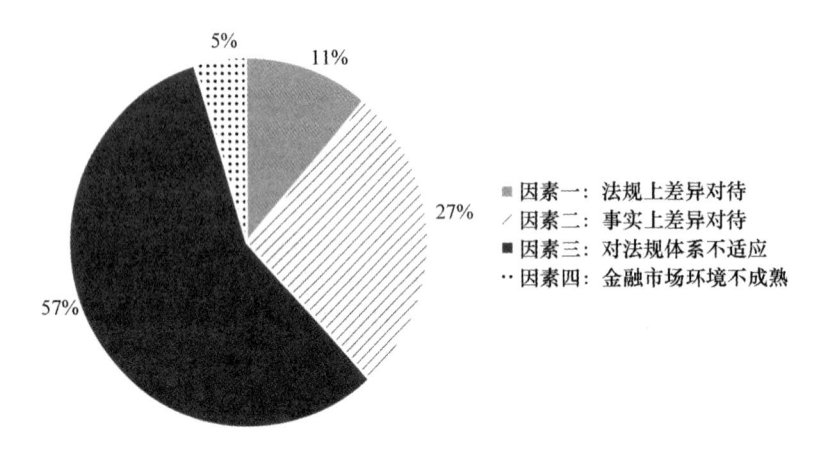

图5-6 欧盟商会对五因素诉求的历年变化

- 因素一：法规上差异对待 11%
- 因素二：事实上差异对待 27%
- 因素三：对法规体系不适应 57%
- 因素四：金融市场环境不成熟 5%

资料来源：欧盟商会2018—2020年报告，由课题组整理。

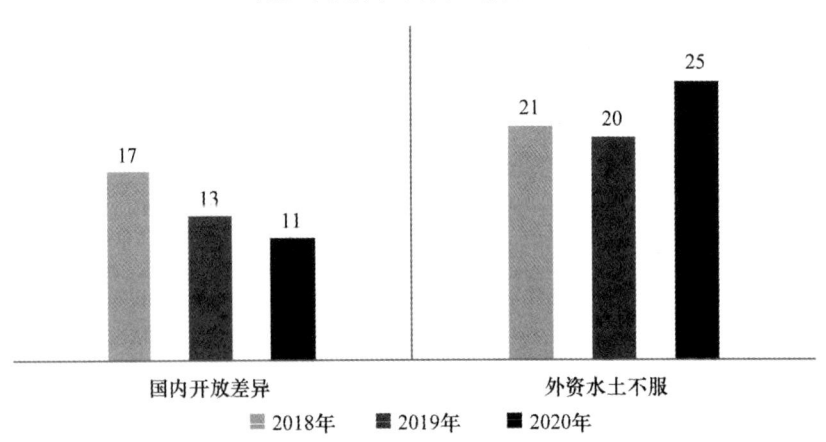

欧盟：国内开放不公平<外资水土不服

国内开放差异：2018年 17、2019年 13、2020年 11
外资水土不服：2018年 21、2019年 20、2020年 25

图5-7 欧盟商会历年诉求类别

资料来源：欧盟商会2018—2020年报告，由课题组整理。

从历年三大领域诉求变化来看，欧盟商会的诉求主要集中在银行业，保险业次之，证券业最少。这与美国商会在证券业和保险业方面的诉求大于银行业的特征存在较大差异。从趋势上看，欧盟商会对银行业的诉求在逐年减少，证券业变化不大，保险业诉求在2020年不降反增。

第五章　外资诉求：开放措施不公平还是外资水土不服？

2019年的报告中，欧盟商会高度肯定了2018年以来中国监管当局在开放保险业方面的一系列举措，其对法律和事实层面的开放都给予了高度评价。2018年3月，中国政府向两家欧洲保险公司发放了全牌照。2019年3月，恒安标准人寿保险有限公司获得批准创立首家外资养老保险合资企业。2020年1月，安联（中国）保险控股有限公司作为中国首家外资独资保险控股公司正式于上海开业。

欧盟商会也指出，外资保险公司在中国的市场份额仍然相当有限。截至2019年，外资保险公司仅占7%（财产险：1.9%，寿险：9.5%）。对于在保险业的一系列开放措施，欧盟商会欢迎这些举措，并希望能够看到开放政策的详细解释。

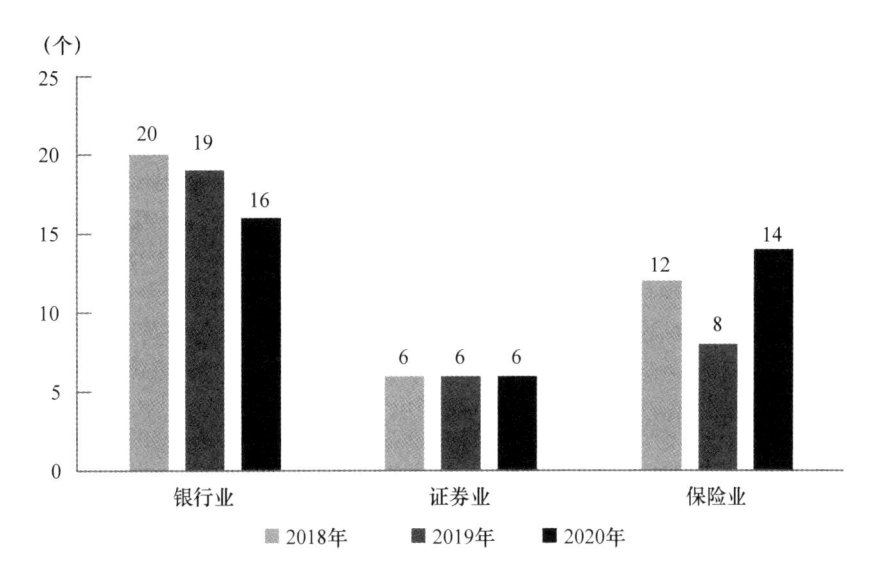

图5-8　欧盟商会对三大领域诉求的历年变化

资料来源：欧盟商会2018—2020年报告，由课题组整理。

从近三年的五类障碍因素的诉求数量变化来看，欧盟商会主要的诉求侧重在因素二"事实上差异对待"和因素三"对法规体系不适应"。其中，因素二基本呈现下降态势，因素三在2020年增长幅度较为明显；因素一"法规上差异对待"方面的诉求占比相对较低，且明显呈现逐年下降的趋势；因素四"金融市场环境不成熟"方面有少量诉求。

从不同金融细分领域的诉求分布来看，与美国商会不同，欧盟商会的诉求重点在银行业。其主要涉及日常运营（因素三至因素四），其次是业务准入（因素二）和机构准入（因素一）方面的诉求。证券业已无机构准入方面的诉求，最多的诉求集中在日常运营方面，业务准入次之。保险业也是日常运营方面的诉求数量最多，其次是业务准入，机构准入类诉求相对较少。

（二）欧盟商会对各金融行业开放的诉求特征

1. 三个行业和五类因素诉求的特点与变化

银行业来看，在因素一方面，欧盟商会近三年主要诉求在于拓展子行和分支行，具体体现在两个方面：一是2019年强调的允许外资银行在华注册的法人银行作为控股子行，以及允许外资银行子行在华设立分行，诉求得到满足后在2020年未再提及；二是简化分支行拓展及业务拓展程序。

在因素二方面，近三年诉求集中体现在债券主承销商资格和发行人民币债券资格方面，要求降低外资银行准入标准，加快审批外资银行与证券公司在中国银行间债券市场上承销国债、中国人民银行票据、金融债和公司债的申请。2019年欧盟商会报告还希望允许外资银行与其他金融机构合资设立全资子公司，获得托管业务、证券业务、基金管理等相关牌照，希望允许外资银行在所有业务类别的准入方面与本土机构平等竞争。2020年没有延续前两年这方面的诉求，而是新增了希望允许外资银行直接成为"债券通"做市商的新需求。

在因素三方面，欧盟商会近三年比较一致的诉求主要体现在四方面。一是解决外资银行的融资限制问题。取消中国境内欧盟银行拆借额不超过其自有资本金2倍的限制，允许欧盟银行从境外融资并直接结汇成人民币，简化欧盟银行母行以筹资为目的发行人民币计价债券（熊猫债）、人民币金融债和资产支持证券的程序。二是灵活处理某些流动性比率和存款比率。2020年欧盟商会报告中做出了最为详细的诉求解读，包括：（1）在流动性匹配率中，将本地一级资本视为稳定的资金来源，并在存贷比中，允许将来自母行的存款视同企业存款进行处理；（2）鉴于其稳定性，在计算流动性比率时，将企业财务公司的存款视为企业存款；（3）在流动性比率中，赋予集团内融资与企业存款相同的权重；（4）在流动性匹配率中，将汽车金融

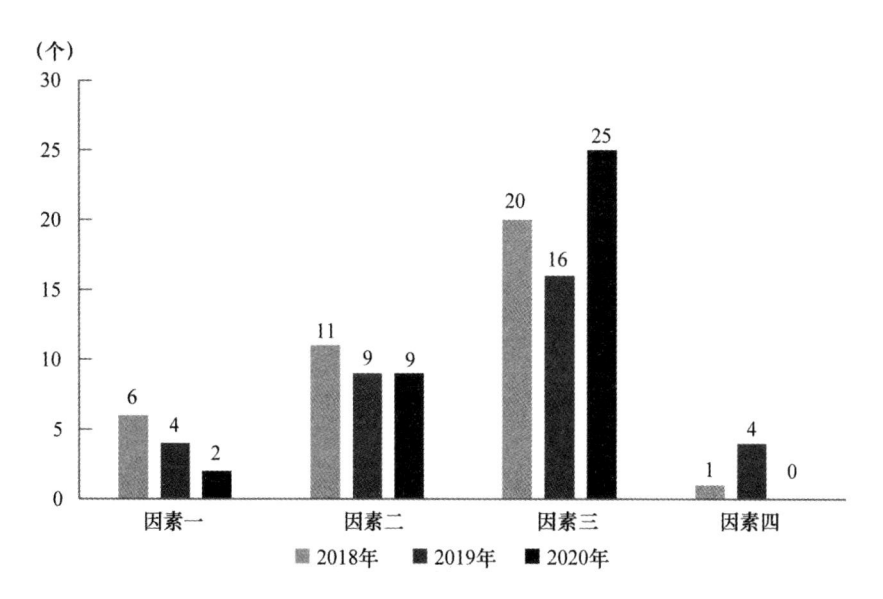

第五章 外资诉求：开放措施不公平还是外资水土不服？

图5-9 欧盟商会对五类障碍因素诉求的历年变化

资料来源：欧盟商会2018—2020年报告，由课题组整理。

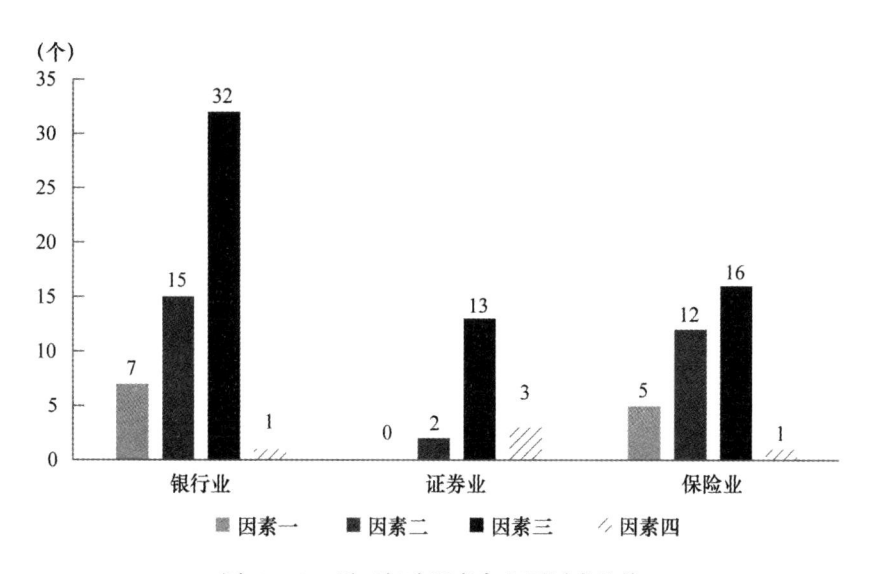

图5-10 近三年欧盟商会主要诉求结构

资料来源：欧盟商会2018—2020年报告，由课题组整理。

公司贷款视同企业贷款进行处理；（5）在流动性匹配率中，增加剩余期限少于3个月的债券和大额存单的权重；（6）考虑外资银行的情况，对资产负债表规模较小的银行采取灵活的处理方式或者豁免存款偏离度的要求。三是取消外债指标和审慎比率。欧盟商会建议取消针对外资金融机构的外债和担保指标；并指出需要将海外分行融到的长期借款净额从流动负债中剔除，从而保障境内融资中内外资享有平等待遇。四是日常监管方面，简化外资行的筹资程序，取消限额及窗口指导，避免使用贷款增长指标，避免使用存款利率的窗口指导。除此之外，2018、2019年两年商会报告中还提到了希望减少银行将信息技术本地化的要求，避免实施涉及信息技术安全和可控性、要求银行购买中国国内技术的条例。2020年商会报告中新增了希望将集团内风险暴露从大额风险暴露管理办法的适用范围中移除的诉求，以及希望强制执行终止净额结算条款。

证券业来看，欧盟商会不存在因素一方面诉求。在因素二方面，欧盟商会在2018、2019年报告中一直在表达允许外资券商和基金管理公司在所有业务类别的准入方面与本土机构平等竞争，2020年商会报告中没有延续相关内容，至此在因素二方面已无诉求。

因素三方面，欧盟商会2019年一直在强调允许资本市场采用"T+2"的结算方式。除此之外，欧盟商会2018年比较强调"建立具有常规流动性的政府债券市场基本框架"的诉求，并指出该市场应具备活跃且流动性高的政府债券期货市场、各种高流动性场外市场、广泛且活跃的国内外投资者群体，以及具有竞争力的税率。但这些诉求在2020年的报告中并无体现。

因素四方面，2018年、2019年主要诉求体现在希望允许将上海清算所发展成为合格中央对手方，并且为外国中央对手方提供同等认可制度。2020年商会报告中没有延续相关内容，至此在因素四方面已无诉求。

保险业来看，因素一方面，欧盟商会的诉求主要集中扩大健康保险的外资准入以及分支机构设立方面。随着2018年来中国在保险业开放方面的积极举措，前两年关于允许外资保险公司在华设立控股公司、简化再保险分公司/子公司流程在最新的报告中尚未提及。2019年报告中仅剩"扩大健康保险的外资投资准入"一条，这也符合欧盟商会对中国健康保险产业长期看好的倾向。而2020年又重新提及希望允许所有外资保险公司每

第五章 外资诉求：开放措施不公平还是外资水土不服？

年每次在多个省份申请分支机构执照，体现了对多省份申请分支机构牌照的持续关注。

因素二方面，欧盟商会比较关注"偿二代"内外一致、互联网保险业务准入、并持续表达参与国内养老金改革的意愿。在中国风险导向的偿付能力体系之下，希望平等对待本地再保险公司和离岸再保险公司，允许外资再保险公司在中国继续使用其母公司的偿付能力比率来满足银保监会的偿付能力、监管要求等相关诉求，这在 2018 年和 2020 年报告中均有体现。欧盟商会希望中国政府能够向符合资质的外资保险机构发放养老保险公司或企业年金受托人的经营执照，并允许将企业年金投资范围扩大到离岸市场。欧盟商会还希望在保险服务领域、投资保险中介机构等方面的管理办法做进一步明确以及出台配套管理措施。此外，2020 年，欧盟商会新增了扩大外资再保险执照界定的业务范围，允许外资再保险公司申请并获得咨询业务许可的需求。

因素三方面，欧盟商会近三年一致的诉求集中在明确互联网保险业务管理办法方面。此外还比较关注扩大健康保险的免税范围（2018—2019 年）。

2. 欧盟商会对资本项目开放的诉求

欧盟商会近三年来关于资本项目开放比较一致的内容体现在对国家外汇管理局和中国人民银行使用指标和"窗口指导"对外资业务限制的行为，建议以书面形式明确发布有关规定并向社会公布。在其他与银行业务相关资本项目开放方面，欧盟商会近两年比较关注跨境信贷限制，具体包括外债结汇等，以及其他资本利润汇回相关的限制。与保险业相关的资本账户开放，欧盟商会在 2018 年比较关注"降低外资保险公司的资本限制"。但随着保险业在近两年开放进度的不断加快，相关诉求在最新的报告中并未再提及。

3. 欧盟商会对构建金融服务良好生态系统提出了较高诉求

欧盟商会在华金融服务建立适合的生态系统有集中的诉求，涉及银证保所有金融业领域，集中体现在中国法律政策与国际规则还需要进一步接轨，以及金融市场环境不成熟问题。具体包括四个方面：一是建立更清晰、更严格的市场治理框架；二是全面改革《中华人民共和国企业破产法》，确保今后落实破产机制；三是允许更多国际评级机构进入市场，确保风险定价更为准确；四是实施更有效、更严格的审计监管。

此外，欧盟商会还提出希望进一步统一、完善税收规则。一方面，加快实施《中华人民共和国增值税法（征求意见稿）》，恢复合并增值税申报机制；另一方面，尽量扩大合并增值税申报资格的范围，不局限于特定行业或大型企业。

4. 欧盟商会对网络安全和数据管理方面的诉求逐年增多

欧盟商会认为外资金融机构在中国境内经营面临较为严峻的网络安全挑战，这些问题与《网络安全法》及有关规定相关，例如国家网信办2017年5月公布的《网络产品和服务安全审查办法（试行）》，以及2017年4月公布的《个人信息和重要数据出境安全评估办法（征求意见稿）》。欧盟商会在过去三年中对数据本地化、关键信息基础设施，以及网络安全检查和渗透测试相关的监管要求一直持较高关注度，但2020年新增对银行业应用云服务规则明晰，以及金融行业标准制定将外资行排除在外等诉求，后者涉及近期中国人民银行发布和推行的《个人金融信息保护技术规范（2020）》与《金融分布式账本技术安全规范（2020）》。这些新增诉求或许与疫情加速数字经济发展趋势有关，一定程度上反映了欧盟商会提前进行战略布局与把握相关规则制定主动权的愿望。

（三）小结

课题组的文本分析显示，从近二年欧盟商会诉求的数量来看，中国金融开放进展、营商环境改善在一定程度上也得到了欧盟金融机构的肯定。随着一系列金融开放措施的落地以及负面清单的出台，不公平待遇相关的诉求明显减少。在近三年的欧盟商会报告中，水土不服相关的诉求（因素三和因素四，占比62%）远大于待遇差异相关的诉求（因素一和因素二，占比38%）。近三年来，欧盟商会在待遇差异方面的诉求还呈现出递减，同时水土不服方面的诉求呈递增趋势。2020年，欧盟商会报告中，水土不服相关的诉求数量是待遇差异相关诉求的2.3倍。

分领域来看，（1）欧盟商会对银行业的诉求最为集中，近三年诉求集中体现在因素二和因素三，其次因素一也有相当程度的诉求。2020年的诉求主要关注分支行拓展、主承销商和发行人民币债券资格、"债券通"做市商、外资银行的融资限制问题、取消限额及窗口指导、灵活处理某些流

第五章 外资诉求：开放措施不公平还是外资水土不服？

动性比率和存款比率、取消长期外债指标、强制执行终止净额结算条款等问题。（2）欧盟商会对证券业的诉求相对较少，近三年诉求集中体现在因素三和因素四，在因素二方面有少量诉求。2020年因素三只剩下一条诉求"统一、完善税收规则"，即希望加快实施《增值税法》，恢复合并增值税申报机制，以及尽量扩大合并增值税申报资格的范围，不局限于特定行业或大型企业。（3）欧盟商会对保险业的诉求相对比较稳定，2020年较前一年甚至不降反升。2020年主要关注分支机构设立、互联网保险业务准入、参与国内养老金改革、扩大外资再保险业务范围、中国风险导向的偿付能力体系之下平等对待内外资以及明确互联网保险业务的管理办法等方面。（4）资本项目开放方面，欧盟商会近三年来关于资本项目开放比较一致的内容体现在对国家外汇管理局和中国人民银行使用指标和"窗口指导"，还比较关注跨境信贷限制，具体包括外债结汇等，以及其他资本利润汇回相关的限制。

在诉求特点上，欧盟商会在华金融服务建立适合的生态系统有集中的诉求，包括建立更清晰、更严格的市场治理框架，全面改革《破产法》，允许更多国际评级机构进入市场，实施更有效、更严格的审计监管，等等。欧盟商会还提出希望进一步统一、完善税收规则。此外，网络安全方面，欧盟商会近三年来比较一致的诉求体现在数据本地化、关键信息基础设施，以及网络安全检查和渗透测试相关的监管要求方面，2020年新增应用云服务的规则明晰，将外资金融机构纳入行业标准制定过程等诉求内容。

三 日本商会近三年诉求变化

（一）日本商会三年来对中国金融开放的总体态度

在2020年最新发布的《中国经济与日本企业白皮书》中，日本商会认为，"'十三五'规划提出要营造公平竞争的市场环境，实现执法公正透明，放开服务业等，全面推进创新。在2019年7月出台的《外商投资准入负面清单（2019年版）》中，外商投资的限制性及禁止性措施由原来的48项缩减至40项，部分行业放宽甚至取消了外资的投资比例限制。这表明中国正在为打造一个更加开放的市场体系而努力"。同时，日本商会报告也显示，受到中美经贸摩擦、各国贸易保护主义行动以及新冠肺炎疫情等因素的影响，日资企业生产经营所面临的不确定性正在加剧。在这种情况下，日本商会希望加强相关制度的建设及执行，提高中国营商环境的"可预见性"。此外，作为针对外资企业制定的基本法，《外商投资法》和《外商投资法实施细则》已于2020年1月1日起开始实施。日本商会和日资企业也对此寄予了较高的期望。

课题组对2018—2020年三年日本商会的报告做了量化的文本分析，三年间日本企业对中国金融业开放的诉求数量分别为35条、40条和40条，合计115条。

表5-6　　　　　　　　　日本商会诉求领域变化趋势

	年份	银行业	证券业	保险业	小计
因素一	2018		3	3	6
	2019		4	3	7
	2020		5	2	7
	小计	0	12	8	20
因素二	2018	2	4	7	13
	2019	2	7	7	16
	2020	2	8	6	16
	小计	6	19	20	45
因素三	2018	6	5	2	13
	2019	7	4	2	13
	2020	7	4	2	13
	小计	20	13	6	39
因素四	2018	1	2		3
	2019	1	3		4
	2020	1	3		4
	小计	3	8	0	11

资料来源：日本商会2018—2020年报告，由课题组整理。

根据课题组的评估，日本商会提出的诉求中，最主要的诉求侧重"因

第五章 外资诉求：开放措施不公平还是外资水土不服？

素二：事实上差异对待"（39%），其次为"因素三：对法规体系不适应"（34%），再次分别为"因素一：法规上差异对待"（17%）和"因素四：金融市场环境不成熟"（10%）。过去三年间，对待遇差异的诉求数量（因素一和因素二，占比56%）略大于水土不服相关的诉求（因素三和因素四，占比44%）。从过去三年来看，日本商会在待遇差异和水土不服方面的诉求均呈现递增趋势。2020年，待遇差异相关的诉求数量约是水土不服数量的1.4倍。

从历年三大领域诉求变化来看，日本商会的诉求分布都比较平均，历年商会报告具有一定的延续性。从趋势上看，日本商会对银行业诉求小幅增加，证券业诉求在2020年的增长速度比较明显，保险业的诉求小幅减少。

从历年五因素诉求变化来看，日本商会主要的诉求侧重在因素二"事实上差异对待"和因素三"对法规体系不适应"方面，且2020年有一定程度的上升；因素一"法规上差异对待"方面的诉求占比相对较低，但并没有呈现明显的下降态势；因素四"金融市场环境不成熟"的诉求比美欧国家在这方面的诉求要多且具体，更关注中国金融市场的改革进展。

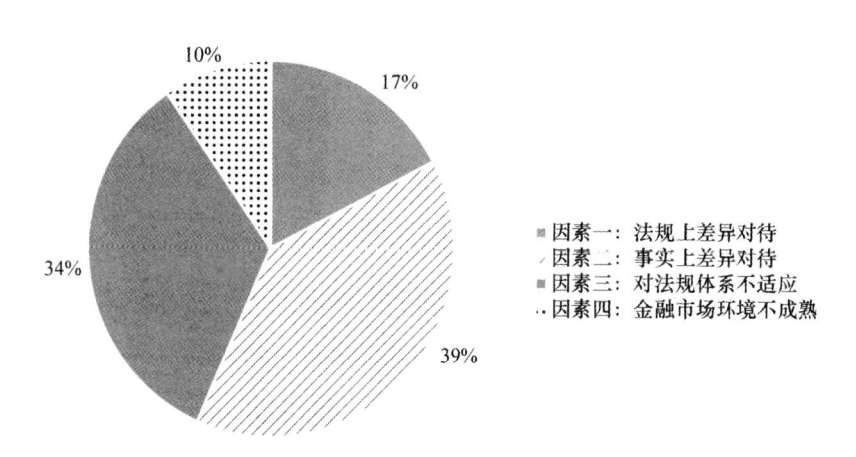

图5-11 近三年日本商会五类障碍因素分布

资料来源：日本商会2018—2020年报告，由课题组整理。

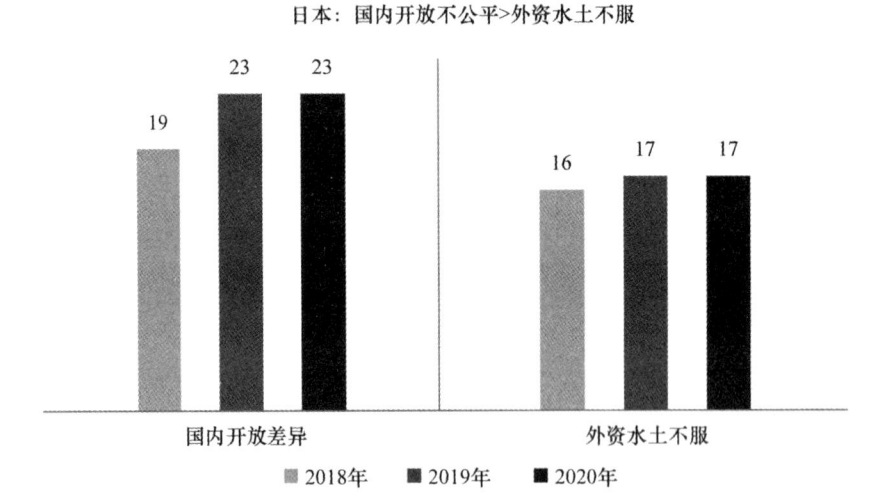

日本：国内开放不公平>外资水土不服

图 5-12　日本商会历年诉求分类

资料来源：日本商会 2018—2020 年报告，由课题组整理。

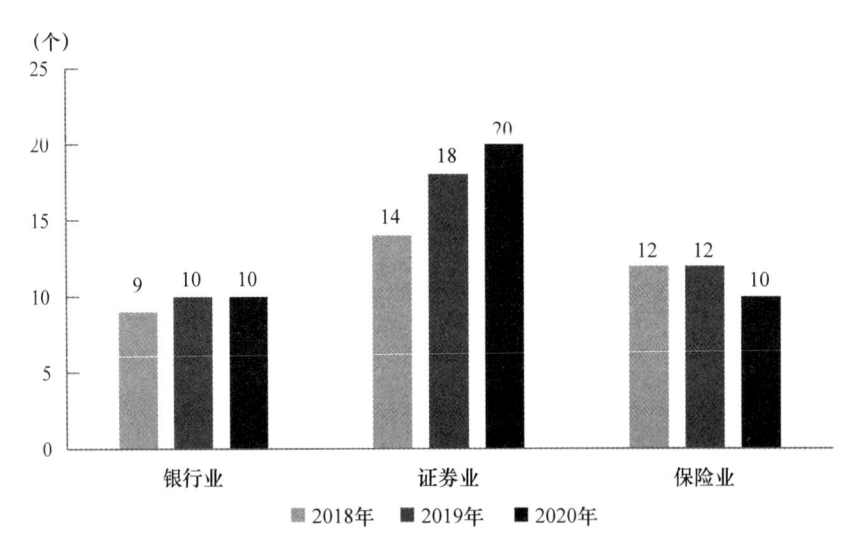

图 5-13　日本商会对三大领域诉求的历年变化

资料来源：日本商会 2018—2020 年报告，由课题组整理。

第五章 外资诉求：开放措施不公平还是外资水土不服？

从不同金融领域的诉求内容来看，日本商会对银行业已无机构准入（因素一）方面的诉求，主要诉求涉及日常经营（因素三至因素四），其次是业务准入（因素二）方面的诉求。证券业最多的诉求集中于业务准入，其次为日常经营，机构准入的诉求数量最少。保险业主要诉求首先在业务准入，其次为日常经营，最后为机构准入。

（二）日本商会对各金融行业开放的诉求特征

1. 三大领域五大诉求特点与变化

银行业来看，日本商会在因素一方面已经没有诉求。因素二方面，日本商会具体的诉求包括债券发行和承销资格。与美国和欧盟类似，日本近三年关于业务准入的诉求比较一致地体现在债券发行的认购和承销资格的放开。

因素三方面，日本商会在近三年来的诉求越来越具体和细化，主要诉求有四方面。第一，放宽外汇管理规定中对外汇及人民币对外支付的限制。2020年报告中，日本商会肯定了大额股息汇款和企业异地结算的限制较上一年有所放宽，但在办理企业异地结算、境外放款业务等时，仍然会出现无法进行外汇及人民币对外支付的情况。第二，监管管理规定和模式。日本商会希望允许外资机构跨境融资管理在投注差模式和宏观审慎管理模式中任选其一。同时，日本商会还提出优化货物贸易结算管理制度，取消银行对企业办理的货物贸易对外付汇业务时对进口报关信息进行核验的规定；同时放宽委托贷款管理规定，避免给集团企业间的合理融资带来不便。第三，与国际规则的对接。随着日本商会对开放中国衍生品市场的需求渐长，日常经营相关的诉求也从2017年对部门间监管协调和政策透明度（特别是"营改增"政策实施的一致性）的关注，转向金融衍生品交易和回购交易违约轧差的法律与国际标准的对接。第四，落实上海自贸区自由贸易（FT）账户细则方面。2018—2019年指出，FT账户制度是上海自贸区特有的金融创新制度。由于暂未公布FT账户的使用细则，外资银行办理该账户的情况尚不多见。希望公布具体细则、完善体制，推进FT账户相关业务顺利实施。

因素四方面，日本商会的诉求集中在放开发展利率期权、国债期货。自2020年2月起，人民币利率期权交易开始试点，交易品种覆盖了利率互换期权和利率上下限期权。这在扩充利率衍生产品方面又向前迈进了一步。不过，目前外资银行仍然不能参与国债期货交易，日本商会报告认为对冲利率风险的交易主体范围仍有进一步扩大的空间。

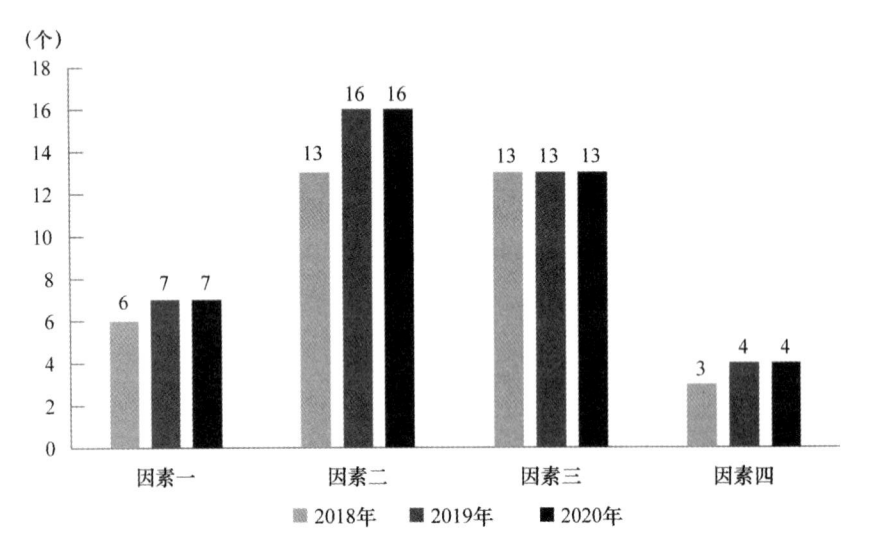

图 5-14　日本商会对五因素诉求的历年变化

资料来源：日本商会 2018—2020 年报告，由课题组整理。

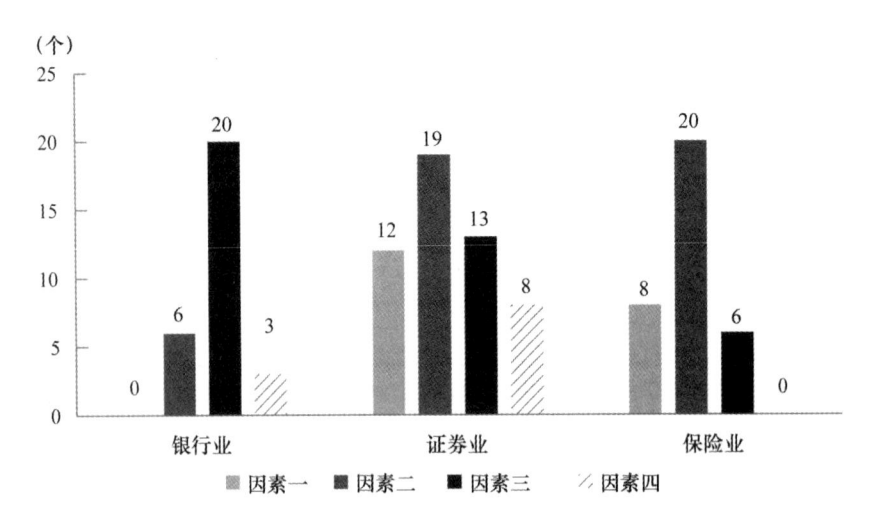

图 5-15　近三年日本商会主要诉求在五类障碍因素的分布

资料来源：日本商会 2018—2020 年报告，由课题组整理。

第五章 外资诉求：开放措施不公平还是外资水土不服？

证券业来看，因素一方面，日本商会最主要的诉求涉及落实开放承诺、放宽外资出资比例和控股股东资产要求限制。近三年来，日本商会对中国开放进展表示一定程度肯定的同时，也在关注中国对各项开放政策的落实进展。从落实放宽外资持股比例限制，到全面落实外商投资证券公司股权比例与中资一致措施，再到落实全面取消外资证券公司等机构业务范围限制等，日本商会都表现出了高度的关注。过去几年中，中国金融市场开放在上述领域也取得了重要进展。

因素二方面，比较集中的诉求体现在扩大业务范围和许可证、开放证券主承销商资格等方面。一是明确证券投资咨询业务牌照及放开相关准入限制，明确外商投资证券公司的许可证。二是希望对从事证券投资咨询业务的从业资格对内外资一视同仁。根据中国现有规定，以下3项执业资格的申请人必须为中国国籍：包括证券投资咨询业务（投资顾问）、证券投资咨询业务（分析师）、证券投资咨询业务（其他）等。三是扩大与投行业务相关的批发业务、支持跨境并购业务。四是外资企业在中国国内市场的融资限制，包括上市和发行债券等。五是获得证券主承销商资格。六是扩大证券投资咨询公司的业务范围，包括新三板业务和私募业务等。2019—2020年日本商会报告提出，对于QFII、RQFII、PE及房地产投资，希望放宽外资在上市公司的持股比例上限。2020年日本商会报告新增了希望明确外资参与设立银行理财子公司包括其孙公司的准入标准和业务范围的诉求。

因素三方面，主要诉求集中在放宽对华投资限制、放宽对外投资限制、放宽跨境证券投资制度以及明确跨境证券投资税制四个方面。其一，放宽对华投资限制。包括简化申请手续并向注册制转型，简化报告流程；取消或尽可能缩短投资锁定期；取消境外汇款限制。其二，放宽对外投资限制。对于QDII，公布国务院已批准的中国总投资额度并将范围进一步扩大。扩大个别的QDII投资额度的许可；公布"债券通"中有关"南向通"的内容及引进时间。其三，放宽跨境证券投资制度。向境外其他地区推广沪港、深港股票市场互联互通机制，推广现货股票之外商品（交易型开放式指数基金等）；国务院政策支持自贸试验区内的个人开展境外证券投资，希望出台相关实施细则。其四，明确跨境证券投资税制。针对国内证券投资及对外证券投资，对于利息、出售利得、股息收益的所得税及增值税（原营业税），应明确相应免税措施并加以长期执行。日本商会进一步提出，在未明文规定征税或免税的情况下，应明确不予以追溯和补缴。

因素四方面，2019年，日本商会对目前在科创板实施的注册制表示肯定，并希望其他交易市场也尽快推进相关改革。希望全面修改、放宽中国企业境外上市的规则和限制，以及批准以日本股票为对象的ETF、简化ETF上市申请手续，推动相互上市。

保险业来看，在因素一方面，主要关注全国各地设立营销网点限制、提高合资股东出资比例上限以及法律层面落实开放承诺等方面。2018年日本商会的诉求侧重在法律层面落实、放宽外资寿险公司的持股上限以及对保险代理公司的出资比例限制，还希望可以放开外资寿险公司在全国各地设立多家分公司限制。2019—2020年提出"提高合资股东出资比例的上限"的诉求，建议从保险公司注册资本的三分之一提高至二分之一左右。除此之外，日本商会希望可以放宽对投资人控股保险公司不超过两家的限制。

在因素二方面，近三年反复强调"拓展单家机构权益至集团其他子公司""撤销暂停保险兼业代理机构注册措施""扩大外资财产保险公司的业务范围""中国政府在设置与偿付能力相关的信用风险指标时，对外资存在一定的歧视"以及"简化保险公司外籍高管在中国面临的培训制度和任职程序"等。2019年报告中的"降低外资财产保险公司承保机构的资产金额限制"诉求在2020年报告中没有体现。2020年新增了取消外资在京津冀地区申请试点时的隐性壁垒，类似诉求在欧美商会近期的报告中也都有所体现。

在因素三方面，日本商会对保险行业统计数据的透明度和规范性提出了改进诉求，提出要统一中国保险年鉴口径，提高数据统计的连贯性和真实性。还希望统一各地车险、交强险的系统。

2. 日本商会对中资"走出去"方面的特殊诉求

日本商会不仅关注外资以及境外机构的进入，也是三大商会中唯一关注中资"走出去"以及相关改革进展的商会。在商会报告中，日本商会提出：希望放宽和明确中资对外投资、在境外上市的限制；对于QDII，公布国务院已批准的中国总投资额度并中国将范围进一步扩大；扩大个别的

QDII 投资额度的许可；公布中国内地与香港债券市场互联互通合作制度（简称"债券通"）中，有关投资香港债券市场的制度（南向通）的内容及引进时间。

（三）小结

课题组的文本分析显示，从诉求的数量来看，日本商会的诉求在近三年来有所增加，同时诉求也越来越具体和细化。过去三年，日本商会诉求相关的问题中，待遇相关的数量（因素一和因素二，占比56%）大于水土不服相关诉求的情况（因素三和因素四，占比44%）。近三年来看，日本商会在待遇和水土不服方面的诉求数量均呈现递增趋势。2020年，待遇的相关诉求数量是水土不服诉求的1.4倍。

分三大行业来看，（1）日本商会对银行业近三年诉求集中体现在因素三和因素二，另外因素四也有一定数量的诉求。2020年日本商会诉求在银行业方面主要关注债券发行和承销资格、放宽对外汇及人民币对外支付的限制、放宽委托贷款管理规定、优化跨境融资管理模式、优化货物贸易结算管理制度、开放国债期货等方面。（2）日本商会对证券业的诉求相对集中，近三年诉求集中体现在因素二和因素三，其次为因素四与因素一。2020年主要关注放宽外资出资比例和控股股东资产要求限制、扩大业务范围和许可证、开放证券主承销商资格、放宽跨境投资限制与制度、明确跨境证券投资税制以及推进金融市场改革等方面。（3）日本商会对保险业的诉求相对比较稳定。近三年诉求首先集中体现在事实上差异对待的因素二，其次是因素一和因素三，再次为因素五。2020年主要关注全国各地设立营销网点限制以及提高合资股东出资比例的上限、拓展单家机构权益至集团其他子公司、撤销暂停保险兼业代理机构注册措施、扩大外资财产保险公司的业务范围、中国政府在设置与偿付能力相关的信用风险指标国民待遇以及文化习俗差异诉求等方面。（4）资本项目开放方面，相比于美国和欧盟商会，日本商会对中国资本项目开放的诉求表示出更高的关切，三年来的诉求比较一致地体现在境内外投资限制的放宽。值得注意的是，日本商会是三大商会中唯一关注中资"走出去"以及中国国内金融改革进展的国家。

第三节 三家商会诉求的共同点和差异性总结

一 诉求的共同点：基于三大商会 2020 年报告的文本分析[①]

（一）外资机构的全部诉求以水土不服的性质为主[②]

根据三家商会在2020年最新发布的白皮书，从行业的诉求分布来看，保险业的诉求最多，银行业和证券业两者相当，紧随其后。从各家商会诉求分布来看，美国商会最关注保险业的诉求，其在证券业和银行业的诉求数量相当。欧盟商会的诉求主要集中于银行业和保险业，证券业涉及内容最少。日本商会的诉求在证券业分布最多，银行业和保险业的诉求比较平均。

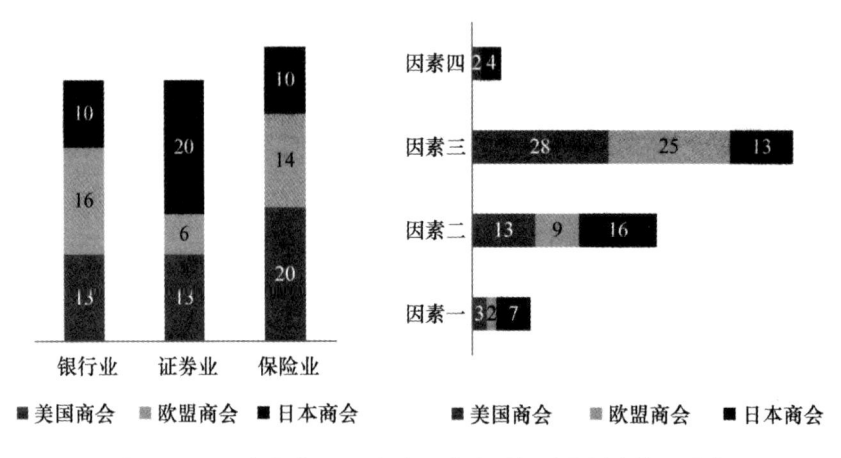

图 5-16 三家商会 2020 年在三大金融领域的诉求梳理分布

资料来源：美国商会《2020年度美国企业在中国白皮书》、欧盟商会《欧盟企业在中国建议书2020/2021》、日本商会《中国经济与日本企业2020年白皮书》，由课题组整理。

从诉求的五类因素分布来看，第三类因素诉求量最多，其次为因素二，再次为因素一，最末为因素四。总体来看，外资金融机构的水土不服大于公平待遇的感受。基于商会视角来看，欧美商会的诉求在因素三的分

---

① 基于三家商会 2020 年报告信息整理。
② 基于三家商会 2020 年报告信息整理。

第五章 外资诉求：开放措施不公平还是外资水土不服？

布远多于因素一与因素二之和，显示出欧美对中国相关法律规则不合理或要求与国际接轨的诉求比较多，虽不涉及国民待遇差别，但这些法规对外资机构在中国的经营活动也产生了影响。日本商会则是第二类因素的诉求略多于第三类因素，而且其第二类诉求量在三家商会中最多，这显示日本对事实层面开放承诺的落实，以及对内外资的监管实践差异存在较高关注度。

从三大行业来看，银行业在第一、二、三类因素之间的递增最明显，这也显示出：外资银行业的关注点已经从准入层面的国民待遇问题，转向到了监管规则优化，总体上水土不服的诉求（因素三和四）大于公平待遇方面的诉求（因素一和二）。证券业方面，第一、二、三类因素之间的递增趋势弱于银行业，但是总体诉求分布和银行业类似。保险业方面，如果将法规层面（因素一）和事实层面（因素二）诉求加总，其数量甚至超过水土不服类的诉求（因素三），这显示出外资保险业在公平待遇方面的诉求仍然较多。综合上述三大行业来看，水土不服仍然是外资机构诉求的首要关注问题。诉求以水土不服的问题为主，但这并不意味着我们不需要推动金融开放和改革。恰恰相反，水土不服的问题体现在因素三、四，因此更加需要我们积极推进金融监管体系、金融市场的进一步发展和完善。

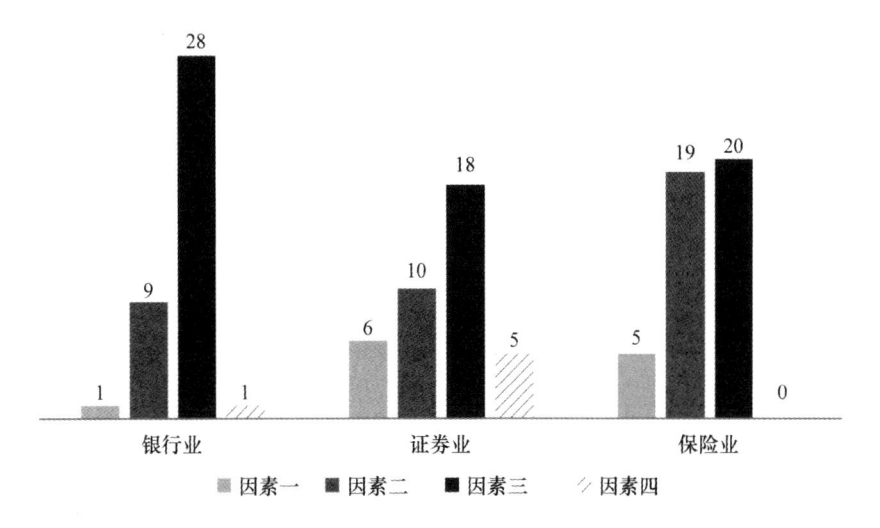

行业	因素一	因素二	因素三	因素四
银行业	1	9	28	1
证券业	6	10	18	5
保险业	5	19	20	0

图 5-17　2020 年三大金融领域诉求的障碍因素的类型分布

资料来源：美国商会《2020 年度美国企业在中国白皮书》、欧盟商会《欧盟企业在中国建议书 2020/2021》、日本商会《中国经济与日本企业 2020 年白皮书》，由课题组整理。

（二）从五类因素的框架来看三家外资商会的共同诉求

目前，与因素一相关的共同诉求集中在证券和保险领域，不涉及银行业。具体包括对证券领域的基金管理人2年境内从业经验的时限要求，以及保险领域对外资财产和寿险机构持股上限、外资保险机构设立分支机构的牌照限制等内容。

与因素二相关的共同诉求在证券业和保险业的分布略多于银行业。在银行领域，商会诉求交集体现在银行间企业债券主承销商资格、外资银行托管牌照等方面；在证券领域，诉求交集体现在"债券通"做市商资格限制，以及外资期货、证券、基金和投行类业务准入限制等方面；银证领域的共同诉求还涉及外资金融机构在中国境内市场融资资格限制。具体在人民币债券发行方面，欧盟商会指出外资行分行本身无法发债，日本商会则关注债券发行的主承资格限制问题。在保险领域，诉求交集体现在保险中介机构的市场准入、参与养老金改革和年金资格限制、互联网保险准入限制等方面。此外，三家商会表示，中国风险导向的偿付能力体系（C-ROSS）对境外再保险机构信用风险比率的计算，和内资机构存在一定的差别。网络安全与数据管理方面，美欧商会均指出目前外资金融机构被排除在标准制定和修订讨论流程之外。

与因素二相关的共同诉求在三大金融领域的分布较为平均。银行业方面，关于因素三的共同诉求涉及银行跨境融资管理的额度限制和流程便利化的内容，具体体现在净资本监管指标与集团内融限制等方面。三家商会都对衍生品交易结算规则提出了调整诉求，提出应推广并扩大终止净额结算。证券业方面的共同诉求涉及"南向通"渠道的打开，以及与跨境证券投资相关的规则与国际接轨，如引进股票指数等。此外，各家商会还就基金、理财、期货、投行、咨询等业务领域的准入标准、服务范围和申请流程等，提出了明晰规则的诉求。保险业方面，相关诉求涉及互联网保险保单范围的扩大，以及"偿二代"对再保险企业跨境交易的信用风险和担保要求等方面的内容，三家商会指出跨境再保险交易的不利权重会影响跨境再保险交易。此外，因素三还涉及税收制度改革和网络安全监管调整跨领域诉求。税收制度改革相关诉求涉及银行业的增值税申报机制、证券业的跨境证券投资税制改革，以及保险业的海外险种豁免等问题。网络安全和数据管理方面，美欧商会的共同诉求体现在金融数据本地化和跨境数据流限制、关键信息基础设施监管范围、渗透测试的风险隐患，以及云服务监管规则四方面的内容。

表5-7　　　　　2020年三家商会的共同诉求按障碍因素分类

	银行业	证券业	保险业
因素一		对基金管理人2年的时限门槛	外资保险公司分支机构牌照申请 取消外资股比上限
因素二	银行间债券主承销商资格 认可全球托管行 放宽外资金融机构在中国境内市场融资的资格限制	"债券通"做市商资格限制 外资期货、证券、基金和投行类业务准入限制	保险中介机构的市场准入和资格限制放开 C-ROSS的计算规则对境外再保险机构有差别 互联网保险业务准入限制放开 养老保险公司或企业年金受托人经营牌照
	外资金融机构被排除在与网络安全和数据管理相关的行业规则制定和修订过程之外		
因素三	银行跨境融资管理（额度限制、流程便利化） 在衍生品交易结算过程中推广并扩大"终止净额结算" 境内托管牌照高资本金门槛 明晰、改善外资金融机构在中国境内市场融资的规则 网络安全与数据管理 税收制度	"债券通"南向通的放开 外资期货、证券、基金和投行类业务经营范围扩大 跨境证券投资规则优化（引入股票指数等）	"偿二代"对再保险企业跨境交易的信用风险和担保要求 互联网保险销售保单范围扩大

资料来源：美国商会《2020年度美国企业在中国白皮书》、欧盟商会《欧盟企业在中国建议书2020/2021》、日本商会《中国经济与日本企业2020年白皮书》，由课题组整理。

二　差异性总结：基于历年外国商会诉求的分析[①]

总体来看，三家商会对中国2018年以来的金融开放举措持肯定态度。近年来，外资机构对准入前国民待遇的诉求有所下降，特别是在机构准入

---

① 基于三家商会2020年报告信息整理。

方面的诉求呈明显的递减趋势。同时，对于准入后国民待遇方面的诉求，尤其在日常经营、金融基础设施、监管改革等方面，各家商会的诉求在增长，而且更趋具体和细化。一些诉求的性质也从法律层面的开放，转向开放承诺的落实和事实层面的制度问题。

为了识别外资机构诉求关注的重点，到底是公平待遇还是水土不服问题，我们设计了一项指标：用因素一和因素二的数量之和来代表与公平待遇相关的诉求，然后用因素三和四之和来代表水土不服相关的诉求。然后用前者除以后者，得到的商，如果商大于1，表明外资机构更加关注公平待遇问题，如果小于1表明外资机构更加关注水土不服问题，如果等于1则表示两个问题受到了同等的关注。

过去三年，欧美商会的这项指标均小于1，且逐年递减，这显示出欧美机构的诉求已经从公平对待层面更多转向水土不服、规则优化的层面。与欧美商会不同的是，日本商会相应的指标不仅大于1，而且近年还呈现出上升态势，显示出其对公平待遇问题的感受仍然较强。当然，美欧日三家商会的态度与其金融市场结构也有一定关系。譬如在近几年的金融开放过程中，开放措施更多集中于证券市场，而欧美在这方面的优势更加明显，这可能是导致上述差异的重要原因之一。

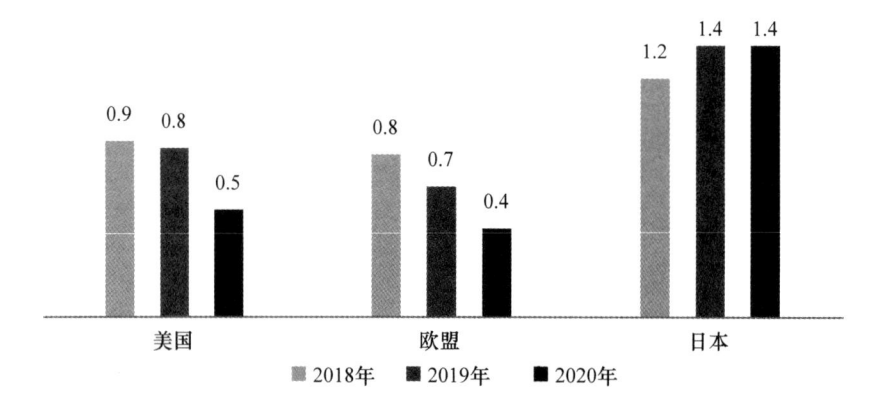

图 5-18 三家商会对中国金融开放改善程度的态度

资料来源：美国商会《2020年度美国企业在中国白皮书》、欧盟商会《欧盟企业在中国建议书 2020/2021》、日本商会《中国经济与日本企业 2020 年白皮书》，由课题组整理。

第五章 外资诉求：开放措施不公平还是外资水土不服？

从侧重领域来看，美国与日本商会对证券业和保险业的诉求远超银行业，相对而言，欧盟对银行业的开放持更高的关注度。此外，不同商会对同一领域的开放会有不同的评价和期待，譬如在保险业方面，美国在最新报告中认为中国开放进程过缓，欧盟商会则高度肯定了2018年以来中国监管当局在开放保险业方面的一系列举措，其对法律和事实层面的开放都给予了高度评价，高度赞赏银保监会在政策制定过程中，让外资参与商讨合作。日本商会近两年对保险市场开放相关举措持较高的肯定态度。随着负面清单政策的出台，日本商会表示，三年后取消外资投资限制的政策"引人瞩目"。

基于三家商会2020年发布的最新报告，横向比较三家商会诉求，可看出各家商会存在不同的侧重。美国商会比较明显的一个特征是，对证券市场政策的关注远大于其他两家商会，具体包括债券回购市场准入条件优化、资本汇回规则、STAR交易资格限制、借出代理人资格限制、信用评级制度调整等。欧盟商会比较特别的诉求是对金融生态系统整体建设的关注，具体内容包括建立更清晰、更严格的市场治理框架，全面改革中国《破产法》，允许更多国际评级机构进入市场，实施更有效、更严格的审计监管，等等。日本商会对资本项目开放、金融自由化等内容的关注度远高于其他两家商会。特别值得关注的是，日本商会是三家商会中唯一一家关注中资"走出去"以及相关规则改革的国家。日本商会报告指出，希望放宽和明确中资对外投资的限制，以及全面修改放宽中国企业境外上市的规则和限制等。

附录5-1 三大商会关于"国际最佳实践/国际惯例"类诉求的总结[①]

近三年来，三大商会关于国际最佳实践/国际惯例类的诉求具有以下主要特征：行业集中在证券业领域，因素类型主要集中在日常经营环节和监管法规方面。从主要涉及领域来看，围绕网络安全的国际惯例类诉求数量最多，为17条，其次为银行业和证券业，分别为12条，最末为保险

---

① 基于三家商会近三年报告信息整理。

业,为3条。从三大商会来看,美国商会与欧盟商会近三年关于国际最佳实践和国际惯例类的诉求最多,均为21条。欧美商会在银证保领域均有涉及,日本商会仅涉及少量银行业诉求。

近三年,该类诉求数量分别为13条、15条和16条,略有增加但变化不大;三年来国际最佳诉求在总诉求中占比约在13%,2019年上升趋势明显。分领域趋势来看,2019—2020年,网络安全和数据管理方面与国际惯例相关的诉求逐年细化和增加,并已成为目前国际最佳实践最主要的诉求领域。银行业、证券业和保险业相关诉求历年变化不大。

附表5-1　　2018—2020年三家商会对金融领域全球最佳实践的诉求(概况)

商会	领域	诉求	2018年	2019年	2020年
美国商会	银行业	终止净额结算		√	√
	证券业	债券结算代理			√
		债券市场发展	√	√	√
		熊猫债发行的会计标准		√	
		结算A股证券交易			√
		信用评级下限取消	*√	√	
	保险业	再保险		√	
	网络安全和数据管理	网络运营商限制	√	√	
		关键信息基础设施	*√	√	
		网络风险管理与渗透测试		*√	√
欧盟商会	银行业	审查审慎比率	√	√	*√
		政府债券承销	√	√	*√
		将上清所发展为合格中央对手方	√	√	
	证券业	T+2结算周期	√	√	
		熊猫债发行的会计标准	√		
	保险业	再保险资本要求过于严格	√		
	网络安全和数据管理	数据本地化和数据流限制	√	*√	√
		关键信息基础设施	√	*√	√
		网络安全检查和渗透测试		*√	√
		云服务相关的程序			√

第五章 外资诉求：开放措施不公平还是外资水土不服？

续表

商会	领域	诉求	2018 年	2019 年	2020 年
日本商会	银行业	认可债权债务轧差的法律有效性	√		√
总计			13	15	16

注：*√代表当年诉求未明确涉及国际最佳实践或国际惯例，但是其他年份类似建议中提及国际最佳实践或国际惯例的内容，由课题组整理。

诉求内容方面，商会间的共同诉求涉及熊猫债国际会计标准、证券结算（T+2）、网络安全和数据管理（关键信息基础设施、渗透测试等）等方面。从各领域的具体诉求和建议内容来看：

第一，银行业方面，外国商会相关诉求涉及流动性比率计算、政府债券承销、中央对手方资质要求等内容。

（1）针对流动性比率计算问题，欧盟商会提出应当体现实际偿付能力，按照国际惯例配比同样期限的资产和负债。①

（2）针对政府债券承销问题，欧盟商会认为一级交易商资质对比国际标准偏高，实际要求比书面规定更严，且对外资行的要求也存在更严苛的倾向。②

（3）针对上清所向欧洲证券及市场管理局和美国商品期货交易所申请合格中央对手方的问题，欧盟商会指出，上清所要获得国际认可，需遵守《欧洲市场基础设施监管规则》（EMIR）等国际规则并着手解决相关问题。中国人民银行应允许上海清算所发展外汇期权和其他衍生品等更多产品，其他例如引入有效的破产法以及允许企业破产等问题也有待解决。③

第二，证券业方面，外国商会对债券市场和证券市场相关资质、流程方面的规则提出优化诉求，并希望与国际惯例接轨。

---

① 欧盟商会银行与证券工作组：《欧盟企业在中国建议书 2019/2020》，第 289 页；欧盟商会银行与证券工作组：《欧盟企业在中国建议书 2018/2019》，第 299 页。
② 欧盟商会银行与证券工作组：《欧盟企业在中国建议书 2019/2020》，第 288 页；欧盟商会银行与证券工作组：《欧盟企业在中国建议书 2018/2019》，第 296 页。
③ 欧盟商会银行与证券工作组：《欧盟企业在中国建议书 2019/2020》，第 293 页；欧盟商会银行与证券工作组：《欧盟企业在中国建议书 2018/2019》，第 302 页。

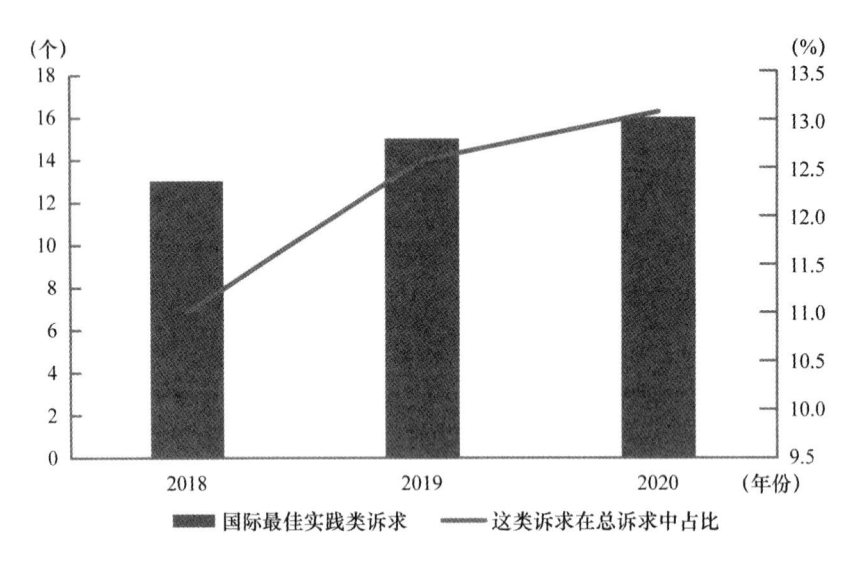

附图 5-1　三大商会历年最佳实践诉求量及其占比变化

资料来源：美国商会《2020 年度美国企业在中国白皮书》、欧盟商会《欧盟企业在中国建议书 2020/2021》、日本商会《中国经济与日本企业 2020 年白皮书》，由课题组整理。

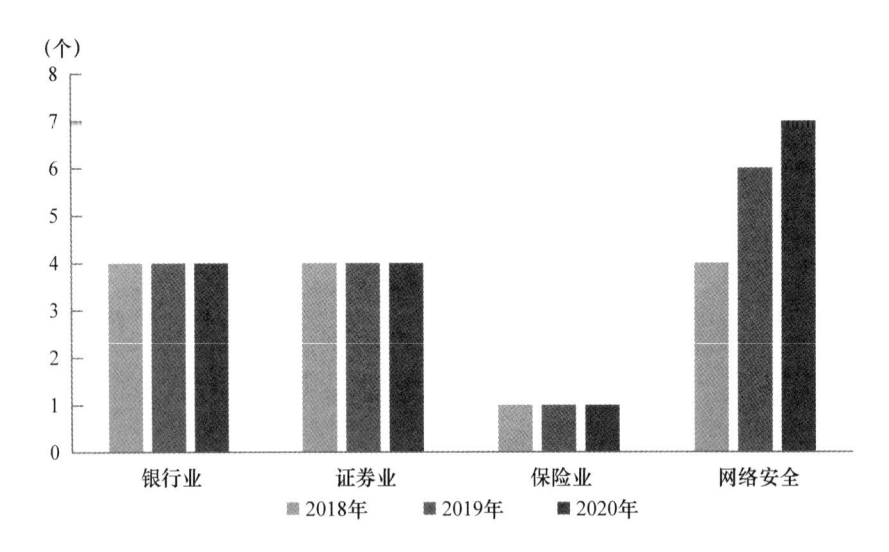

附图 5-2　2018—2020 年三大商会诉求中涉及国际最佳实践诉求的内容特征分析

资料来源：美国商会《2020 年度美国企业在中国白皮书》、欧盟商会《欧盟企业在中国建议书 2020/2021》、日本商会《中国经济与日本企业 2020 年白皮书》，由课题组整理。

第五章　外资诉求：开放措施不公平还是外资水土不服？

债券市场方面，美国商会对 2018 年以来中国债券市场的全面开放表示赞赏，尤其体现在对债券通造市商的扩张、信用风险管理工具的推广和三方回购的引入方面，但其进一步就回购准入条件、发债会计准则和结算规则，提出优化诉求，尤其应采取国际最佳实践的做法予以改善。①

（1）针对债券回购市场准入条件，美国商会提出应采用所有权转移回购格式以及国际公认的全球主回购协议。其他相关诉求包括明确三方回购交易的违约处理安排，扩大第三方机构的资格范围，等等。②

（2）针对债券发行规则，欧盟商会指出，虽然所有外资银行都有权发行熊猫债，但发债过程中，需要将资产负债表从国际财务报告准则转换为本地公认会计原则，过程较为烦琐。美欧商会均指出，中国政府应允许有意发行熊猫债券的外国企业和金融机构按照国际财务报告准则或国际会计准则公认会计原则提交财务报表。③

（3）债券结算代理方面，中国人民银行在 2020 年 2 月发布《关于推动境内结算代理行向托管行转型的相关意见》，美国商会指出，中国人民银行应采用国际最佳实践执行政策要求，实现结算与交易分离。④

（4）在衍生品交易结算方面，美国商会指出，在中国从事衍生品交易的银行以非净额为基础来计算资本充足率和流动性比率，然而，净额结算广受监管全球金融公司的其他国家监管机构认可，建议中国正式颁布综合立法，规定净额结算适用于中国各类金融机构和企业。⑤ 日本商会也指出，许可金融衍生品交易、回购交易违约轧差的法律有效性的内容，以便相关方采用国际掉期与衍生工具协会（ISDA）的信用支持文件（CSA）合同及回购交易的追加保证金通知。⑥

证券市场方面，欧美商会的诉求集中在证券交易结算和信用评级规则

---

① 美国商会：《2019 年美国企业在中国白皮书》，第 198 页。
② 美国商会：《2020 年美国企业在中国白皮书》，第 237 页。
③ 美国商会：《2019 年美国企业在中国白皮书》，第 200 页；欧盟商会银行与证券工作组：《欧盟企业在中国建议书 2018/2019》，第 301 页。
④ 美国商会：《2020 年美国企业在中国白皮书》，第 233—235 页。
⑤ 美国商会：《2019 年美国企业在中国白皮书》，第 194 页；美国商会：《2020 年美国企业在中国白皮书》，第 237—239 页。
⑥ 日本商会：《中国经济与日本企业 2020 年白皮书》，第 257—258 页；日本商会：《中国经济与日本企业 2019 年白皮书》，第 247 页。

方面。针对前者，美欧商会建议中国政府在 A 股证券结算实施券款对付结算方式，并与国际金融市场 T + 2 结算模式接轨。① 针对后者，美国商会指出，应与国际最佳实践惯例接轨，取消为债券发行或投资设置信用评级"下限"的规定。②

第三，保险业方面，欧美商会的诉求集中在针对再保险公司偿付能力监管规则方面。欧盟商会指出，在中国开展离岸业务的欧盟再保险公司不仅已经满足母国和欧盟的审慎监管原则，并已满足国际评级公司给出的最低评级要求；③ 美国商会建议银保监会重新考虑偿付能力监管规则第 8 号"信用风险最低资本"的内容，同时确定保险业遵守新《国际财务报告准则》（IFRS）规则的基础。④

第四，在网络安全和数据管理领域，与国际惯例相关的诉求集中反映在以下方面：

（1）网络运营商限制。"指南草案"中关于"重要数据"的审查和评估范围几乎涉及所有银行数据，国际企业通常使用"枢纽集中地"基础设施运营，如根据"指南草案"的"重要数据"范围执行，外资银行的合规成本将难以预估。此外，"指南草案"要求网络运营发送方和接收方都需要建立相应的跨境数据传输政策和评估机制。美国商会对此促请网信办可以对国际行业证书或评估结果予以承认，降低外资银行的安全评估负担。⑤

（2）关键信息基础设施限制。美国商会主张关键信息基础设施的监管方式应该以风险程度为依据、缩小适用范围、与国际经验接轨，而且不要强制特定产品和服务适用相关监管方式。欧盟商会指出，强制采用的系统可能与外资银行内部信息技术系统并不兼容。此举不仅导致外资银行在中

---

① 美国商会：《2020 年美国企业在中国白皮书》，第 235 页；欧盟商会银行与证券工作组：《欧盟企业在中国建议书 2019/2020》，第 292 页。

② 美国商会：《2020 年美国企业在中国白皮书》，第 239—241 页；美国商会：《2019 年美国企业在中国白皮书》，第 201 页。

③ 欧盟商会银行与证券工作组：《欧盟企业在中国建议书 2019/2020》，第 292 页。大型再保险公司至少需要满足以下评级中的一种情况：标普 A －/贝氏 A －/穆迪 A3/惠誉 A。一般再保险公司至少需要满足以下评级中的一种情况：标普 BBB/贝氏 B + +/穆迪 Baa/惠誉 BBB。

④ 美国商会：《2020 年美国企业在中国白皮书》，第 371—373 页；美国商会：《2019 年美国企业在中国白皮书》，第 287—288 页。

⑤ 美国商会：《2020 年美国企业在中国白皮书》，第 243 页。

国的信息技术基础设施与其全球信息技术基础设施间存在断层,也为外资银行和拓展国际业务的中资银行带来高昂成本。①

(3) 网络安全审查和渗透测试。确保金融机构保持网络弹性,中国监管当局确定采用渗透测试和扫描等方式为识别漏洞的首选方式。各商会建议金融监管机构采用全球金融市场协会 (Global Financial Markets Association, GFMA) 和《关于渗透测试在金融服务行业的监管使用框架》(Framework for the Regulatory Use of Penetration Testing in the Financial Services Industry) 等行业最佳实践惯例。包括认可由认证公司主导的渗透测试,以及通过相互认可政策来认可跨司法管辖区的渗透测试。企业无须多次开展渗透测试,仅需数次测试即可获得全球认证。②

(4) 其他网络安全相关的诉求和建议。欧盟商会指出,中国的数据本地化要求以及对数据自由流动的限制,特别是反洗钱和反恐怖主义融资方面的法律法规令跨国企业无法运用全球运营模式,跨国企业难以管理风险或遵守不同司法管辖区的金融监管要求。③此外,欧美商会 2020 年的报告中都涉及对云服务相关规则明晰的诉求。欧盟特别指出,云服务的审查流程应遵循国际标准,避免外资银行在华分支机构面临额外的运营风险。④

附录 5-2 三大商会关于"落实"类诉求的总结⑤

一 落实类诉求的总体情况和三方面特点

近三年三大商会关于落实承诺类的诉求共 16 条,具有三方面特点:集中在证券业,主要涉及机构准入问题(第一类因素),日本商会诉求最多。具体来看,围绕证券业的落实类诉求数量最多,共 11 条;其次为保险业,共 3 条;银行业较少,为 2 条。从类型来看,相关诉求多属于第一类因素,

---

① 欧盟商会银行与证券工作组:《欧盟企业在中国建议书 2018/2019》,第 295—296 页。
② 美国商会:《2020 年美国企业在中国白皮书》,第 245 页;欧盟商会银行与证券工作组:《欧盟企业在中国建议书 2020/2021》,第 310 页。
③ 欧盟商会银行与证券工作组:《欧盟企业在中国建议书 2020/2021》,第 309 页。
④ 欧盟商会银行与证券工作组:《欧盟企业在中国建议书 2020/2021》,第 311 页。
⑤ 基于三家商会近三年报告信息整理。

共11条；第二、三、四类因素也有少量涉及，分别为1条、2条和2条。从趋势来看，近三年诉求数量分别为5条、5条和6条，略有增加但变化不大；历年占比均较低，仅为5%左右，2020年略有上升趋势。从涉及环节来看，与机构准入相关的诉求最多，共9条，业务准入类诉求为4条，日常经营类为2条。从三大商会来看，日本商会关于落实承诺类的诉求最多，近三年内共有10条，在银证保领域均有所涉及。其次为美国商会，共5条，所涉领域主要为证券业和保险业。欧盟商会仅1条，主要涉及证券业。

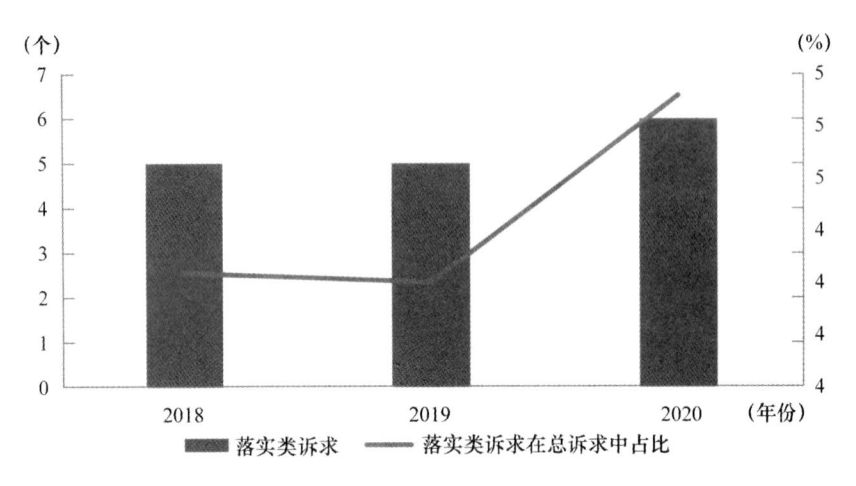

附图5-3 外国商会过去三年涉及落实类诉求的特征分析

资料来源：三大商会2018至2020年的年度报告，课题组整理。

二 落实类诉求一直集中在证券业

在诉求内容方面，三年来各家商会的诉求一直集中在证券业，主要涉及"落实放宽外资持股比例限制承诺""全面落实外商投资证券公司股权比例与内资一致的措施"两条内容。部分前两年的诉求，如自贸区账户细则落实、与寿险机构相关的所有权落实和限制放开、破产机制落实等，在2020年的报告中并未再提及。2020年新涉及亟须落实的诉求包括证券基金业股比和业务限制取消、寿险股权限制的取消，以及引进股票指数等内容。从主要诉求来看，前两年关于"落实"的诉求主要集中在证券和保险行业的股比限制放宽和取消的落实，随着2020年各行业对外资股比限制的全面取消，相关诉求侧重点转向了更加具体细化的操作层面的诉求。

第五章 外资诉求：开放措施不公平还是外资水土不服？

近三年，外国商会对证券和资管行业的所有权、投资限制放开和业务范围拓展等开放内容一直持较高关注度。前两年商会的诉求还在围绕全面放开所有权承诺的落实和时间表的明确，以及其他法规的颁布可能造成的影响。

随着《外商投资准入特别管理措施（负面清单）（2020年版）》的颁布，证券公司及证券投资基金管理公司、期货公司的外资股比限制（此项改革原定于2021年推行）被正式取消,[①] 外国商会的诉求转向落实流程和操作层面更具体的内容。具体来看，美国商会比较关注基金业承诺落实的相关诉求，譬如基金管理人的准入限制。其指出，现行基金管理公司管理规定对颁发营业执照的限制不利于外资管理人参与提供服务，譬如对境内基金管理存在2年的时限要求。[②] 日本商会则表达了对外资股比放开的确认、持股比例放开过程中的内外资一致性，以及业务准入流程便利化等相关诉求。日本商会表示，期待证监会能够面向外资全面落实与非上市中资证券公司相同出资比例的开放政策。其同时指出，希望证监会能够从申请设立到最终获批期间的手续，为外资证券公司等机构提供全方位支持。[③]

三 与保险业相关的落实类诉求

美日商会也涉及落实保险业机构准入的内容，前两年诉求体现在放宽和取消寿险股比限制，最近的诉求体现在取消股比上限的具体操作。日本商会在2018年关注人身保险公司的准入限制放宽，以及人身保险公司对保险代理公司不得超过25%的出资限制要求的取消。随着中国政府明确了进一步开放保险市场等措施和时间表，并相继批准外资控股公司和寿险资管公司的筹建，日本商会在2020年的白皮书中不再强调相关内容。[④] 并建议及时修订2004年的《保险资产管理公司管理暂行规定》，进一步明确取消对保险资产管理公司外资持股比例的所有限制；消除外国医疗保险公司参与中国医疗保险行业的非审慎性壁垒，与中国承诺取消人身保险的外资

---

① 在2017年证监会颁布的"外商投资证券公司管理办法"以及2018年国家发展改革委和商务部发布的《外商投资准入特别管理措施（负面清单）》中均提及："证券公司及证券投资基金管理公司的外资股比上限被放宽至51%，到2021年将取消外资股比限制。"
② 美国商会：《2020年美国企业在中国白皮书》，第233页。
③ 日本商会：《中国经济与日本企业2020年白皮书》，第273页。
④ 日本商会：《中国经济与日本企业2020年白皮书》，第261—262页。

股比上限保持一致，等等。①

四 落实类诉求也涉及监管完善和金融市场建设的内容

欧美商会近年来关于"落实"类的诉求也涉及制度和市场建设的内容。具体来看，欧盟商会在2019年的《欧盟企业在中国建议书》中，肯定了中国政府在同年3月宣布对《破产法》的全面改革，并希望中国政府加快落实破产机制②。美国商会在2020年则提出落实与资本市场改革相关的诉求，包括进一步扩大互联互通市场（纳入如首次公开募股和交易所买卖基金等更多产品，继续修订现行南向股票借贷和北向交易卖空活动等）、引入股票指数等，更好地帮助美国机构投资者增加和对冲境内资本市场的风险敞口，更积极地参与中国资本市场。③

附表5-2　　美日欧商会关于政策落实的诉求梳理

	年份	银行业	证券业	保险业
因素一	2018		1. 落实所有权放开承诺【美国】 2. 落实放宽外资持股比例限制承诺【日本】	1. 法律层面落实放宽外资寿险公司的持股上限【日本】 2. 法律层面落实外资寿险公司对保险代理公司的出资比例限制【日本】
	2019		1. 落实放宽外资持股比例限制承诺【日本】 2. 全面落实外商投资证券公司股权比例与中资一致的措施【日本】	
	2020		1. 落实放宽外资持股比例限制承诺【日本商会】 2. 全面落实外商投资证券公司股权比例与中资一致的措施【日本】 3. 落实取消基金业的外资股比限制，进一步取消基金管理人的准入限制【美国】 4. 落实全面取消外资证券公司等机构业务范围限制【日本】	落实取消人身保险中的外资股比上限的承诺【美国】

---

① 美国商会：《2020年美国企业在中国白皮书》，第274页。
② 欧盟商会银行与证券工作组：《欧盟企业在中国建议书2019/2020》，第294页。
③ 美国商会：《2020年美国企业在中国白皮书》，第237页。

第五章 外资诉求：开放措施不公平还是外资水土不服？

续表

	年份	银行业	证券业	保险业
因素二	2018	—	—	—
	2019	—	1. 证券所有权资格和权益的进一步界定【美国】	—
	2020	—	—	—
因素三	2018	落实上海自贸区自由贸易（FT）账户细则【日本】	—	—
	2019	落实上海自贸区自由贸易（FT）账户细则【日本】	—	—
	2020	—	—	—
因素四	2018	—	—	—
	2019	—	全面改革《破产法》，落实破产机制【欧盟】	—
	2020	—	希望尽快落实引入股票指数，美国机构投资者希望增加和对冲境内资本市场的风险敞口【美国】	—

资料来源：三大商会2018至2020年的年度报告，课题组整理。

第六章　对欧美日三大商会金融机构的调查与访谈

我们分别与中国欧盟商会（European Union Chamber of Commerce in China）、美中贸易全国委员会（The US-China Business Council）[1]、日本贸易振兴机构（Japan External Trade Organization）三大机构进行了访谈，并通过上述三家机构对其会员单位进行了问卷调查（以下分别简称欧盟商会、美中贸委会、日本商会）。2020年8月17日至9月2日，通过上述三家机构发放问卷以及通过组织线下和线上访谈8场，共计获得30份问卷。其中，日本商会及访谈机构反馈7份，美中贸委会及访谈机构9份，欧盟商会会员单位14份。

本章将结合对外资机构的访谈，对问卷数据进行分析。本轮问卷调查过程中得到了上述三大商会的协助，特别是中国欧盟商会对问卷设计也提供了很多帮助，一并表示感谢。本章所使用的调查数据全部来自这一轮的问卷结果。

值得一提的是，欧美日三大商会的问卷填写机构比例有很大差异。其中，美中贸委会的非银机构占比最高，达到89%。而欧盟商会的非银机构占比最低，为36%。日本的非银机构介于中间，为57%。相应地，美中贸委会、日本商会、欧盟商会的银行业机构占比分别为11%、43%、64%。在下文中，金融机构的这种结构差异，是解释三大商会问卷结果差异的重要背景。

---

[1] 在本书导论和第五章当中，我们分析的美国商会报告，是指中国美国商会（American Chamber of Commerce in China）的年度报告。而在第六章所涉及的访谈和问卷调查，相应的合作机构是美中贸易全国委员会（The US-China Business Council），在第六章我们将其简称为美中贸委会，以示区别。

第六章 对欧美日三大商会金融机构的调查与访谈

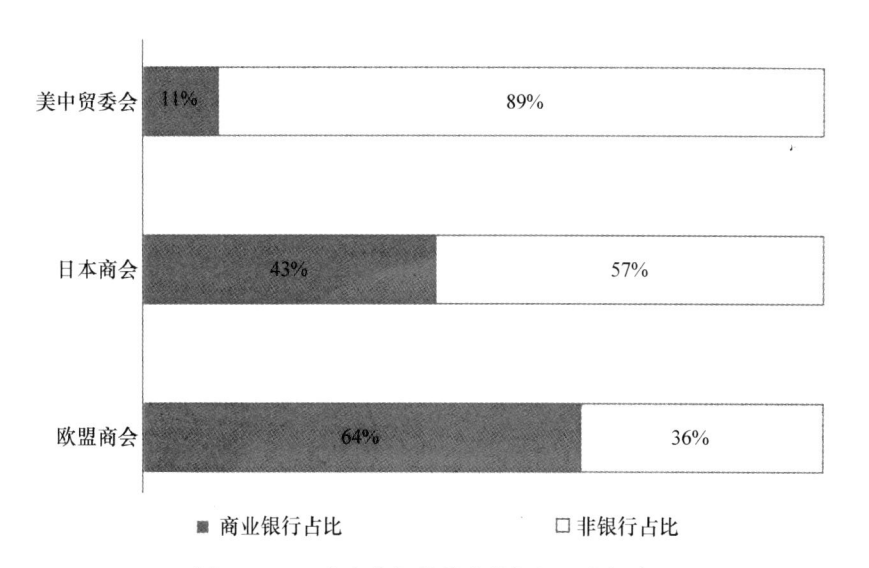

机构	商业银行占比	非银行占比
美中贸委会	11%	89%
日本商会	43%	57%
欧盟商会	64%	36%

图6-1 三大商会机构的商业银行、非银占比

资料来源：本章所有图表的数据，均来自课题组问卷调查数据，后文不再一一注明。

第一节 外资机构认为金融开放有改善，但仍面临较多挑战

一 外资机构普遍认为中国金融开放程度有改善，美国机构尤为显著

在问卷样本中，67%的外资机构认为中国金融开放程度有提升，27%的外资机构认为中国金融开放程度没有明显改善，仅有6%的外资机构认为中国金融开放程度有所下降。

2018年以来，中美经贸摩擦不断加剧，经贸问题与国家安全问题交织。在中国面临复杂严峻的国内外形势下，大力推进金融业对外开放，一系列政策措施密集出台。2020年新冠肺炎疫情暴发给世界带来了广泛影响，但是中国对外开放进程没有因疫情放缓，国际社会对中国在疫情防控的紧张过程中继续扩大金融开放给予了非常积极的评价。目前绝大多数的开放措施已在法律层面和实践层面落地。但我们也应认识到，中国当前的金融开放水平仍然有待提高，金融业对外开放要在广度、深度和影响力方面不断拓展。

从美欧日商会报告中也可以看出，对于中国金融开放政策的感受，美国机构感受最明显，欧盟国家的金融机构感受次之，日本金融机构感受最

不明显。对比三家商会对中国金融开放的态度，89%的美中贸委会成员认为中国金融开放程度有明显改善，欧盟为71%，日本商会仅有29%。而欧盟商会成员和日本商会成员分别有7%和14%的比例认为中国金融开放程度下降。

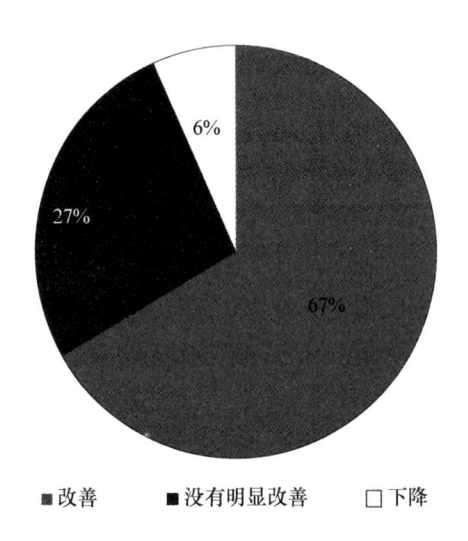

图6-2 对中国金融开放政策，外资机构评价比较积极

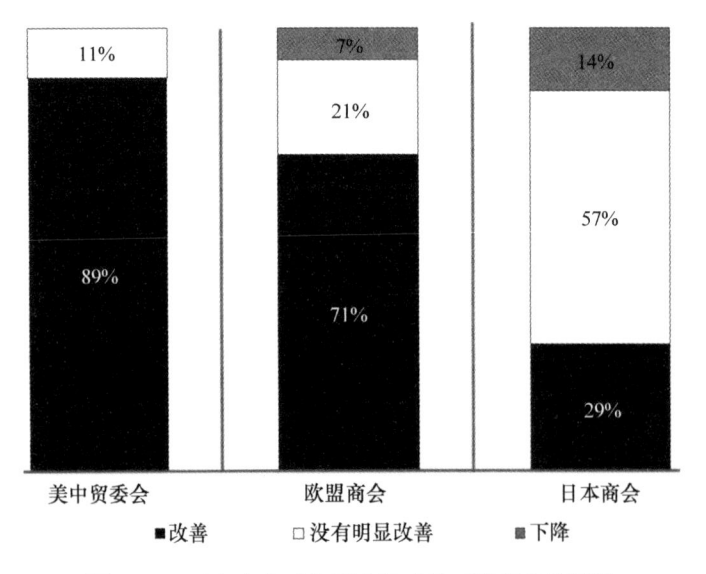

图6-3 三家商会对中国金融对外开放程度的评估

三大商会外资金融机构的感受不一，可能是由于三者金融市场结构差异较大，而中国过去一年来的金融开放政策以非银行领域的开放为主。图6-1显示，美中贸委会金融机构以非银行机构为主，占比高达89%。而日本、欧盟商会的非银机构占比相对要小得多。具体后文还将展开解释。

□挑战大于机遇　■机遇大于挑战　■挑战与机遇一样大

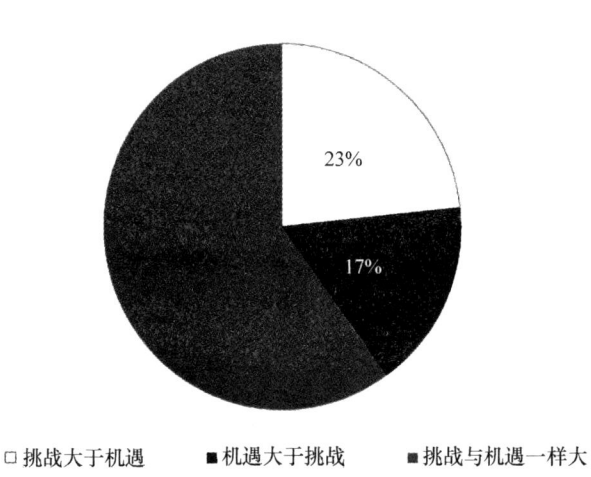

图6-4　外资金融机构对中国金融开放的评估与展望

二　外资机构对中国业务的乐观程度中性偏谨慎

总体来看，外资金融机构对于中国业务的乐观程度中性偏谨慎。根据课题组问卷调查数据，60%的外资机构认为，其在中国面临的挑战与机遇一样大；23%的外资机构甚至认为挑战大于机遇；仅有17%的外资机构认为机遇大于挑战。

从机遇的角度来看，外资机构最看好中国金融开放政策和母公司战略能够起到的作用。在我们发放问卷的机构中，有37%（11家）认为金融开放政策最有利于他们在华开展业务，有30%（9家）认为母公司的战略安排对他们的在华业务更重要。还有部分机构认为，中国经济改革（13%）、人民币国际化（7%）和国内营商环境改善（7%）最有助于他们拓展在华业务。

三大商会的问卷数据显示，美国金融机构对中国业务的态度更加乐观。调研数据表明，44%的美国金融机构认为其在中国面临的机遇大于挑

中国金融开放：感知政策的温度

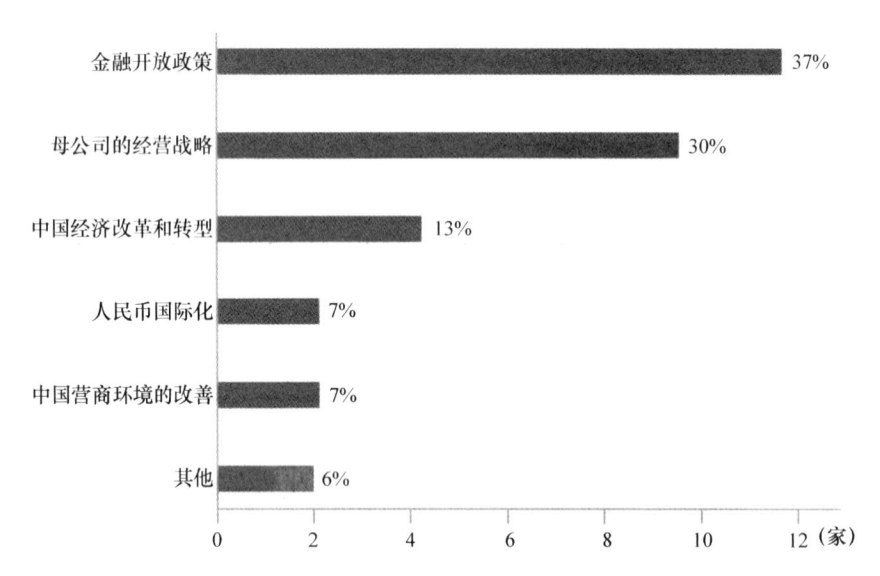

类别	百分比
金融开放政策	37%
母公司的经营战略	30%
中国经济改革和转型	13%
人民币国际化	7%
中国营商环境的改善	7%
其他	6%

图6-5 外资在华业务最大的机遇来自金融开放和母公司战略

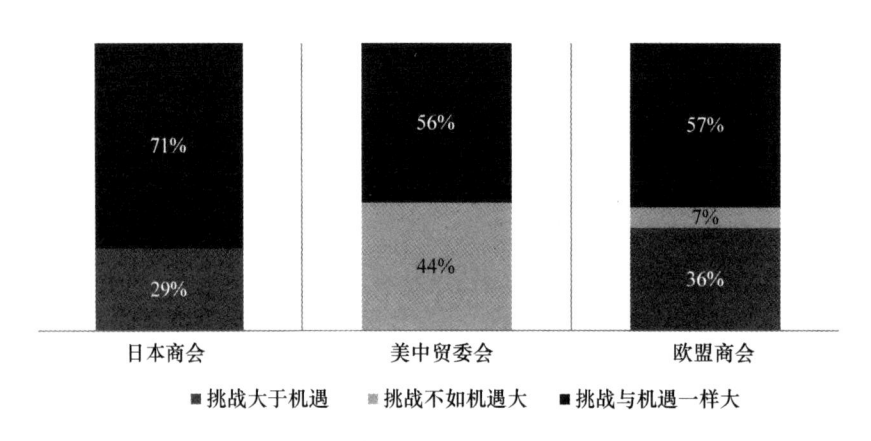

商会	挑战大于机遇	挑战不如机遇大	挑战与机遇一样大
日本商会	29%	—	71%
美中贸委会	—	44%	56%
欧盟商会	36%	7%	57%

图6-6 三大商会外资机构对挑战、机遇的看法

战，欧盟金融机构的比例仅为7%，无一家日本金融机构对此表示认可。36%的欧洲金融机构和29%的日本金融机构认为挑战大于机遇。71%的日资金融机构、57%的欧洲金融机构和56%的美国金融机构认为挑战和机遇一样大。

非银机构相较于外资银行对中国的金融开放稍显乐观。在调研样本中，38%的外资银行认为在华经营挑战大于机遇，而外资非银机构相关的比例仅为12%。70%的外资非银金融机构认为中国金融开放的挑战与机遇一样大，而仅有46%的外资银行持同样态度。虽然外资金融机构中，认可机遇大于挑战的机构比例非常低，但从数量和比例上看，外资非银机构还是略高于外资银行。

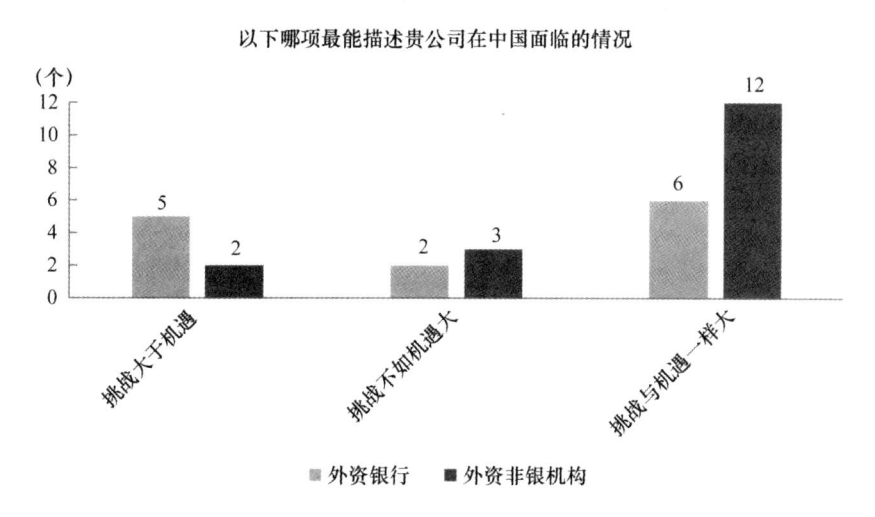

以下哪项最能描述贵公司在中国面临的情况

情况	外资银行	外资非银机构
挑战大于机遇	5	2
挑战不如机遇大	2	3
挑战与机遇一样大	6	12

图6-7 外资银行与外资非银机构对中国金融开放的评估与展望

我们通过对外资银行的调研发现，外资金融机构面临的很多挑战主要存在于政策落实、监管规则和配套基础设施方面，而这些问题的解决比允许外资准入更加复杂，需要中国进行深层次的金融供给侧改革，改变传统监管模式以及丰富金融市场层次。

在市场准入方面，其一，部分细分金融业务的准入仍然存在障碍。虽然近年来通过各项开放政策，许多金融业务已经对外资开放，但仍有不少业务的准入存在障碍，虽未明文禁止外资，但符合申请条件的机构类型中并不包含外资机构。比如保险公司资本保证金存款业务、外资银行参与国债期货试点、双向账户通创新业务等。其二，已开放金融业务领域尚需加快推进速度，扩大准入范围。比如银行间债券市场A类主承销资格、境外机构通过银行间债券市场直接投资渠道入市安排等。其三，已开放的金融市场与业务中，有些仍缺乏具体的配套规则或可操作的路径。比如证券公司客户交易结算资金存管业务、私募基金服务机构资格、银行间债券市场相关的免税细则等。

在监管规则方面,其一,部分监管规则在制订与执行过程中,并未充分考虑外资机构的特点和实际运营情况。比如目前很多市场准入规则对申请主体的资产或资本金规模都有硬性要求,外资银行在体量上与本土银行的差距使其无法获批开展新业务或进入某些细分市场,这在某种程度上进一步导致了外资银行市场份额的萎缩。在一些技术细节上,现有的监管规则参考的主要也是中资机构的运营和实践。金融领域的对外开放,其中一个重要的政策目的就是要引入多样化和差异化的市场竞争,但部分技术性规定对所有市场主体进行简单粗暴的"一刀切",不利于实现多元化的良性竞争。其二,不同的监管机构和政府部门之间的沟通协调不充分,开放口径和步调不一致。

其三,金融开放政策与监管政策需要协调统一。第一,衍生品人民币保值工具的"实需"监管要求缺乏灵活性。目前,衍生品人民币保值业务已经向外资银行开放,市场参与也比较活跃,但银行实际操作中存在较大困难。从企业和银行角度,要考虑对冲一整年所面临的汇率和利率波动风险进行报表保值,而从外汇管理的角度看,有"实需"的外汇业务才是合法合规的业务,对业务逐笔核销,这妨碍了企业一揽子保值计划实施。第二,允许外资银行在华开设分行也需要监管在银行系统上配套安排。新设立的分行能否与母行共享系统,管理人员至关重要。第三,当前的对外开放是对外资银行在华业务的开放,而不是对外资银行本身的开放,即不是对外资银行的国际业务与中国金融市场链接的开放。建议扩大债券跨境业务,让中国债券资产"走出去",外资银行在这个过程中可发挥重要作用。

在金融市场配套基础设施方面,债券、人民币等缺乏定价机制。一是债券缺乏定价参考标准,缺乏价格发现的工具,例如国债远期指数,制约了海外投资。二是人民币也缺乏定价机制。中国的拆借市场存在有价无市的情况,Shibor与存款利率、LPR不挂钩,导致大银行和小银行都以揽存款为业务主体。如果人民币有较好的定价机制、拆借市场发展较好,大银行就不需要在全国都有分支机构,通过拆借市场筹集资金即可使资源得到整合。

三 为什么美国机构相对于欧盟、日本机构更加乐观？

从上文可以看到，从对于中国金融市场机遇、挑战的感受来看，美国金融机构的感受较好，比欧盟、日本机构更加乐观。如果使用采购经理人指数（PMI）的方法，对机遇、挑战的关系进行指数化，我们可以得到图6-8。其中图6-8（a）显示，在中国金融市场感受到的机遇指数方面，只有美国机构超过了荣枯线（50），达到了72.2，而欧盟、日本机构均为35.7，都明显低于荣枯线水平。因此，图6-8（a）把美国机构感受较好的事实更为明显地呈现了出来。为什么会有这样的结果？

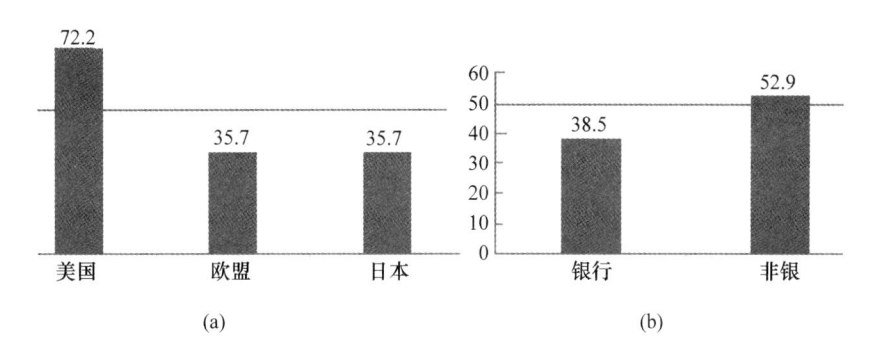

图6-8 外资机构看金融开放的机遇指数：商会机构、行业的视角

注：（a）是基于图6-6数据处理得到的。具体地，参照采购经理人PMI指数的计算方法，我们把认为"机遇大于挑战"的回答赋值为100，把认为"挑战和机遇一样大"赋值为50，把认为"机遇小于挑战"赋值为0，然后进行加权求和，得到的机遇指标。50为荣枯分界线，即总体上认为机遇与挑战一样大。若高于50则表示总体上认为机遇更大，低于50则表示总体上认为挑战更大。（b）则是换了银行、非银行的视角，对改善指数进行计算。

在本章开头，我们提到了美国、欧盟、日本三大商会问卷填写机构的比例有很大差异。其中，美国的非银行比例最高，为89%，远远高于欧盟（36%）和日本（57%）。图6-8（b）进一步显示，银行、非银行机构的调查结果也有很大的差异。其中，银行机构、非银行机构的改善指数分别为38.5、52.9。

将这些数据结合起来可以看到，美国、欧盟、日本三大商会问卷填写机构的结构差异，即美国机构中的非银机构占比特别高，这在很大程度上解释了为什么美国的感受相对较为乐观。当然,三大商会机构占比也不能完全解释这一问题,可能还有其他一些相对次要的原因。

第二节 中美博弈背景下外资机构对中国市场的观察

一 在外资机构面临的各项挑战中,中美关系位居第二

问卷数据显示,外资机构认为,"国民待遇和市场准入"是目前面临的最大挑战(43%),其次才是中美关系紧张(23%)、合规风险(17%)造成的影响,中国其他金融机构的竞争压力(13%)排在比较靠后的位置。

国民待遇和市场准入 43%
中美关系日益紧张 23%
合规风险 17%
中国其他金融机构竞争 13%
其他 4%

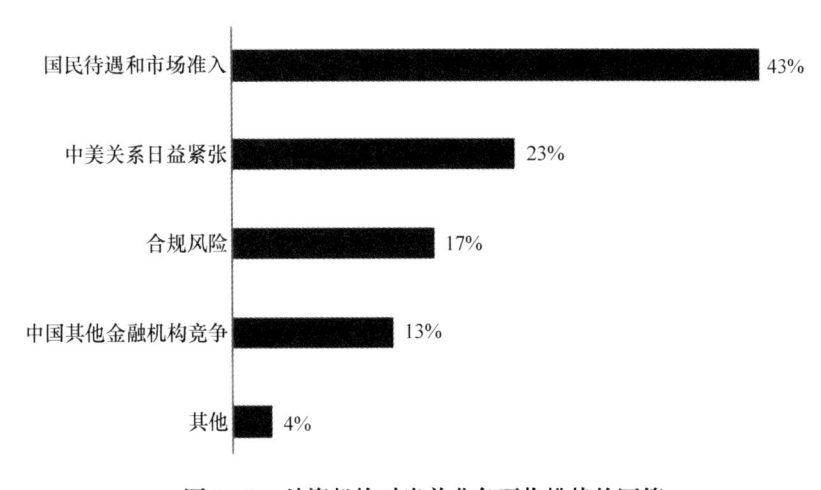

图6-9 外资机构对当前业务面临挑战的回答

二 对于日本商会、美中贸委会等机构,中美关系成为最重要挑战

从三大商会的区分来看,不同商会机构感受到的挑战有较大差异。其中,日本、美中贸委会对中美关系带来的挑战感受更为强烈,分别有57%、33%的比例选择了中美关系是最大的挑战。或者说,美国、日本都把中美关系紧张看作第一大挑战,或至少是与市场准入同样重要的挑战。而欧盟商会的机构选择中美关系的比例仅为0%,这显示欧盟机构不认为其在华业务面临中美关系带来的压力。

第六章 对欧美日三大商会金融机构的调查与访谈

总体上，美国、日本机构对地缘政治的影响感受较为直接，而欧盟机构在这方面的感受则微乎其微。不过，对照本章第一节的数据来看，目前美国机构对中国市场的评估，甚至比欧盟、日本商会的机构更加乐观，因此实际上美国机构并没有受到中美关系紧张带来的负面影响。

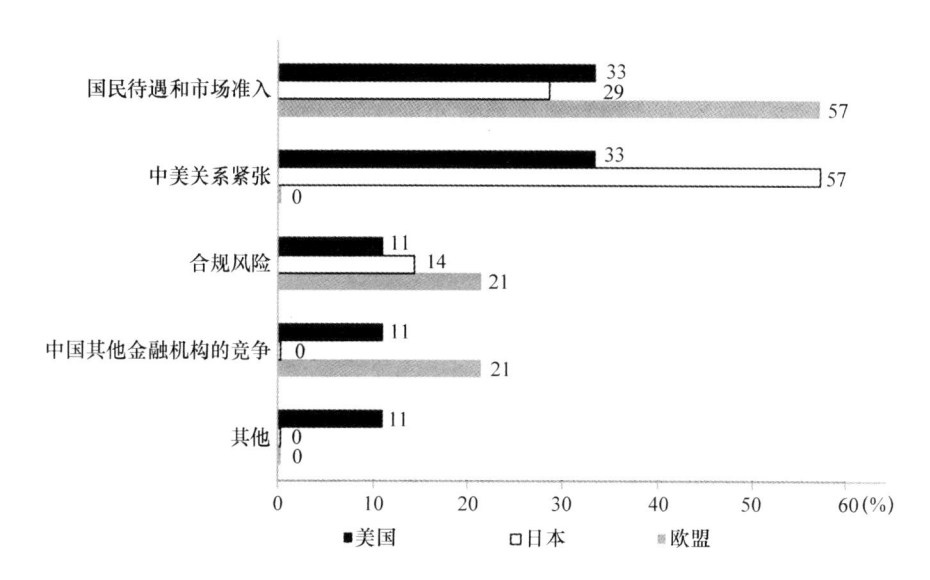

国民待遇和市场准入：美国33，日本29，欧盟57
中美关系紧张：美国33，日本57，欧盟0
合规风险：美国11，日本14，欧盟21
中国其他金融机构的竞争：美国11，日本0，欧盟21
其他：美国11，日本0，欧盟0

图 6-10 外资机构在华面临的主要挑战：美日欧三大商会机构

三 中美博弈背景下，外资机构对上海国际金融中心有长期的信心

中国香港、新加坡、上海是东亚地区的三大国际金融中心。可以对其现在、10年后（2030年）的排名进行比较，问卷结果显示：中国香港的国际金融中心地位总体偏弱，这点比较有共识。关于新加坡的地位则有很大分歧，认为其排名将下降到第3位，以及认为排名将上升到第1位的比例均有明显增加。而对于上海国际金融中心的未来，问卷结果显示出了极强的共识：上海地位将显著上升。其中，认为上海国际金融中心排名将上升到第1、2位的比例均有大幅上升，认为上海国际金融中心仍然排在第3名的比例则大幅下滑（从73%下降到23%）。具体分析可以参见本章第四节。

第三节 外资机构对中国六项金融开放政策的效果评估

一 外资机构对金融开放政策的效果评估：总体和国别比较

针对课题组在问卷中设置的六项具体政策中，外资金融机构对"股比限制取消"的评分最高（6.5/10），这也对应了近两年中国在机构准入方面的积极进展。

外资金融机构对通道类开放和资本项目自由化内容持相对更加积极的态度，政策有效性评分排在第2—4的项目分别为"债券通"（6.4/10）、"取消QFII限额"（6.3/10）和"沪伦通"（5/10）。前两项政策评分均高于6分（总分为10分），显示出外资机构较为肯定的态度。外资金融机构对"沪伦通"有效性的评分为5分，对该项政策的态度没有显示出较强的指向性。但课题组在调研过程中了解到，外资金融机构认为QFII和债券通均不及沪深港通有吸引力，后者金融投资的便利化程度更高。此外，外资机构在肯定放开非居民境内投资渠道的同时，也表达了放开居民境外投资渠道的诉求，譬如"债券通"的南向渠道以及"沪伦通"的东向业务等。

外资金融机构对"开设分支机构"的评价最低，其次是"高管任职放松"，两项政策的评分均不及5分，显示出外资金融机构对中国金融开放的主要诉求已经深入日常经营和业务拓展等较细、较深的领域。

横向对比三大商会金融机构评分来看，在对"股比限制取消"、"债券通"和"取消QFII限额"三项政策的有效性评估方面，三大商会金融机构的评分均值都超过5分，显示出较为积极的态度。三大商会金融机构对"开设分支机构"的评价最低，均值都未超过5分。三大商会金融机构对"沪伦通"和"高管任职放松"两项政策的评价呈现出比较分化的态度，欧盟金融机构的评价较低，均值都在4分以下，而美国金融机构的评价都超过了6分。

具体分国别来看，美国金融机构对中国近年来实施的金融开放举措态度更为积极，除了"开设分支机构"评分仅为5分，对其他政策的评分均在6分以上，显示出非常积极的态度，其对"股比限制取消"和"高管任职放松"的评价尤高（7.67/10）。欧洲金融机构的态度则相对比较保守，

第六章 对欧美日三大商会金融机构的调查与访谈

评价最高的"债券通"仅为 5.85 分，其对"高管任职放松"评价最低，仅为 3.27 分。日本金融机构的态度介于二者之间，但总体来看也比较积极，其对"取消 QFII 投资限额"（7.33/10）在三大商会中评价最高，符合其一贯重视中国资本项目自由化问题的倾向，对"开设分支机构"的评价最低（3.33/10）。

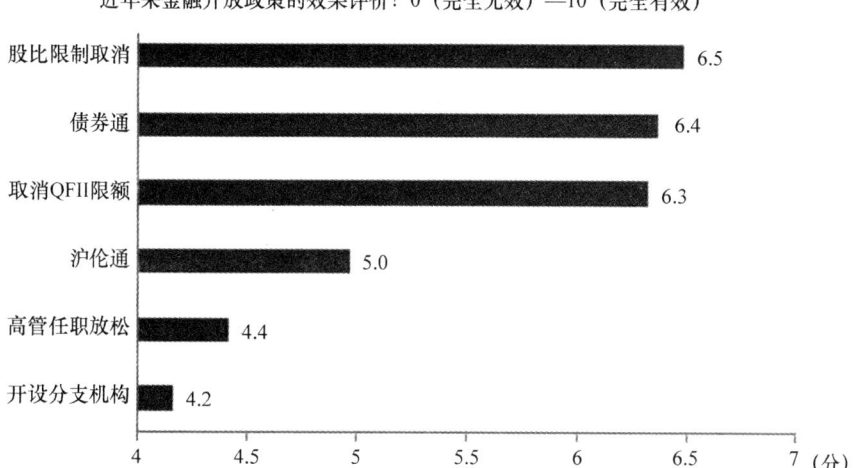

近年来金融开放政策的效果评价？0（完全无效）—10（完全有效）

股比限制取消	6.5
债券通	6.4
取消QFII限额	6.3
沪伦通	5.0
高管任职放松	4.4
开设分支机构	4.2

图 6-11　外资行对中国金融开放具体政策的评估（整体评分）

近年来金融开放政策的效果评价？0（完全无效）—10（完全有效）

政策	欧盟金融机构	美国金融机构	日本金融机构
股比限制取消	5.50	7.67	6.67
债券通	5.85	7.00	6.67
取消QFII限额	5.46	6.89	7.33
沪伦通	3.41	6.40	5.83
高管任职放松	3.27	7.67	5.30
开设分支机构	4.33	5.00	3.33

图 6-12　外资行对中国金融开放具体政策的评估（三家商会评分）

中国金融开放：感知政策的温度

从具体政策评估来看，针对"外资金融机构可以作为控股股东"，即"股比限制取消"的政策，美国金融机构评价最高（7.67/10），该政策也是其评分最高的政策之一，其次是日本金融机构（6.67/10），两国金融机构的评分均值都超过了6分，欧洲金融机构的评分相对较低（5.5/10）。针对"债券通"的实施，三大商会金融机构的评价较为集中，美国金融机构（7/10）和日本金融机构（6.67/10）的评估相对较高，欧洲金融机构的评分相对较低（5.85/10），但该政策也是欧洲金融机构评分最高的政策。针对"取消QFII投资额度限制"的政策，日本的评分最高（7.33/10），该政策也是日本金融机构在问卷涉及的所有问题中评分最高的政策，其次是美国金融机构（6.89/10），欧洲金融机构的感受较差，在三大商会金融机构中评分相对较低（5.46/10）。针对"沪伦通"的实施，美国金融机构认为有效性较高（6.4/10），其次是日本商会（5.83/10），欧洲金融机构的评价较低，仅为（3.41/10）。针对"高管任职放松"，三大商会金融机构的感受差异最大，该政策是美国金融机构在六项政策中评价度最高的政策之一，均分高达（7.67/10），但其也是欧洲金融机构评价最低的政策，均分仅为（3.27/10），日本金融机构的评价则较为中性（5.3/10）。美国和日本的金融机构均认为"开设分支机构"是六项政策中有效性最弱的政策，对比三大商会态度来看，美国金融机构评分略高（5/10），欧洲金融机构其次（4.33/10），日本金融机构最低（3.33/10）。

表6-1 外资金融机构（分国别）对六项政策有效性的排序

排序	所有外资金融机构	日本金融机构	美国金融机构	欧盟金融机构
1	股比限制取消	取消QFII限额	股比限制取消 高管任职放松	债券通
2	债券通	债券通 股比限制取消		股比限制取消
3	取消QFII限额		债券通	取消QFII限额
4	沪伦通	沪伦通	取消QFII限额	开设分支机构
5	高管任职放松	高管任职放松	沪伦通	沪伦通
6	开设分支机构	开设分支机构	开设分支机构	高管任职放松

外资机构对"沪伦通"政策有效性的感受内部差异最大，对"债券

通"政策有效性评分的中位数最高。从各组样本的方差来看,即通过一组样本与平均值的偏离程度来衡量样本的分散程度。"沪伦通"的方差最大为7.7,表明外资机构对"沪伦通"开放政策有效性的评分最为分散,外资的内部感受差异较大。其次为"设立分支机构"6.4、"高管任职放松"5.8、"债券通"5.5、"股比限制取消"5.2,方差最小的为"取消QFII限额"4.0,表明外资机构对"取消QFII限额"开放效果的评分最为集中,外资的内部感受较为统一。

从各组样本的中位数来看,"债券通"政策有效性评分的中位数最高为8分,其次"股比限制取消"为7分,"取消QFII限额"为6分,"沪伦通""高管任职放松""设立分支机构"均为5分。

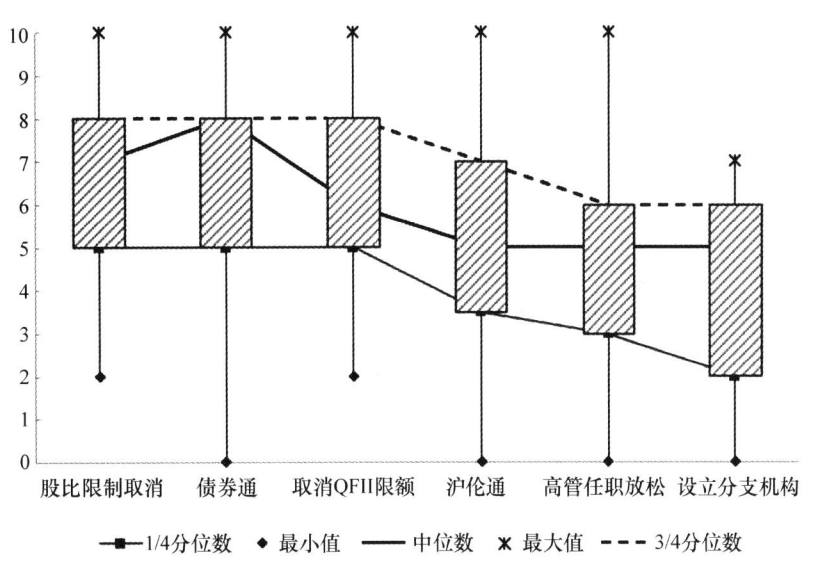

图6-13 外资行对中国金融开放政策的评估(四分位图)

二 外资金融机构对具体金融开放政策的评估：对六项政策的具体评估

(1) 股比限制放开

外资非银金融机构(6.93/10)对"股比限制取消"政策的态度较外资银行(5.77/10)更积极。对比三大商会银行和非银金融机构,美国银行对该项政策有效性的评分最高,均值高达9分,其次为日本非银机构

（7.67/10）。日本银行（5.67/10）和欧洲银行（5.44/10）评分相对较低，欧洲非银机构（6.75/10）和美国非银机构（6.71/10）则介于中间。美国非银金融机构对该问题的评价并不高，虽然不是所有机构中评价最低的，但在三大商会非金融机构中排在最末，这也反映在近期美中贸委会提出的相关诉求中。

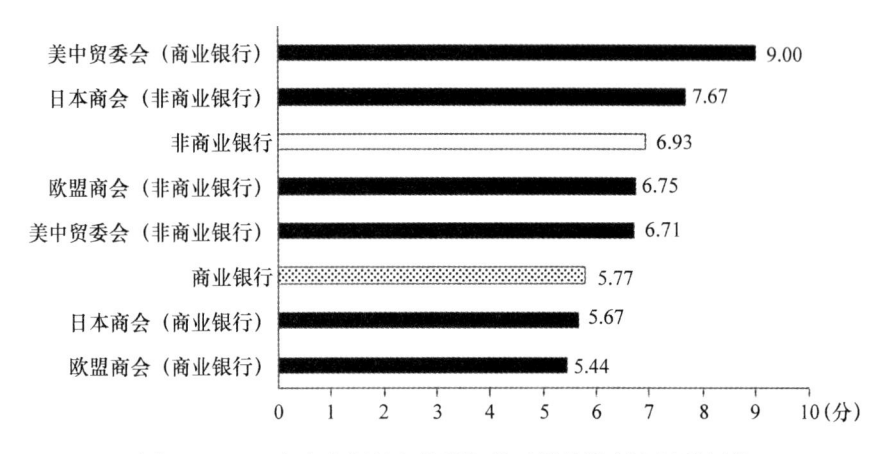

美中贸委会（商业银行）	9.00
日本商会（非商业银行）	7.67
非商业银行	6.93
欧盟商会（非商业银行）	6.75
美中贸委会（非商业银行）	6.71
商业银行	5.77
日本商会（商业银行）	5.67
欧盟商会（商业银行）	5.44

图 6-14 三大商会银行和非银机构对股比限制取消的评价

目前，外国商会的诉求主要体现在承诺落实方面，即在事实层面放宽、取消外资持股比例限制。美中贸委会在其 2020 年 4 月 30 日发布的《美国企业在中国 2020 年白皮书》中，就外资金融机构在资管业和保险业面临的股比限制，提出一系列调整诉求。在资管业方面，美中贸委会指出，虽然中国提早在全国范围内取消了基金管理公司的外资股比限制，但目前对基金管理人仍存在准入障碍。[①] 在保险业方面，美中贸委会进一步强调落实取消人身保险中的外资股比上限的承诺。[②] 日本商会也在其最新

---

① 美国商会：《美国企业在中国 2020 年白皮书》，第 233 页。美国商会指出，现行基金管理公司管理规定办法对营业执照的限制不利于外资管理人参与提供服务，如要求新设立基金管理公司在有资格申请管理机构保险和养老资产之前应在中国境内积累管理资产业绩，在基金管理方面有 2 年经验。大部分大型外资资产管理公司在国外拥有多年境外管理资产相关经验，但均不受认可。

② 美国商会：《美国企业在中国 2020 年白皮书》，第 233 页。美国商会另外指出，中国需明确《保险公司股权管理办法》中单一股东不得超过 1/3 持股比例的规定不适用于外资保险公司。其认为虽然承诺取消人身保险公司外资持股比例上限与财产保险公司和再保险公司中对外资的规定相符，但如果这一规定的执行过于死板，则会阻碍中外合资保险公司逐步转变为股权集中程度较低的结构。

发布的《中国经济与日本企业 2019 年白皮书》中，表示了落实放宽外资持股比例限制承诺的诉求，特别在证券业领域。一方面，其敦促中国政府加快落实取消外资股比限制的承诺，同时明确到 2021 年的具体履行日期。另一方面，其要求放宽对持股股东的资产要求和持股比例上限。[①]

（2）债券通

外资非银金融机构（6.93/10）对"债券通"政策的态度较外资银行（6/10）更积极。对比三大商会金融机构，美国无论是银行还是非银金融机构评价都颇高，日本银行的评价度远高于非银机构，欧洲金融机构的评价度相对较低。美国银行对该项政策有效性的评分最高，均值为 8 分，其次为日本银行（7.67/10），再次为美国非银金融机构（7.63/10），此三类机构的评分均超过 7 分，显示出非常积极的态度。日本非银金融机构（5.67/10）和欧洲银行（5.22/10）评分相对最低，欧洲非银机构（6.33/10）则介于中间。

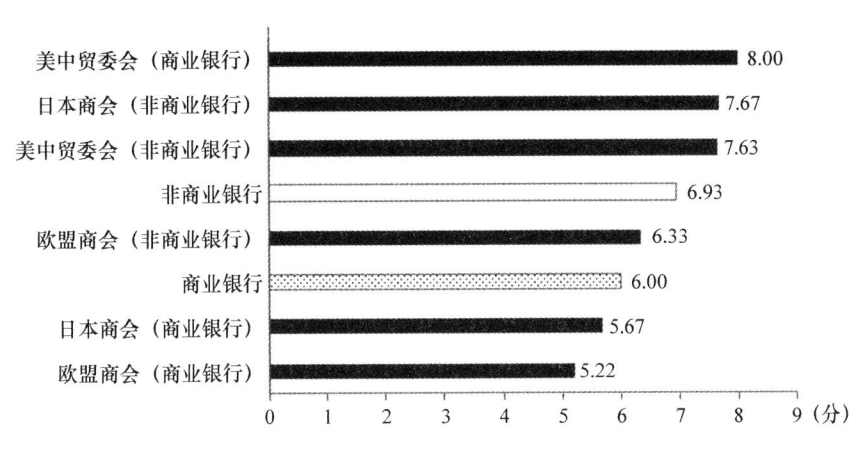

美中贸委会（商业银行）	8.00
日本商会（非商业银行）	7.67
美中贸委会（非商业银行）	7.63
非商业银行	6.93
欧盟商会（非商业银行）	6.33
商业银行	6.00
日本商会（商业银行）	5.67
欧盟商会（商业银行）	5.22

图 6-15 三大商会银行和非银机构对债券通的评价

美国金融机构的积极态度在美中贸委会近期的年报中也有所印证，相

[①] 日本商会：《中国经济与日本企业 2019 年白皮书》，第 269 页。根据 2018 年 3 月 30 日证监会发布的《证券公司股权管理规定》草案，持股比例越高则应满足的标准越为严格，对控股股东设立的财务标准要求其净资产不低于人民币 1000 亿元。日本商会希望证监会放宽限制（或降低标准），并放宽外资在上市公司的持股比例上限。

对于欧盟商会,美中贸委会和日本商会表示出更高的期待。美中贸委会肯定了政府 2020 年为投资者实施大宗交易配额、三年免税政策以及实时货银对付、改善债券通的举措。但与此同时,外资金融机构也在落实承诺方面提出了一系列诉求,譬如美中贸委会表示,外资金融机构尚难获得在岸"债券通"造市商资格,目前还没有一家外资机构获批。① 日本商会则表示,期待早日落实"南向通"的内容和引进时间。② 此外,一些外资非银机构在课题组的调研中反馈,"债券通"交易成本太高,而投资产品有限,对外国投资者的吸引力比不上银行间市场直投。

(3) 取消 QFII 限额

虽然取消 QFII 额度限制主要与证券业相关,但由于在华外资银行大多涉及交易类业务,且其保险机构具有较强的投资实力,外资非银机构和外资银行对这一政策评估的差异并不大。从评分上看,外资非银金融机构(6.53/10)的评分只是略高于外资银行(6.08/10)。对比三大商会金融机构,可看出美国和日本金融机构对这一政策的评价显著高于欧洲金融机构,这也与这两个国家金融机构在证券投资方面体现出的较强专业性和实力有关。其中,美国银行对该项政策有效性的评分最高,均值为 8 分,其次为日本非银金融机构(7.33/10)和日本银行(7.33/10),再次为美国非银金融机构(6.75/10),这些机构评分均值都超过 6 分,均显示出非常积极的态度。欧洲非银金融机构(5.5/10)和欧洲银行(5.44/10)评分相对最低。

目前,各家商会最新的报告中尚未体现出对该政策的关注和评价,但各国金融机构一直比较关注实操层面的流程和技术优化,如美中贸委会在涉及"合格境外投资者"的讨论中,提出需要简化和明确合格投资者利润汇回的审批流程,并建议取消境外投资者与本地次托管行直接签订合同的要求,在中国内地市场认可国际托管行。③ 部分外资非银机构在课题组的调研中反馈,可考虑打通 QFII 与其他账户及配额等一系列通道的联通,这将有助于降低外国投资者的操作成本。针对 QFII,证监会可以考虑放松只

---

① 美国商会:《美国企业在中国 2020 年白皮书》,第 239 页。
② 日本商会:《中国经济与日本企业 2019 年白皮书》,第 271 页。
③ 美国商会:《美国企业在中国 2020 年白皮书》,第 233、237 页。

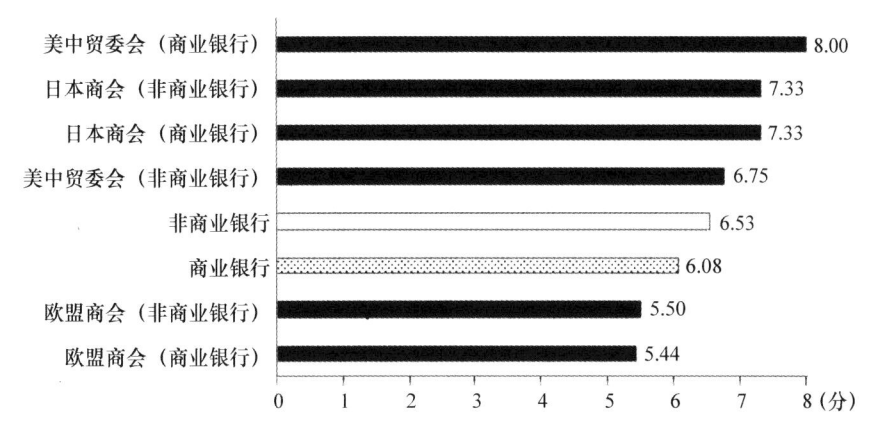

第六章 对欧美日三大商会金融机构的调查与访谈

图 6-16 三大商会银行和非银机构对取消 QFII 限额的评价

允许外国投资者在同一家中介机构处交易的规定。

(4) 沪伦通

外资非银金融机构（5.71/10）总体对"沪伦通"政策的态度较外资银行（4.15/10）相对更积极。从国别对比来看，比较有意思的是，美国和日本的金融机构对沪伦通的态度较欧洲金融机构更积极，尤其是美国和日本的在华银行。美国银行对该项政策有效性的评分最高，均值为 8 分，其次为美国非银金融机构（6.25/10），再次为日本银行（6/10），此三类

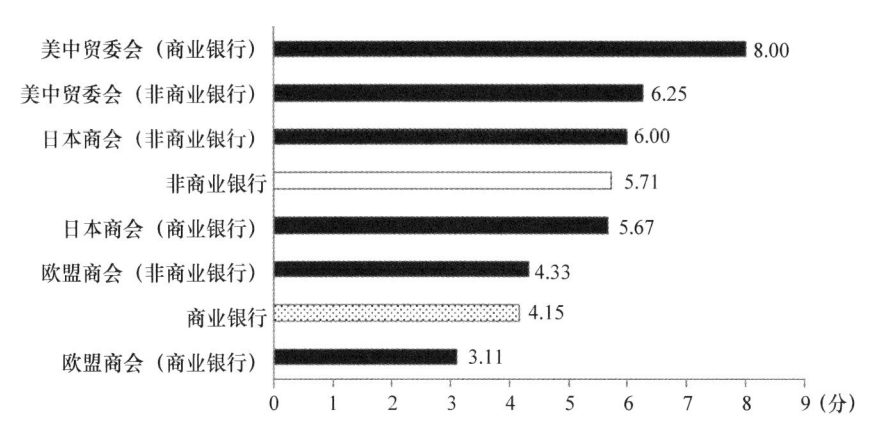

图 6-17 三大商会银行和非银机构对沪伦通的评价

机构的评分均超过 6 分，显示出较为积极的态度。欧洲银行（3.11/10）评分最低，日本非银金融机构（5.67/10）和欧洲非银金融机构（4.33/10）则介于中间。

结合实施情况来看，"西向业务"已落地且相对比较活跃，目前发行的机构仅有在上交所上市的两家中国企业华泰证券和中国太保，两家机构累计交易量为 3824.85 万元和 1151.06 万元，相较沪港通和深港通，沪伦通规模仍然非常小。从制度层面看，虽然"东向业务"流程与"西向业务"基本相同，但证监会曾明确表示，东向业务暂不允许伦交所上市公司在中国境内市场通过新增股份发行 CDR 的方式直接融资。这意味着，伦交所上市公司在 A 股市场只能交易，但不能从 A 股市场融资，而"西向业务"可直接在英国市场融资。[1] 监管和规则差异或导致西方金融机构，尤其是欧洲金融机构的迟疑和观望，一定程度上也解释了外资金融机构对沪伦通的态度指向不明确和内部感受差异大等特征。

（5）高管任职要求放松

外资金融机构整体对"高管任职要求放松"相关政策的评价较低，均值仅为 4.41 分。三大商会金融机构态度差异较大，美国金融机构对该项政策有效性的评分非常高，均值为 7.67 分，欧洲金融机构评价则非常低，仅为 3.27 分，日本金融机构则介于中间（5.33/10）。

目前，外资行对此项政策的诉求主要体现为分支行行长轮岗要求的不合理。根据银监办发〔2012〕166 号的要求，"管理人员在同一分支行连续担任负责人最长不超过 3 年"，同时设定轮岗间隔为 1 年。多家外资银行（主要是美资）在课题组的调研中反馈到，这项规定在外资银行的实际操作过程中造成额外的负担。外资银行分行网点少，很难找到适合的人员轮岗，且常频繁调换，也不利于分支机构长期发展、不利于客观评价分行行长的业绩。实际上，外资银行分行行长的权限与中资银行不同，外资银行分行行长权限相对有限，如没有信贷审批权等，风险相对较小，较短时间内轮岗，不仅没有起到防范风险的作用，反而造成人员流失和操作风险。外资银行普遍认为，3—6 个月的离岗已经能够发挥岗位轮换的作用。

---

[1] 刘伟杰：《沪伦通"西向业务"落地"东向业务"需满足四个条件》，中国经济网，2019 年 6 月 14 日，http://money.people.com.cn/n1/2019/0614/c42877-31136785.html。

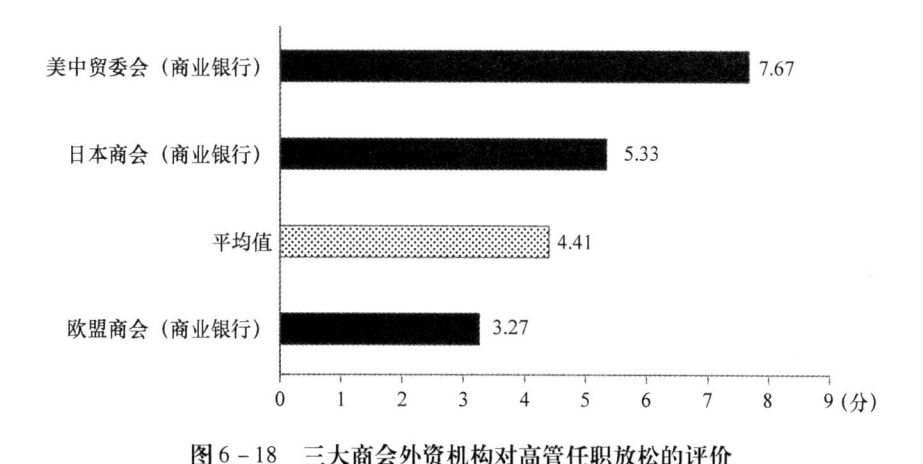

第六章 对欧美日三大商会金融机构的调查与访谈

美中贸委会（商业银行）	7.67
日本商会（商业银行）	5.33
平均值	4.41
欧盟商会（商业银行）	3.27

图6-18 三大商会外资机构对高管任职放松的评价

建议应允许外资银行根据自身风险状况和实际情况自行制定轮岗期限，给予外资行更大的灵活性，譬如5年一轮，每次轮岗期限3—6个月。

此外，日本商会在其2019年的白皮书中，就外籍高管就职前流程提出调整诉求，希望采取从考试和参加培训中任选其一，而不用同时满足两项要求。其还特别指出，如果受训高管是外籍人员，应允许借助译员参加培训或由公司内部培训代替。对于非常务董事及外部董事，希望缩短培训时间，减少培训内容，等等。①

（6）开设分支机构

外资金融机构整体对"设立分支机构"相关政策的评价较低，均值仅为4.15分。从国别对比来看，美国金融机构对该项政策有效性的评分相对较高，均值为5分，其次为欧洲金融机构（4.33分），日本金融机构评价最低（3.33分）。

设立分支机构一直是西方国家商会会员关注的重点。欧盟商会在其近三年的《欧盟企业在中国建议书》中反复强调允许外资行在华设立分行的诉求，其指出，目前外资银行若已经在中国设立分行，则不被允许在国内设立支行，而是必须设立其他分行。这一限制产生了大量开销，增添了不必要的财务负担。欧盟商会指出，在欧设立的中资银行却能够在欧洲任何

---

① 日本商会：《中国经济与日本企业2019年白皮书》，第263页。

▶▶▶ 中国金融开放：感知政策的温度 ▮

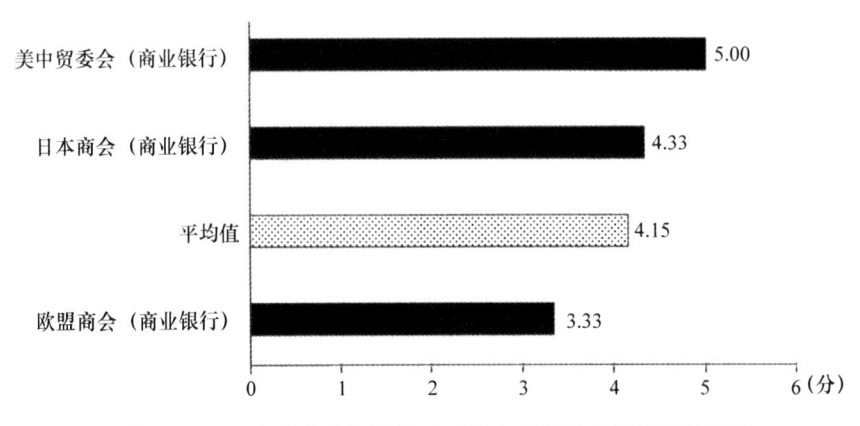

机构	分值
美中贸委会（商业银行）	5.00
日本商会（商业银行）	4.33
平均值	4.15
欧盟商会（商业银行）	3.33

图 6-19　三大商会外资机构对开设分支机构政策效果的评价

国家设立支行。欧盟商会还进一步表示应简化分行和子行业务拓展程序，具体包括：（1）允许本地注册法人银行提交年度分行及支行扩展计划申请，接受相关部门预审；（2）允许同时提交多个分行和支行扩展申请。除了设立分支机构，欧盟商会也表达了"允许外资金融机构灵活调整地方分支机构"的诉求，以便缩小规模或退出某些活动或无利润的业务/地点，建议监管部门发布出售/关闭业务的综合指导原则。①

除了银行业的分支机构设立困难，美中贸委会和日本商会也表达了其保险机构在华设立分支机构面临的诸多障碍及其调整诉求。美中贸委会表示，外资保险公司在申请设立分支机构时，往往经历更严格和漫长的审批流程，每次申请都限制外资保险公司设立分支机构的数量，尤其是同时在几个省份申请设立分支机构等。② 日本商会则指出，外资合资寿险公司曾接到过原中国保险监督管理委员会（CIRC）的相关通知，无法同时申请设立多家分公司。即使提交了申请，也不能同时获得多家审批。内外资同等待遇因没有明确的规定，因此希望中外合资寿险公司在申请设立新的分支机构时能够获得与中资公司同样的待遇。③

---

① 欧盟商会：《欧盟企业在中国建议书2019/2020》，第287—288页。
② 美国商会：《美国企业在中国2020年白皮书》，第373页。
③ 日本商会：《中国经济与日本企业2019年白皮书》，第255页。

第六章　对欧美日三大商会金融机构的调查与访谈

第四节　外资机构眼中的东亚金融中心格局：未来十年的展望

一　外资金融机构的评估：从港新沪到新沪港？

上海、中国香港、新加坡同处亚太地区，中国香港与新加坡曾经同属"亚洲四小龙"，经过多年发展已成为公认的亚洲国际金融中心，上海在20世纪初一度是远东重要的国际金融中心，拥有浓厚的金融血脉，目前正在加快推进国际金融中心建设。课题组邀请在华外资金融机构，就沪港新三座城市的国际金融中心实力进行排序，回收到30份有效问卷，其中7份来自日本，9份来自美国，14份来自欧洲。

问卷结果显示，从外资金融机构整体来看，机构倾向于认为，当前，亚洲国际金融中心的排位是中国香港＞新加坡＞上海；展望2030年，金融中心的排位可能变为新加坡＞上海＞中国香港。问卷结果显示出以下特点。

第一，外资机构普遍认为目前上海较中国香港、新加坡有差距，但对上海的远期展望较为乐观，认为上海金融中心实力将获得提升。如图6-20所示，课题组对每座城市的排名取加权平均（权重为机构投票占比），上海目前的排名加权平均值为2.6，较香港的1.63、新加坡的1.77差距较大。但预计到2030年，上海的加权平均排名将上升至1.93，高于香港的2.33，显示机构对上海的信心提升。图6-21呈现了具体的问卷结果，进一步显示外资机构对上海的远期展望较为乐观。30家外资金融机构中，目前有22家（73%的受访机构）均认为上海在沪港新中排名第三；展望2030年，认为上海在2030年排名第一的机构占比从14%上升至30%，认为上海排名第二的机构占比从13%升至47%，认为上海排名第三的机构占比则从73%下降至23%。

第二，在外资机构心目中，当前中国香港与新加坡难分伯仲，中国香港略微领先新加坡；但外资机构对中国香港的远期展望普遍下滑，而对新加坡的展望则有很大分歧。结合图6-20及图6-21可以看出，目前中国香港（加权排名1.63）略微领先新加坡（加权排名1.77），成为外资机构心目中排名第一的亚洲国际金融中心。从具体问卷结果可以发现，当前中

中国金融开放：感知政策的温度

国香港与新加坡其实难分伯仲。30家外资机构中，有14家（47%的受访机构）认为中国香港目前排名第一，有12家（40%的受访机构）认为新加坡排名第一，数量近似。展望2030年，外资金融机构对中国香港的远

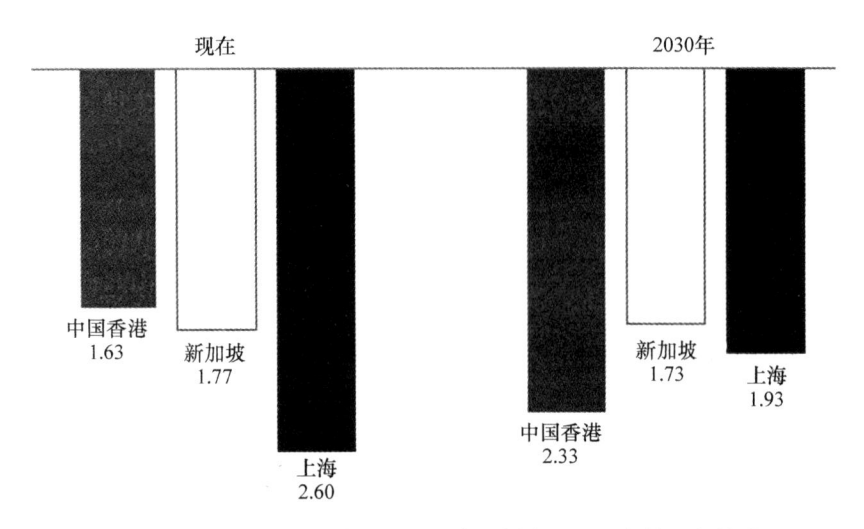

中国香港 1.63　新加坡 1.77　上海 2.60　　中国香港 2.33　新加坡 1.73　上海 1.93

图6-20　外资金融机构三大金融中心排序：从港新沪到新沪港

注：图中数值为30份问卷中各城市排名的加权平均。

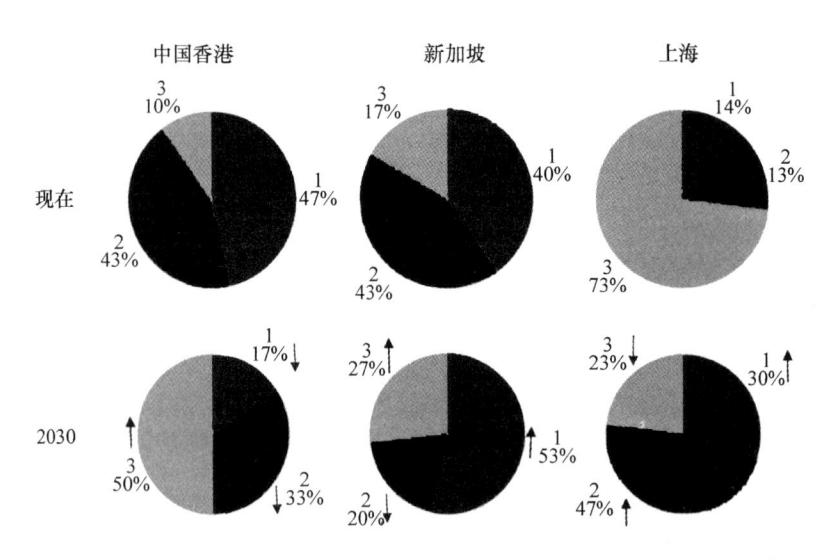

现在　中国香港：1 47%，2 43%，3 10%　新加坡：1 40%，2 43%，3 17%　上海：1 14%，2 13%，3 73%

2030　中国香港：1 17%↓，2 33%↓，3 50%↑　新加坡：1 53%↑，2 20%↓，3 27%↑　上海：1 30%↑，2 47%↑，3 23%↓

图6-21　到2030年，外资金融机构对上海的信心普遍提升

注：数字1、2、3指排名从高到低，百分比为选择不同排名的机构占比。

第六章 对欧美日三大商会金融机构的调查与访谈

期展望则普遍下滑（加权排名降至2.33），认为中国香港在2030年排名第一的机构占比从47%下滑到17%，而认为中国香港在三座城市中垫底的机构占比从10%上升至50%。外资机构对新加坡的远期展望存有分化，认为新加坡排名第一与第三的机构占比均有所上升。因此，从平均值来看，新加坡的地位似乎较为稳定（加权排名从1.8升至1.7）。但是实际上，受访外资机构对于新加坡未来10年的地位变化具有最大的分歧。

分国别来看，美日欧外资金融机构均倾向于认为，在三座城市中，当前上海的金融中心实力相对较弱（加权排名介于2.6—2.7）。日本机构认为新加坡（加权排名1.4）强过中国香港（加权排名1.9），而美欧机构倾向于认为中国香港（加权排名1.6）强过新加坡（加权排名1.9）。

展望2030年，不同国家外资机构的共识是，上海的实力可能超过中国香港。如图6-22所示，上海的加权排名明显提升，而中国香港的加权排名明显下滑。

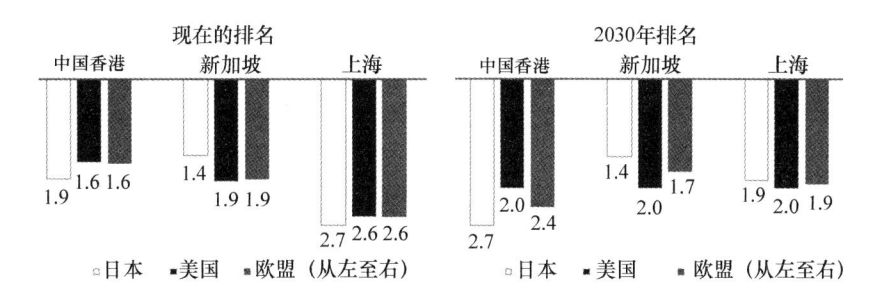

图6-22 美日欧外资金融机构的全球金融中心排名

注：图中数值为30份问卷中各城市排名的加权平均。

关于未来沪港新的排名，日本及欧洲机构均认为，新加坡＞上海＞中国香港。从图6-22来看，美国机构对沪港新三座城市的展望没有差异，2030年三座城市的加权排名均为2。进一步来看美国机构的具体问卷数据，美国机构对上海的期待值上升，认为上海排名垫底的机构占比从67%下降至22%，尤其是认为上海将在2030年排名第二的机构数有较大提升（从2家升至5家）。

美国机构内部对中国香港和新加坡的观点则存在分化。认为中国香港可能在2030年领先、居中或垫底的美国机构各占三分之一（3/9），其中，认为中国香港在2030年位居第一的美国机构数下降（5家降至3家），认为中国香港将位居第三的机构数上升（从1家升至3家）。新加坡方面，认为新加坡将在2030年位居第二的美国机构下降（从4家降至1家），但认为新加坡将位居第一和位居第三的机构数同时上升，且占比相当。美国机构对港新两座城市展望的分化显示，不同机构对未来亚洲国际金融中心的强弱有各自的主观判断，从侧面显示，亚洲领先的国际金融中心之争或存不确定性。

二 问卷与调研访谈：未来的上海获得青睐

课题组的问卷调查结果显示，无论整体还是分国别来看，目前外资机构的共识是上海的金融中心实力仍落后于中国香港与新加坡。在中国香港和新加坡孰强孰弱方面，不同国家的观点有差异，日本机构普遍认为新加坡更强，而美欧机构普遍认为中国香港更强。

展望2030年，各家外资金融机构均对上海实力提升抱有期望，均认为中国香港的国际金融中心地位将下滑。分国别来看，日欧机构倾向于认为新加坡居首、上海居中、中国香港最末。美国机构虽对三座城市的平均展望没有差异，但具体来看，其对上海的期待值上升，对中国香港的期待值有所下滑，且内部对中国香港和新加坡的展望分化严重。

结合问卷调查结果与调研访谈信息，课题组发现，外资金融机构对当前中国香港≥新加坡＞上海的排名共识较高（除部分日本机构认为新加坡居首），但展望未来，不同机构的观点更趋分化，且背后的理由各异。

例如，虽然整体数据显示，外资机构倾向于认为，中国香港的国际金融中心地位可能在2030年下滑，但也有部分受访机构认为中国香港在未来仍将是亚洲最重要的国际金融中心。有受访外资机构表示，中国香港是亚太地区的美元支付中心，目前来看，新加坡暂时替代不了中国香港的国际金融中心地位。美元支付中心转移至新加坡需要时间，也需要众多外部条件。该机构以伦敦为例：英国"脱欧"前，外界担心伦敦金融中心地位下降，欧洲金融中心转移至德国法兰克福等地，但实际上这一转移并没有发生。还有受访机构表示，衡量国际金融中心的地位，不应只看市场体量大小，更要考量其国际化程度。该机构认为，上海虽是当之无愧的中国内地金融中心，但目前仍以国内业务为主，将来还需要更多服务于亚洲、服务于全世界，才能称得上领先的国际金融中心，而这些都需要时间沉淀，因此，展望2030年，该机构仍将香港列为第一。

此外，虽然问卷数据显示外资机构普遍对上海展望乐观，但也有选择2030年上海排名居首的人士表示，这样的选择只是为了表示对上海的信心，上海是否果真能在三座城市中居首，还存有不确定性。该人士认为，上海的国际金融中心建设若想取得更多积极进展，还需要满足一些条件，比如开放的市场、货币的自由兑换。

三　未来的沪港新：谁胜谁负尚难断言

课题组认为，上述问卷及调研访谈结果能大致反映出目前亚洲国际金融中心比较的一些客观事实。

现在的中国香港与新加坡已经是获得普遍认可的国际金融中心。Youssef Cassis曾列举国际金融中心应具有的部分要素：稳定的政治体制，强大的货币，随时可用于海外投资的充足储蓄，强大的金融机构，强力有效的监管，轻税负，高技能劳动力，有效的沟通，丰富、可靠且可广泛访问的信息。港交所行政总裁李小加也表示，国际金融中心最关键的要素包括：资金和信息的自由流通、良好的法治、国际通用的语言、靠近大型经济体和充裕的资金等。

应该说，中国香港与新加坡都拥有上述要素。一方面，两座城市有很多共同点，比如，均拥有健全、透明、高效的法律制度，大量高技能的专业人士，迅捷的信息流通环境，完备的金融市场基础设施，等等。另一方面，两座城市又拥有各自的不同优势。

中国香港一直是连接中国内地与世界的"桥梁"，金融业受益于中国经济的高速发展，在中国企业海外融资、离岸人民币业务等方面拥有独特优势，高价值的内地公司倾向于在香港证券交易所上市，重视内地市场的跨国公司也常将亚太区总部设在中国香港。据《经济学人》计算，根据股票和美元债券发行的总数，中国内地筹集的跨境资金中约有2/3均为经由中国香港动员。此外，如前所述，中国香港还是亚洲主要的离岸美元融资中心，众多金融活动，包括97%的外汇交易，58%的跨境贷款和其他银行工具，43%的跨境衍生工具和37%的存款，均以美元计价。[1]

新加坡是典型的政府推动型金融中心。多数研究认为，新加坡之所以发展成为国际金融中心，离不开新加坡当局在1965年新加坡独立后做出的系统努力。相关研究认为，就全球资本流动而言，新加坡所处地理位置相当理想。此外，相较于中国香港与新加坡，现在的上海在金融中心的软环境建设方面还有提升空间。应该说，目前上海在国际金融中心建设方面已经取得显著成效，拥有完备的金融市场体系与金融要素市场，在华外资机构大多将总部设在上海，金融市场的开放水平也在逐年提升。但是，正如前述问卷及调研访谈所示，对比其他的国际金融中心城市，上海的对外开放程度（如资本项目可兑换）、风险管理水平均有进一步提升空间、营商环境及高端金融人才等软环境也需进一步优化[2]。正如此前受访机构所言，上海仍需提升自身的国际化程度，会聚一批具有国际化视野的，包括资产管理者、律师、会计师、精算师等在内的专业化人才。中国人民银行行长易纲在2020年6月的陆家嘴论坛上评价，当前上海正朝着成为开放的人民币资产配置中心、人民币金融资产的风险管理中心、金融开放的中心、优质营商环境的示范中心、金融科技中心前进。

展望未来，亚洲领先的国际金融中心竞争依旧激烈，不确定性较大，沪港新三座城市谁胜谁负尚难断言。虽然众多外资机构倾向于认为上海的国际金融中心实力在未来将获得更大提升，但是上海未来同样面临来自中国香港与新加坡的竞争。

新加坡一直在思索如何进一步巩固金融中心地位。2015年7月，新加坡金管局成立了金融中心咨询小组（Financial Centre Advisory Panel，FCAP），旨在加强监管机构与金融业之间的对话与伙伴关系，以推动新加坡金融中心的发展。在2015年，新加坡还提出了成为全球领先的金融科技中心愿

---

[1] "Can Hong Kong Remain a Global Financial Centre?", The *Economist*, June 6 th, 2020 Edition.
[2] 董希淼、黄娇：《上海建设国际一流金融中心的机遇挑战和对策》，《中国金融家》2020年第3期。

第六章　对欧美日三大商会金融机构的调查与访谈

景。新加坡金管局局长 Ravi Menon 在 2020 年 8 月表示，新加坡已经在金融科技领域取得了良好进展，目前拥有 40 家由跨国银行和保险公司设立的创新实验室，开展了将近 500 个创新项目。此外，新加坡金融业已经在 AI 等前沿技术领域取得进展，新加坡金管局资助了 23 个人工智能与数据分析项目，并与业界共建了 FEAT 原则（公平、道德、问责、透明），以促进对人工智能与数据分析技术的负责任使用。

中国香港也正在打造国际金融科技中心。中国香港金融管理局于 2016 年初成立了金融科技促进办公室（FFO），落实了多项金融科技措施。根据中国香港金管局总裁余伟文的介绍，中国香港已批设八家虚拟银行牌照、落实银行业开放应用程式介面框架以及推动建设基于区块链技术的贸易融资平台"贸易联动"，这些项目都是中国香港金融科技发展的重要里程碑。此外，未来中国香港还希望能进一步增强作为内地与世界"桥梁"的作用，抓住粤港澳大湾区的机遇，并继续扮演好离岸人民币中心的角色。根据余伟文的介绍，截至 2020 年 3 月，中国香港离岸市场人民币、外汇以及衍生工具的交易量均在全球排名第一，日均交易量 1076 亿美元，比三年前增加了 40%。

成熟的金融中心一旦形成，则具有很大的稳定性。[1] 课题组认为，当前，无论是上海、中国香港，还是新加坡，都已经是亚洲排名前列的金融中心，未来都有机会保持住自身优势、突破自身瓶颈、获得进一步发展。对于上海而言，目前只需明晰自身短板，继续朝着建设"五大中心"、建设国际一流的金融中心方向前进。研究发现，决定传统金融中心发展最根本和最持久的动力是一个国家或地区强大的经济实力。[2] 在这方面，上海拥有极大的优势，但把中国的经济实力完全转化为上海的国际金融中心地位还需要时间，相信当亚太乃至全世界的金融资源都愿意聚集到上海的时候，上海也就成为名副其实的国际金融中心。

---

[1] Cassis Y., Wójcik D., Editors, *International Financial Centres after the Global Financial Crisis and Brexit*, Oxford University Press, Jun. 26, 2018.

[2] 裴长洪、付彩芳：《上海国际金融中心建设与自贸区金融改革》，《国际经贸探索》2014 年第 11 期。

附录 6-1 调查问卷：中英文版

It should take around *5 minutes* to complete.

> Statement: The research group will strictly protect the privacy of the interviewees. Please note, we will only report the overall results of the survey data and never report any details related to you or your company.
>
> As a thank you for kind support, we will send you a summary of the survey results in return, which covers not only the financial institutions of the Chamber of Commerce under investigation, but also the relevant regulatory authorities.

Last year

1. The degree of China's financial opening up (　　)

   A. has improved

   B. has not changed significantly

   C. has decreased

Opportunities and Challenges

2. Which best describes your company's situation in China? (　　)

   A. challenges surpass the opportunities

   B. challenges are not as big as the opportunities available

   C. challenges and opportunities are equal in size

Opportunities

3. For the opportunities in China, select the ONE most favorable to you (　　)

   A. parent company's business strategy

   B. financial opening policy

   C. domestic economic reform and transformation

第六章 对欧美日三大商会金融机构的调查与访谈

D. RMB internationalization

E. improvement of domestic business environment

F. others

Challenges

4. Please select ONE most difficult challenge for your company (　　)

A. competition from other financial institutions in China

B. national treatment and market access

C. regulatory compliance risks

D. sino-US tensions

E. labour costs

F. other

5. In China, foreign financial institutions face two difficulties.

(1) Foreign institutions are *treated unfairly* compared with the local ones.

(2) Foreign institutions have *difficulties in adapting* to the local environment.

Which one weights more to you? (　　)

A. first difficulty

B. the second

C. both equally

6. Compared with domestic institutions, where do you think foreign institutions have been mostly treated unfairly? (　　)

A. market access

B. financing costs

C. government financial support

D. public procurement

E. routine supervision and administrative enforcement

F. legal environment

7. For data and cyber security, what are you the most concerned about?

A. unclear compliance requirements

B. limits to day-to-day business operations

C. unable to leverage global IT solutions

D. government regulators may conduct intrusive cyber security checks

E. other risks

In recent years, the following policies have been introduced. How effective are they?

8. Range from 0 extreme ineffective, to 10 extreme effective.

	Please give a score (0, 10)
Remove of QFII quota	
Shanghai-London Stock Connect	
Mainland-Hong Kong Bond Connect	
Foreign financial institution as a controlling shareholder	
Questions ONLY for commercial banks	
Foreign banks can establish subsidiaries and branches	
Improved policies on appointment of senior executives	

International Financial Centers Ranking

9. The following financial centers ranked from high to low is _____

A. Hong Kong, China   B. Shanghai   C. Singapore

10. By 2030, the three financial centers ranking from high to low is _____

A. Hong Kong, China   B. Shanghai   C. Singapore

第六章 对欧美日三大商会金融机构的调查与访谈

中文问卷（用于日本商会部分会员投放）

（填写问卷大约需要 5 分钟）

> 声明：这是一份匿名调查问卷。请根据您的感受填写以下问题。作为对您支持的回馈，调研结束后我们将与您分享本次调查结果及研究报告。

过去一年

1. 您认为中国金融对外开放的程度（　　）

   A. 有所提升　　　　B. 没有明显变化　　　C. 有所下降

挑战与机遇

2. 以下哪项最能描述贵公司在中国面临的情况？（　　）

   A. 挑战大于机遇　　B. 挑战小于机遇　　　C. 挑战与机遇一样大

机遇

3. 您认为中国市场最大的机遇是？（　　）

   A. 母公司的经营战略　　　　　　B. 金融开放政策
   C. 中国经济改革和转型　　　　　D. 人民币国际化
   E. 中国营商环境的改善　　　　　F. 其他

挑战

4. 您认为中国市场最大的挑战是？（　　）

   A. 中国其他金融机构竞争　　　　B. 国民待遇和市场准入
   C. 合规风险　　　　　　　　　　D. 中美关系日益紧张
   E. 劳动力成本　　　　　　　　　F. 其他

5. 中国的外资金融机构面临两种困难：

（1）与中国本土机构相比，外资机构遭遇了不公平待遇；

(2) 外资机构确实不适应中国的监管规则、金融市场环境。
您认为哪种困难的影响更大？（　　）

　　A. 第一种困难　　　B. 第二种困难　　　C. 两者一样大

6. 与国内机构相比，外资机构在哪方面受到了最大的不公平待遇？
（　　）

　　A. 市场准入　　　　　　　　　　B. 融资成本

　　C. 政府财政支持　　　　　　　　D. 公共采购

　　E. 日常监管和行政执法　　　　　F. 法律环境

7. 对于数据和网络安全，您最关切的问题是？（　　）

　　A. 合规要求模糊

　　B. 限制日常业务运行

　　C. 无法利用全球 IT 解决方案

　　D. 政府监管机构可能进行入侵性的网络安全检查

　　E. 其他网络安全风险

近年来金融开放政策的效果评价

8. 评分范围为 0（完全无效）—10（完全有效）。

	请打分（0—10）
QFII 投资额度限制被取消	
沪伦通	
中国内地与中国香港合作的"债券通"	
外资金融机构可以作为控股股东	
以下问题仅银行填写	
外资银行可同时设立子行和分行	
优化了高管任职、支行行长任职的行政审批流程	

国际金融中心排名

9. 当前三个金融中心排名从高到低依次为_____

A. 中国香港　　　　B. 上海　　　　　　C. 新加坡

10. 预计到 2030 年，三个金融中心排名从高到低依次为_____

A. 中国香港　　　　B. 上海　　　　　　C. 新加坡

第七章 金融开放如何实现初心？

第一节 金融开放的初心和金融风险

中国的金融开放是为了更好地服务于实体经济，推动形成国内、国际双循环相互促进的新发展格局。和商品市场对外开放一样，金融开放将通过全球范围内的资源优化配置，来提高中国经济的效率。但是金融开放与商品市场又有所不同，需要额外审慎地对金融过程进行思考。

一 金融开放通过三个机制推动中国的金融发展和改革

从竞争角度来看，金融开放能够促进竞争，提升中国金融体系的国际竞争力。金融开放可以引入更多的竞争，通过优胜劣汰提升中国金融机构的竞争力。外资金融机构在产品设计、中间业务、国际化管理等方面都有一定优势，国内机构的成长必然要经历相应的挑战和学习阶段。金融开放也将有助于推动中国的国际金融中心建设。

从互补关系来看，金融开放能够改善中国金融服务实体经济的能力。外资和外资机构的引入，与中国现有的金融市场有一定的互补效应。目前，中国金融市场结构仍以商业银行为主导、间接融资方式为主。而在经济发展过程中，中国服务业比重不断提升，技术创新和大量新的商业模式不断涌现。但是，与传统工业部门有很大不同，这些新兴的经济活动都严重缺乏抵押品，而且风险较高。这就更加需要直接融资，特别是股权融资的方式来满足其融资需求。这也对中国金融供给侧改革提出了更高要求。在此背景下，将外资和外资机构引入中国金融市场，将有助于金融服务补短板。

从政策的视角来看，金融开放可以推动国内金融改革。目前，国内金融监管体系与最佳实践之间存在差距，国内金融市场基础设施还不完善。外资机构在这些领域的诉求比较突出。这方面很多问题实际上也是国内金融机构的诉求，符合中国金融市场的发展方向。这时候，金融开放不但将倒逼国内改革，而且还将与国内金融改革的呼声形成合力。没有金融改革的配套，金融开放的改善空间也非常有限。只有金融改革、金融开放齐头并进，才能促进形成更高质量的金融开放局面。

当前，全球疫情蔓延、保护主义抬头、中美关系紧张。在此背景下，金融开放是加深中国与全球世界经济互动的重要方式。这将有力推动、塑造新形势下各国经济的相互依存关系，推动形成国内、国际双循环相互促进的新发展格局。

二　金融开放需要对服务业开放、资本账户开放进行区分

金融开放与商品市场的开放又有所不同。一方面，金融市场开放本身并不必然导致金融不稳定问题。但是另一方面，中国的金融市场、金融监管体系发展不成熟，如果金融市场开放走得过快，特别是资本金融账户开放过快，可能对国内金融稳定带来更大挑战。从防范风险角度来看，推动国内金融改革、完善国内金融市场和监管体系，这是保障金融开放行稳致远的前提条件。金融开放不是一个孤立的概念，也不是某一个政府部门的工作任务，而是摆在中国政府面前的一个系统性的课题。

金融开放过程中，有必要对金融服务业开放、资本金融账户开放进行区分。前者对应于长期直接投资，对于引入竞争、金融服务补短板都有直接作用，各方共识也较多。而后者则存在争论。2012年IMF发布了《资本流动自由化与管理：机构观点》（The Liberalization and Management of Capital Flows: an Institutional View），标志着IMF在这方面态度有明显转变。该报告认为，只有在条件成熟情况下进行有序开放，发展中国家才能顺利实现跨境资本自由流动。

对中国而言，明确产权保护、推进市场化改革，尤其是推动利率市场化、汇率形成机制改革，这都是资本金融账户开放的前提条件。当然在政策实践中，资本金融账户开放不是0、1的二元选择，而是统筹协调推进的过程。

在中美博弈的背景下，提升人民币国际使用程度的紧迫性在上升。同

时美元进入了一个为期较长的弱周期，也为中国的金融改革和资本金融账户开放提供了相对较好的时间窗口。但是我们仍然需要从长远出发，对开放资本金融账户的风险有充分关注，稳步推进这一过程。中国的金融开放将是一个长期的过程。

第二节 外资机构对中国金融开放的总体评估

一 外资机构对金融开放的总体评价：肯定，但挑战仍大

在问卷调查和访谈中我们了解到，对于中国近些年来的金融开放政策，外资机构总体上给予了充分的肯定。特别是对于过去一年中，我们的问卷结果显示：对于中国的金融开放政策，67%的外资机构认为中国金融开放程度有所提升，27%的外资机构认为中国金融开放程度没有明显改善，仅有6%的外资机构甚至认为中国金融开放程度出现下降。

不过外资机构对于当前面临的挑战也有一定担忧。根据课题组问卷调查，60%的外资机构认为，其在中国面临的挑战与机遇一样大，23%的外资机构甚至认为挑战大于机遇，只有17%的外资机构认为机遇大于挑战。总体上，认为挑战大于机遇者略高于相反观点者。同时，虽然被调查者对于上海的国际金融中心地位上升表示出总体上的乐观，但是受访者普遍表示，这种乐观也是有条件的，很大程度上取决于中国未来金融开放的进程。

基于上述两方面的分析，可以总结外资机构对于中国金融开放政策评价是："已经做了许多工作，但还有许多工作需要做。"关于在中国面临的挑战到底是何种性质？33%的外资金融机构认为，待遇差异和水土不服两者相当，44%的外资机构认为待遇差异带来的挑战是主要的，24%的机构认为水土不服是主要挑战。但在访谈中，即使选择水土不服的机构，也认为水土不服和竞争环境有关。

当然，外资金融机构面临的挑战也并非全部都是政策因素。调查问卷数据显示，23%的机构认为中美关系紧张是其最大挑战，也有13%的机构认为和中国其他金融机构的竞争是最大挑战。这些都不是直接的政策因素所致，不过也有43%的机构认为最大的挑战来自国民待遇和市场准入，17%的机构认为合规风险是最大的挑战，两者合计60%，这些都直接与金融开放政策相关。

二 从外资机构面临的五类因素来看美欧日商会的金融开放诉求

为了更深入地理解外资金融机构面临的困难和挑战，本书提出了金融开放过程中面临的五类因素的分析框架。第一，法规层面的差异对待，尤其是在准入前国民待遇、负面清单环节的问题。第二，法律政策虽然公平对待了，但是外资机构认为其在事实上仍然面临差异对待。第三，在法律、政策上都给予同等对待了，但是由于东道国有法律政策与发达国家的规则不同，导致外资机构仍然不适应。第四，虽然在法律政策、事实上都给予同等对待，但是由于东道国金融市场发展不成熟，这也会导致外资机构难以适应。第五，即使在法律政策、事实意义上都给予同等待遇，以及金融市场充分发展起来，外资也可能在东道国面临不适应，或者难以深度融入。这五类因素之间具有一定的逻辑关系，越是发达的金融市场，分类靠前的因素越少，越是发展中国家和不成熟的金融市场，分类靠前的因素越多。同时，不同因素之间也有一些内在联系，不能完全切割。第三类和第四类因素就具有一定的关系，例如，不成熟的金融市场会反过来影响到金融监管和开放政策，使得金融监管政策表现为与发达金融市场有显著不同，从而让外资机构难以适应。

2020年美国（8月11日）、欧盟（9月10日）、日本（9月16日）三大商会发布年度报告。对上述年度报告中各商会的诉求进行分类，将所有诉求按上述五类因素进行区分，可以看到：三大商会的主要诉求高度集中在因素二、因素三，美国、欧盟、日本三大商会的这两类诉求占比分别占88%、86%、72%。而第四、第五类因素则较少。另外，从近三年的纵向比较来看，因素一明显在减少，而因素二、三则处于数量稳定、占比上升的状态。这表明，中国金融开放在因素一的层面（法律法规的国民待遇和市场准入层面）取得了明显的进展，因此相关诉求也在减少。但是外资机构的诉求也随之后移到了因素二、三。总体上，金融开放正在由表及里往深层次推进，外资金融机构的需求也在往深层细化。

在五类因素的分析框架中，金融开放要解决的是第一、二类因素问题，金融改革则对应于第三、四类因素。可见，国内金融改革需要结合中国国情并对标国际最佳实践，以实现高水平的金融开放。金融开放、金融改革需要齐头并进（参见本书第一章）。

第三节 外资机构的中国业务将迎来更多发展机遇

外资银行正在努力适应中国的市场环境,其发展环境也在改善中。第一,外资银行吸取经验,主动"接地气"适应中国市场环境。例如,部分外资银行开始细分中国市场发展战略,由原来较粗略的整体中国战略细分到每个省市地区,考虑每个地区特点进行差异化定位。再如,银行资产端中贷款增速最快的是与普惠金融、小微企业、制造业、高科技相关的行业,外资银行也积极调整业务结构,某些外资银行甚至专门设立了服务小微的支行。又如,顺应中国数字金融快速发展趋势,某些外资银行将全球科技研发机构落至中国,积极参与金融科技领域创新,努力与国内机构处于业务发展的相同起跑线。

第二,外资银行曾经在华面临的一些劣势有望获得改善。例如,随着金融科技的发展,银行物理网点的作用下降,外资银行在网点布局上的劣势可能转化为历史包袱较轻的优势。再如,外资银行多年来在全球各市场深耕财富管理行业,随着中国财富管理行业的发展和混业经营态势的出现,外资银行在华竞争力有望进一步增强,市场规模有望提升。因此,在未来的金融开放中,如何在前四个因素不断改善的背景下,进一步与时俱进完善高标准的监管系统和法律法规体系,提升金融系统的韧性,做实金融开放的最后屏障,是需要重点关注的议题。

中国资本市场的开放,将使外资证券机构、基金公司迎来新的发展机遇。

一是中国中央政府对于多层次资本市场的建设和开放倾注了更多的政策力度和政策资源,从党中央、国务院到相关监管部门都亟待构建一个有利于中国经济模式发展转型以及融资结构优化升级的资本市场。中央政府本质上是欢迎外资证券业机构进入并参与中国市场。

二是中国内部资本市场制度建设进一步完善,随着新《中华人民共和国证券法》实施以及相关配套改革出台,市场规范程度将进一步提升。

三是注册制大力度推进,将会使得市场内部竞争进一步强化,加上退出机制完善,市场在资源配置中的作用将进一步体现,同时这会使得市场投资结构发生重大变化，缺乏专业知识的投资者可能较难在注册制体系下获得稳定回报，具有专业能力的机构投资者将会发挥出其专业水平，这对于以投研为支撑、注重价值、强化风险的外资机构投资者更加有利。

四是监管当局对于违法犯罪的惩戒力度空前加大，对消费保护的力度也在加强，这有助于提升资本市场的法治化水平。

第四节　中国金融开放怎么做？

一　债券市场应成为下一步中国金融开放重点

从外资机构持有债券占比看，中国债券市场的开放程度仍然远低于主要发达市场和很多新兴市场经济体。根据中国人民银行数据，截至2020年6月，境外投资者总体上持有中国债券的占比仅为2.4%。而在欧美市场，国际投资者持有的债券占比约为30%至40%（见本书第四章）。中国债券市场的开放存在巨大空间。

截至2020年9月末，富时罗素、彭博巴克莱、摩根大通，这三大主流债券指数都已经宣布纳入中国债券市场。这有利于外资机构以更大热情参与到中国债券市场中来。不过，中国债券市场还面临诸多问题，需要采取措施来推动。

第一，从债券交易的风险视角来看，（1）加快发展债券和外汇的衍生品市场。同时逐步扩大境外投资者参与衍生品的交易。另外，境外投资者还不能参与国债期货市场。（2）逐步打破信用评级的下限，重塑国内信用评级的公信力。目前国内、国际信用评级存在较大错位。部分情况下国内信用评级未能真实地体现风险，对债券定价的指导作用有限。

第二，从流动性视角来看，特别要加强国债市场的流动性建设。要从金融基础设施的高度来认识国债发行，真正发挥国债收益率曲线作为债券市场无风险收益率曲线的基准作用。目前，中国国债买卖价差仍高于成熟市场。流动性不足也使得部分券种难以在市场上找到对手方，导致交易无法实现。

第三，在交易开始阶段，应显著提升开户流程的便利性。目前，境外主体投资银行间债券市场只需要备案，但完成备案及开户耗时长、流程烦琐。完成全部交易前流程通常需耗时数月。

第四，交易过程中的托管业务方面，中国银行间债券市场应从一级托管模式，逐渐向多级托管模式转变。同时，应增强境内托管机构的联通、全面实现电子化操作，提高交易效率。在税收环节，应明确税收政策，以便计算税后收益并合理安排缴税资金。当前，税收安排不明确，仅有部分券种的特定税收安排散见于一些文件之中。这给境外投资机构的成本核算、预留资金等方面带来了不确定性。

第五，增强跨境资本流动政策的透明度、可预见性，避免政策本身波动对市场预期造成冲击。目前，国际投资者对这方面政策仍有担忧，这对境外投资者参与中国债券市场的意愿产生了较大影响。跨境资本流动政策不宜出现大幅度反复。因此，资本账户开放应在权衡各种条件的情况下渐进推进，并保持不断走向开放的趋势和时间上一致的政策框架。

第六，在债券一级市场的资质标准方面，将外资机构的特点更多纳入考虑。中国债券市场国际化程度的提高，需要借鉴外资机构的竞争力和国际网络优势。在债券主承销商资格、发行人民币债券资格等方面，可以让外资机构发挥更多作用。

二 长远来看，中国金融开放更是一个事关全局的系统性工程

第一，中国的金融开放确实需要向最佳实践（best practice）学习，外资机构的建议也应该更多从最佳实践的角度出发。过去三年三大商会的年度报告中，明确基于"最佳实践"提出的诉求在全部诉求中的占比仅为11%—13%（当然，这一比例可能存在一定低估）。

其中部分诉求甚至超出了"最佳实践"的要求。例如："允许金融机构灵活调整地方分支机构（关闭、退出）。"实际上金融机构关闭、退出有较强溢出效应，涉及当地消费者金融服务、企业资产负债表等。因此，国际实践一般对机构撤出设置了很多条件，机构退出的成本都极高。中资银行"走出去"也遇到了相同问题。外资机构应更多对照"最佳实践"来提出建议（参见本书第五章）。

第二，需要加快推进利率市场化、汇率形成机制改革。唯有利率、汇率实现充分的市场化，债券等资产才可能实现合理定价。在此基础上，才能减少制度套利空间，并使得金融开放能够在资源配置方面发挥更大作用。这方面的部分措施包括：

（1）比较成熟的基准利率，特别是成熟的国债收益率曲线。要更加重视国债市场的金融属性、金融功能。（2）进一步完善汇率形成机制，完善外汇市场的衍生品种类，减少"真实性需求"等交易限制。（3）增加市场的金融避险工具，推进建设较为成熟的国债期货指数、外汇期货等产品，逐步增加外资机构参与度（参见本书第四章）。

第三，更加清晰、可理解的金融监管框架。调研过程中我们看到，在国内市场上，中资金融机构对于与外资机构展开竞争充满信心，银行业更是如此。进一步推动金融开放有其现实基础。不过金融监管框架还需要完善，这方面的建议包括：

加强政策协调，保证各部门政策的一致性。（1）加强横向协调。外资机构通常会遇到多个部门之间解读不一致、协调效率低的问题。有必要通过部门调整、权责重新划分来进行改善。同时，调查过程中受访者也较多反映监管人员的业务水平有待提高。应增加从市场机构甚至外资机构中招收监管人员的比例。（2）加强纵向条线的政策协调机制。在新政策出台时，需要尽量描述具体、减少解读存在的歧义。关键概念应尽量有清晰界定（例如相关法律和政策中关于"重要数据"的界定）。如果面临解读存在模糊的问题，需要尽快打上政策补丁。

监管抓手，宜从对机构的监管转向对业务的监管。在分业经营的情况下，机构与业务完全重合。而目前的趋势是综合经营，机构与业务并不完全匹配，需要将金融监管的对象转向业务为抓手，以此为出发点来对外资金融机构的许可、资质、日常经营活动进行监管。同样，对国内金融监管的思路也需要进行调整。

金融开放政策是一项长期政策，要避免将长期政策短期化。过去这方面的一些做法，对外资机构的预期产生了影响，提高了其经营风险、合规成本。金融开放政策需要从长远考虑，避免从权宜之计的角度来推进金融开放。

第四，沪港金融中心形成良性互动，共同提升中国金融市场的全球竞争力。可以预见，随着中国金融基础设施的完善，以及金融开放带来的国际化程度提高，上海将建成境外人民币回流的业务中心和全球人民币清算中心。上海债券市场、股票市场、大宗商品期货市场都将获得快速发展。目前，境外机构对于上海在未来十年内金融中心地位上升具有强烈共识

（参见本书第六章）。

不过，中国的资本金融账户开放仍然需要时间。在此背景下，中国香港建成全球人民币离岸中心仍然面临机遇。同时，中国内地的金融改革、金融开放，以及中国产业与金融资本的国际化程度提高，也都将使得中国香港金融中心受益，并且对中国香港金融中心提出了更高的要求。

从长期来看，来自上海国际金融中心的竞争压力，将推动中国香港进一步提升其国际金融中心的竞争力。中国香港应当从现在国际金融产品的分销、批发中心，更多地转向金融产品的创新、研发中心，尤其是离岸人民币产品的开发和创新中心。唯有如此，中国香港才能不断提升其在国际金融产业链中的地位，获得新的发展空间。

对于世界而言香港是中国的，对于中国而言香港是世界的。在粤港澳大湾区迈向区域一体化的过程中，中国香港国际金融中心应重新评估自身定位，更好服务于粤港澳大湾区以及更为广阔内地市场的实体经济。在此基础上，沪港两大国际金融中心的良性互动，将共同提升中国金融的全球竞争力。